武汉大学国际法研究所

中国促进国际法治报告

(2016年)

主 编／肖永平 冯洁菡

社会科学文献出版社

本报告系国家高端智库重点成果

中国促进国际法治报告（2016年）编委会

主　编　　肖永平　冯洁菡

编写成员　（以姓氏拼音为序）

　　　　　　崔晓静　费思敏　冯洁菡　甘　勇　管　健
　　　　　　郭玉军　黄德明　黄志雄　雷筱璐　梁雯雯
　　　　　　廖　丽　罗国强　漆　彤　乔雄兵　秦天宝
　　　　　　邱慧心　肖永平　杨泽伟　余敏友　张　辉

前　言

　　自党的十八届四中全会以来，中国进入了全面依法治国的新时代。2016年，是中国恢复联合国合法席位45周年。作为国际法治的坚定维护者和积极建设者，中国始终恪守《联合国宪章》的宗旨和原则，坚持和平共处五项原则。近年来，中国国家主席习近平在众多国际场合提出了"建立以合作共赢为核心的新型国际关系"、"打造人类命运共同体"和"树立正确义利观"等重要理念，为促进国际法治提出了新的价值目标。与此同时，围绕推进"一带一路"建设，习近平主席强调要秉持"共商、共建、共享"的核心理念。如何在坚持国际法治的基础上，促进国际法律合作，打造"一带一路"法治保障体系，成为中国积极参与国际法治建设、推动国内法和国际法良性互动发展的重要课题。

　　《中国促进国际法治报告》以年度中英双语出版物的方式，系统阐述中国在国际法治的各个重要领域所秉持的理念、恪守的原则和坚持的立场，以及中国在相关领域所采取的具体行动，以期全面展示中国对促进国际法治做出的重要贡献，提高中国践行国际法治的透明度，增进国际社会对中国参与和促进国际法治的认知与理解，提升中国在国际法治进程中的话语权和影响力。

　　武汉大学国际法研究所自2014年开始，组织全所的研究人员撰写、出版和发行《中国促进国际法治报告》。2016年伊始，武汉大学国际法研究所将《中国促进国际法治报告》列为国家高端智库重点成果，并在2014年和2015年的基础上，结合2016年中国在国际法治领域面临的热点问题，进一步拓展研究的广度和深度。

　　《中国促进国际法治报告》以中国为视角，广泛涉及全球治理范畴的法治问题。本报告由实践综述和专题研究两大部分构成。第一部分为中国促进国际法治实践综述，内容主要包括：（1）中国与国家间关系法治，包括中国与国际环境、国际发展、航空和外层空间、网络空间、国际人权、国际人道和国际刑事法治领域，以及中国与其他领域的国际法治；（2）中国与国际经济关系法治，包括中国与国际贸易以及国际税收法治领域；（3）中国与国际民商事关系法治，包括中国与法律适用法、国际民事诉讼和国际民商事司法协助，以及食品安全法治领域;(4)中国国际法理论与实践的国际传播,重点总结中国学界对促进国际法治的贡献。第二部分为中国促进国际法治专题研究,集中深入梳理2016年中国在国际法某些特定领域的理论创新、制度构建和最新实践,内容主要包括中国与人类命运共同体理念的发展、"一带一路"倡议与提升中国司法的国际公信力、南海仲裁案所涉历史性权利问题的国际法批判、建设网络空间国际法强国、中国市场经济地位问题——入世议定书第15(a)(ⅱ)段的到期问题研究以及反腐败与海外追逃追赃法律合作。

《中国促进国际法治报告》(2016年)由武汉大学国际法研究所的研究人员集体撰写,武汉大学环境法研究所秦天宝所长参与了有关章节的撰写。编撰《中国促进国际法治报告》尚属一种尝试,缺乏经验,无论是结构安排,还是内容提炼,都可能存在疏漏和不足,欢迎相关部门、学界同行指正,以便编撰新的版本时进行修改和完善。本报告中、英文版的出版得到了社会科学文献出版社的大力支持,特此致谢!

肖永平　冯洁菡
二〇一七年六月

目 录

第一部分 中国促进国际法治实践综述

第一章 中国与国家间关系法治 ……………………………………… 001
 一 中国与国际环境法治 …………………………………………… 001
 二 中国与国际发展法治 …………………………………………… 008
 三 中国与航空和外层空间法治 …………………………………… 013
 四 中国与网络空间法治 …………………………………………… 017
 五 中国与国际人权法治 …………………………………………… 022
 六 中国与国际人道法 ……………………………………………… 031
 七 中国与国际刑事法治 …………………………………………… 039
 八 中国与其他领域的国际法治 …………………………………… 048

第二章 中国与国际经济关系法治 …………………………………… 061
 一 中国与国际贸易法治 …………………………………………… 061
 二 中国与国际税收法治 …………………………………………… 068

第三章 中国与国际民商事关系法治 ………………………………… 072
 一 中国与法律适用法 ……………………………………………… 072
 二 中国与国际民事诉讼 …………………………………………… 073

三　中国与国际民商事司法协助……………………………………… 076
　　四　中国与食品安全…………………………………………………… 078

第四章　中国国际法理论与实践的国际传播……………………………… 081
　　一　中国国际公法理论与实践的国际传播…………………………… 081
　　二　中国国际经济法理论与实践的国际传播………………………… 092
　　三　中国国际私法理论与实践的国际传播…………………………… 095

第二部分　中国促进国际法治专题研究

第五章　中国与人类命运共同体理念的发展……………………………… 104
　　一　人类命运共同体理念的提出及其内涵…………………………… 104
　　二　人类命运共同体理念的中国传统文化渊源……………………… 105
　　三　人类命运共同体理念的宗旨和意义……………………………… 106
　　四　中国对构建人类命运共同体的基本立场和政策选择…………… 107
　　五　中国践行人类命运共同体理念的国际实践……………………… 109
　　六　国际社会对人类命运共同体理念的接纳………………………… 112

第六章　"一带一路"倡议与提升中国司法的国际公信力……………… 114
　　一　树立大国司法理念………………………………………………… 114
　　二　完善公平司法制度………………………………………………… 115
　　三　创新和谐司法方法………………………………………………… 118
　　四　弘扬包容司法文化………………………………………………… 121
　　五　结论与建议………………………………………………………… 124

第七章　南海仲裁案所涉历史性权利问题的国际法批判………………… 125
　　一　仲裁庭对有关历史性权利诉求的主要裁决……………………… 125
　　二　关于中国历史性权利主张的认定及对有关管辖权问题的裁决… 127

三　有关历史性权利与《联合国海洋法公约》关系的裁决违背了
　　　一般国际法理论和实践 ………………………………………… 133
　四　仲裁庭歪曲中国在南海享有的历史性权利 ………………… 139
　五　结论 …………………………………………………………… 140

第八章　建设网络空间国际法强国 ……………………………… 142
　一　国际规则博弈已成为网络空间的焦点问题 ………………… 142
　二　网络空间国际法强国是我国网络强国战略的重要基石 …… 144
　三　建设网络空间国际法强国面临的机遇与挑战 ……………… 147
　四　建设网络空间国际法强国的中国对策 ……………………… 149
　五　结论 …………………………………………………………… 152

第九章　中国市场经济地位问题 …………………………………… 153
　一　中国市场经济地位问题的起源和现状 ……………………… 154
　二　议定书第 15 条到期后的法律效力问题 …………………… 161
　三　关于中国政府应对策略的建议 ……………………………… 171

第十章　反腐败与海外追逃追赃法律合作 ……………………… 175
　一　中国参与多边国际公约实践 ………………………………… 176
　二　中国缔结双边条约实践 ……………………………………… 178
　三　中国政府实践 ………………………………………………… 182
　四　结论 …………………………………………………………… 185

第一部分 中国促进国际法治实践综述

第一章
中国与国家间关系法治

一 中国与国际环境法治[①]

2016年,中国参与国际环境法治取得了诸多成果,这些成果主要体现在国际环境立法和执法两个方面。本部分主要对中国2016年在国际环境立法和执法领域所做的贡献进行梳理,并对今后中国参与国际环境立法、执法和司法提出完善建议。

(一)中国在国际环境立法方面的贡献

1. 推动国际环境法基本原则的发展

一般来说,国际环境法有以下几个基本原则:国家环境主权原则、预防原则、污染者付费原则、可持续发展原则、共同但有区别的责任原则、国际环境合

[①] 本节作者:秦天宝,武汉大学法学院教授、副院长,武汉大学环境法研究所所长,研究方向为国际环境法。

作原则、广泛参与原则。其中，可持续发展原则、共同但有区别的责任原则和国际环境合作原则是国际环境法所特有且十分重要的基本原则。2016年，中国通过本国的生态文明建设推动了可持续发展原则的发展，通过在多个具体领域的行动推动并践行了共同但有区别的责任原则和国际环境合作原则。

2016年3月17日，《中华人民共和国国民经济和社会发展第十三个五年规划纲要》（以下简称《"十三五"规划纲要》）发布，强调牢固树立和贯彻落实创新、协调、绿色、开放、共享五大发展理念。五大发展理念是对可持续发展原则的新发展和新阐释，这一中国化的可持续发展理念得到了国际社会的广泛认同。2016年5月26日，第二届联合国环境大会高级别会议在联合国环境规划署总部内罗毕举行，中国环境保护部部长陈吉宁率领中国政府代表团参会。会议期间，中国环境保护部、联合国环境规划署共同发布了《可持续发展多重途径》和《绿水青山就是金山银山：中国生态文明战略与行动》两份报告。联合国环境规划署执行主任施泰纳指出，可持续发展的内涵丰富，实施路径具有多样性，不同国家应根据各自的国情选择最佳的实施路径。陈吉宁表示，中国政府在建设生态文明、推动可持续发展方面具有明确意愿和坚定决心，并形成了清晰的战略构架和行动纲领，对落实《2030年可持续发展议程》的17项可持续发展目标（SDGs）充满信心。SDGs的实现需要体制、资金、能力的保障，需要与本国发展更加紧密地融合，需要世界各国更加密切地合作。中国愿与国际社会携手努力，共同推动SDGs的实现。中国的生态文明建设是对可持续发展理念的有益探索和具体实践，为其他国家应对类似的经济、环境和社会挑战提供了经验借鉴。

可持续发展是指"既满足当代人的需要，又不对后代人满足其需要的能力构成危害的发展"，包括"需要"和"限制"两个方面。对于如何实现可持续发展，中国外交部部长王毅曾指出五个重点：第一，大力建设生态文明，尊重自然规律，形成经济、社会和环境保护的良性互动；第二，营造有利的外部环境，完善全球经济治理；第三，在国际社会坚持共同但有区别的责任原则；第四，高度重视社会问题，健全基本公共服务体系，加强社会建设和社会管理；第五，创新思维和方式，更加注重发展的质量和效益，调整经济结构，避免片面追求速度和质量。中国关于可持续发展和生态文明的理念与行动得到了许多国家的认可和学习。2016年7月，中国民间智库北京三生环境与发展研究院（以下简称"三生研究院"）与尼泊尔人民党签署了生态文明发展战略智库聘任协议。三生研究院受聘为外国党派战略顾问标志着中国民间智库开始走向国际舞台，参与国际环境合作，并推动国际环境法治的发展。

2. 推动国际环境法具体领域的发展

2016年，中国积极参与国际气候变化、生物多样性保护、化学品和危险废物、湿地保护等领域的国际环境立法，推动多个领域形成了新的国际法律文书和更详尽的行动指南，继续引领国际环境法治的发展。

在气候变化领域，国际社会于2015年12月达成了《巴黎协定》。中国在此次气候谈判中扮演了领导者的角色，为巴黎大会的成功做出了历史性贡献，得到了国际社会的高度评价。《巴黎协定》的通过使人类进入了全球合作应对气候变化的新时代，全球所有国家为了一个共同目标，采取共同行动。《巴黎协定》将按照平等、共同但有区别的责任和各自能力原则执行，并考虑到各国不同的国情，各方将以"国家自主贡献"（INDCs）的方式参与全球应对气候变化行动。发达国家将继续带头减排，并加强对发展中国家的资金、技术和能力建设支持，帮助后者减缓和适应气候变化。为推动各国积极加入《巴黎协定》，2016年3月31日，习近平主席和奥巴马总统在美国华盛顿共同发表了第三个《中美元首气候变化声明》，双方承诺两国将于4月22日签署《巴黎协定》。2016年4月22日，175个国家的代表在《巴黎协定》开放签署首日签字，《巴黎协定》成为开放签署首日签字国最多的多边法律协议。2016年9月5日，在G20杭州峰会开幕前夕，中美两国先后交存了《巴黎协定》批准文书。在各方的努力下，《巴黎协定》已于2016年11月4日正式生效。

在生物多样性保护领域，当前最重要的国际法律文书是1992年《生物多样性公约》和2010年《关于获取遗传资源和公正和公平分享其利用所产生惠益的名古屋议定书》（以下简称《名古屋议定书》）。2016年9月6日，中国正式加入《名古屋议定书》，成为第78个缔约方，并积极推动议定书在国内实施。2016年12月9日，在于墨西哥坎昆举行的《生物多样性公约》第十三次缔约方大会（COP13）上，中国获得2020年《生物多样性公约》第十五次缔约方大会（COP15）主办权。根据大会议程，《生物多样性公约》第十五次缔约方大会将制订生物多样性保护战略计划，并确定2030年生物多样性保护目标。中国将以举办大会为契机，展示本国的环境保护成就，与国际社会共谋全球生态文明建设之路，为全球生物多样性保护做贡献。虽然这将是中国首次主办《生物多样性公约》缔约方大会，但中国有望在此次会议上大力推动生物多样性国际法治的新发展。

在臭氧层保护领域，《蒙特利尔议定书》第28次缔约方大会于2016年10月10日至14日在卢旺达基加利召开。中国代表团积极参与大会议程，推动会议达成了具有历史意义的限控温室气体氢氟碳化物（HFCs）协议。该协议是继《巴黎协定》后国际环境法领域又一里程碑式的重要文件。该协议明确了发达国家和发展中国家不同的HFCs限控义务，同时，发达国家将为发展中国家履约提供必要的资金支持和技术援助，切实体现了共同但有区别的责任原则。

在湿地保护领域，2016年9月19日至24日，2016第十届国际湿地大会在中国江苏省常熟市召开，来自72个国家和地区的湿地领域的专家、学者和管理人员在会上达成多项共识。在中国的推动下，大会最终形成了《湿地常熟宣言》。宣言详细阐述了湿地的全球性意义、湿地与城市的关系、湿地对于人类发展的重大意义，以及湿地评估、湿地与互联网的联系等，并呼吁政府和民众爱护湿地、保护家园。

（二）中国在国际环境执法方面的贡献

1. 推动国际法律文书的国内实施

历年来，中国积极主动、严格履行国际环境法律文书的各项义务，推进其在国内的实施，定期提交相关政府报告，在国际社会树立了良好的环境大国形象。2016年3月17日，中国发布的《"十三五"规划纲要》明确提出中国未来将坚持创新、协调、绿色、开放、共享的发展理念，大力建设生态文明，将可持续发展理念落实在中国发展的方方面面。

在气候变化领域，《中国应对气候变化的政策与行动2016年度报告》指出，"十二五"期间，中国把推进绿色低碳发展作为生态文明建设的重要内容，将其作为加快转变经济发展方式、调整经济结构的重大机遇，积极采取强有力的政策行动，有效控制温室气体排放，增强适应气候变化的能力，推动应对气候变化各项工作取得重大进展。中国低碳试点示范和碳排放交易市场建设扎实推进，探索形成了各具特色的低碳发展模式。经初步核算，"十二五"期间，中国能源活动单位国内生产总值二氧化碳排放量下降了20%，超额完成下降17%的约束性目标。《"十三五"规划纲要》指出，中国未来将继续积极应对全球气候变化，主动控制碳排放，落实减排承诺，增强适应气候变化的能力，深度参与全球气候治理，为应对全球气候变化做出贡献。为推动《巴黎协定》的实施，中国政府明确了二氧化碳排放2030年左右达到峰值并努力尽早达峰等一系列行动目标，如未来五年单位国内生产总值二氧化碳排放量下降18%，并将行动目标纳入国家整体发展规划。

关于生物多样性保护，虽然《生物多样性公约》没有明确规定国家层面应当采取哪些行动，但中国一直以来都积极维护本国的生物多样性，大力推进生物多样性法律制度建设。近年来，中国实施了多项生物多样性保护重大工程，强化自然保护区建设和管理，加大对典型生态系统、物种、基因和景观多样性的保护力度。2016年，为履行《名古屋议定书》的国际法义务，中国《国务院2016年立法工作计划》明确把"生物遗传资源获取管理条例（环境保护部起草）"作为预备项目，推进相关立法。国家层面的外来物种管理立法已由农业部着手起草。在地方层面，云南省人民政府2016年9月公布了《云南省生物多样性保护条例（草案）》，公开征求社会各界的意见。这为未来中国制定一部综合性生物多样性保护法提供了经验借鉴。

另外，《关于汞的水俣公约》于2013年10月获得通过并开放签字，中国于2013年10月即签署了该公约。2016年4月28日，全国人民代表大会常务委员会做出了批准《关于汞的水俣公约》的决定。中国正式成为该公约的缔约方，并开始逐步减少汞的生产、使用和排放。

2. 推动国际环境合作和法律文书的国际实施

中国政府历来高度重视国际环境合作。在东北亚地区，2016年4月27日，第十八次中日韩环境部长会议在日本静冈举行，各方就三国最新的环境政策、全球及区域热点环境问题、联合行动计划的实施进展等进行了深入的交流。三国环境部部长审议了《中日韩环境合作联合行动计划（2015～2019）》的执行情况，会议签署了《第十八次中日韩环境部长会议联合公报》。陈吉宁部长就解决区域和全球环境问题、推进三国环境合作提出三点建议：一是推动落实《2030年可持续发展议程》；二是支持"一带一路"等区域可持续发展倡议，建议三国积极加强区域环境合作，在区域环境合作中发挥示范和引领作用；三是加强环保技术与产业合作。同时，在2016年11月1日第六次中日韩领导人会议上，三国还发表了《中日韩环境合作联合声明》。

在"一带一路"沿线地区，2016年9月10日，2016中国-东盟环境合作论坛在广西南宁召开。主论坛以"绿色发展和城市可持续转型"为主题，旨在推进"一带一路"环保合作，通过搭建环境领域高层政策对话与交流平台，宣传绿色发展理念、环保政策和成就，分享成功经验。"环境技术合作与创新"分论坛旨在实施中国-东盟环保技术与产业合作框架，推动中国与东盟国家环保产业合作网络建设，促进环保产业与技术的交流与合作。"实现2030年可持续发展议程的环境目标"分论坛邀请中国和东盟国家环境部门官员、国际组织代表和可持续发展领域的专家学者，围绕全球环境挑战、2030年可持续发展议程的环境目标，以及国家层面实现环境目标的机遇与挑战展开政策和经验交流。

2016年，中国与罗马尼亚签订了中罗核安全合作协议；中国环境保护部与秘鲁环境部签署了环境合作协定；中俄就界河水体保护、大气污染治理、自然生态环境保护、环保宣传教育、少数民族生态环境保护等问题展开了深入探讨和合作；中美展开了气候变化领域的合作；中欧逐步在碳交易、大气污染防治、土壤污染防治等领域展开合作。

为了推动国际社会履行《巴黎协定》，深化气候变化国际合作，落实在巴黎气候变化大会期间中国宣布的应对气候变化南南合作"十百千"项目，中国于2016年10月在北京举办了为期10天的"2016年气候变化南南合作专题培训——应对气候变化碳减排途径与实施培训班"。来自13个发展中国家的环保领域官员和技术专家来华参加培训，旨在分享中国应对气候变化和碳减排方面的有益经验和成功案例，帮助发展中国家提高应对气候变化的能力。

（三）对未来中国参与国际环境法治的建议

1. 对参与国际环境立法的建议

第一，中国应当更加深入理解并遵行可持续发展原则和共同但有区别的责任原则，推动国际环境法基本原则逐渐完善。在今后的国际环境法治建设中，中国应当积极宣传生态文明理念和创新、协调、绿色、开放、共享五大发展理念，推动可持续发展原则在各国深化发展。未来中国应当既坚持"有区别的责任"，又重视"共同的责任和义务"，在中国擅长的领域主动承担更多的国际环境责任，向世界展示一个负责任的环境大国形象。

第二，中国应当积极推动各领域国际环境规则的形成，主动发起国际法律文书的制定。随着中国综合国力的提升以及国内环境问题的突起，中国在国际环境法治建设中发挥的作用越来越大。在生物多样性方面，中国将在2020年举办《生物多样性公约》第十五次缔约方大会，作为东道国，中国可以主动发起相关议题，引导国际社会在生物多样性保护，尤其是遗传资源获取与惠益分享等议题上形成新的决议。在"一带一路"沿线地区，中国可以发挥自身优势，推动建立区域或双边环境协定，促进"一带一路"地区的环境保护。另外，中国也应当积极引导民间力量，鼓励公众参与国际环境法律文件的制定。

2. 对参与国际环境执法的建议

第一，继续推进国内环境法与国际环境法的衔接，严格履行国际环境法律文书的相关义务。当前,中国在环境保护的各个领域均签订有相关环境条约或议定书,明确了国家责任,还在国内建立了长效的履约机制,能够有效促进国际环境法的实施。关于气候变化,中国应当坚持《巴黎协定》的共同但有区别的责任原则、公平原则、各自能力原则,积极承担与中国基本国情、发展阶段和实际能力相符的国际义务,落实强化应对气候变化行动的国家自主贡献。在生物多样性保护领域,中国应当开展全国生物多样性本底调查与评估,科学规划和建设生物资源就地和迁地保护设施,严防并治理外来物种入侵和生物遗传资源丧失,强化野生动植物进出口管理,加快"生物遗传资源获取管理条例"的立法工作。同时,中国应积极推进《关于汞的水俣公约》、限控温室气体HFCs协议等国际文书的履行。

第二,进一步深化国际环境合作,与各国共同促进国际环境法的实施。目前,中俄、中国-东盟的环境合作已经进入深层次、多领域、全方位的合作阶段,已成为国际环境合作的典范。因此,中日韩、中美、中欧的环境合作应当进一步深化。中国应当继续加强借鉴发达国家环境治理方面的成熟政策和制度,同时为其他发展中国家介绍中国经验,帮助有困难的国家提高环保技术和环境治理能力。例如,中国应当深化气候变化多双边对话交流与务实合作,充分发挥中国气候变化南南合作基金的作用,支持其他发展中国家加强应对气候变化的能力;加大"一带一路"沿线国家环境合作的深度,在发展经济的同时提升相关国家的环境治理能力,做到互利共赢。特别是鉴于许多发达国家多年来并未真正兑现当初在联合国环境与发展大会(1992年)上做出的各项承诺,中国可以联合其他发展中国家,以负责任的态度敦促发达国家履行承诺,遵守共同但有区别的责任原则。

3. 对参与国际环境司法的建议

第一,主动参与国际环境司法活动。近年来,中国对国际司法机构管辖权的态度日趋积极,中国主动参与意味着解决国际环境争端应首选国际司法途径。从世界范围看,许多著名的国际环境案例,如"特雷尔冶炼厂仲裁案"等,都是依靠国际司法机构解决国际环境争端的成功案例。这些案件不仅为争端双方提供了公平的解决方法,同时也极大地推动了国际环境法治的发展。中国应当认真学习和借鉴各国已有的国际环境司法经验。

第二,加大国际化环境法律人才的培养,为中国参与国际司法活动提供智力支撑。在国际环境法治领域,中国应当注重国际环境法学科的建设,重点培养既熟练掌握语言又精通国际法律、既熟悉司法实务又精通环境专业知识的高级人才。这不仅可以为中国参与国际环境司法活动和各种谈判提供智力支撑，同时还可以为国际法院和仲裁法庭输送国际化环境法律方面的专业人才，积极推动国际环境司法规则的形成。

二 中国与国际发展法治[①]

2015年9月25日，联合国发展峰会在联合国纽约总部开幕，大会通过了具有里程碑意义的2015年后发展议程——《变革我们的世界：2030年可持续发展议程》。联合国秘书长潘基文称，新的可持续发展目标是各国领导人对全世界人民的承诺，是为人类消除各种形式的贫困的议程，是为人类在地球创建共同家园的议程，是人类共享繁荣、和平与合作的议程。中国国家主席习近平在联合国发展峰会上发出倡议，呼吁各国以《2030年可持续发展议程》通过为新起点，共同走出一条公平、开放、全面、创新的发展之路，努力实现各国共同发展。2016年是可持续发展议程的开局之年，中国全方位地部署和落实了可持续发展战略。

（一）提交落实可持续发展议程的立场文件

2016年4月22日，中国向联合国及会员国提交了落实可持续发展议程的立场文件。这份文件对落实可持续发展所应遵循的总体原则、努力的重点领域和优先方向、落实途径以及中国的具体政策进行了全面概述。中国的立场文件指出，落实可持续发展议程应当秉持六大原则：和平发展、合作共赢、全面协调、包容开放、自主自愿、共同但有区别的责任原则。其中，包容开放原则强调实现包容性经济增长，实现联合国提出的"不让任何一个人掉队"目标，同时还要构建开放型的世界经济，提高发展中国家在国际经济治理体系中的代表性和话语权；自主自愿原则强调各国对本国的发展和落实可持续发展议程充分享有主权，应根据各自的特点和国情制定发展战略。中国的立场文件确认的重点领域和优先方向包括九个方面。第一方面是要消除贫困和饥饿，强调要积极开展扶贫，提高农业生产水平和粮食保障水平。第二方面是保持经济增长。第三方面是推动工业化进程，强调要推进包容和可持续的工业化、信息化、城镇化和农业现代化建设，促进城乡协调发展，社会经济协调发展。第四方面是完善社会保障和服务，强调要健全公共服务体系，提高基本公共服务均等化水平，实施最低社会保护，扩大社

[①] 本节作者：廖丽，国家高端智库武汉大学国际法研究所副教授，研究方向为国际公法。

会保护覆盖面，促进基本医疗卫生服务的公平性和可及性。第五方面是维护公平正义，强调要把增进民众福祉、促进人的全面发展作为发展的出发点和落脚点，消除机会不平等、分配不平等和体制不平等，促进性别平等。第六、第七、第八方面分别涉及加强环境保护、应对气候变化和有效利用自然资源。第九方面是改进国家治理，强调要依法治国，把经济发展纳入法制轨道，促进国家治理体系和治理能力的现代化，并构建全民共建、共商、共享的社会治理格局。中国的立场文件还提出了落实可持续发展议程的五大途径。首先，要增强各国的发展能力。其次，要改善国际发展环境，尤其是推动多边贸易体制均衡，形成公正、合理、透明的国际经贸和投资规则体系。再次，要优化发展合作伙伴关系，坚持南北合作主渠道，加强南南合作，发达国家应及时、足额履行官方发展援助承诺，及时提供资金、技术和能力建设支持。复次，要健全发展协调机制，充分发挥联合国的政策指导和统筹协调作用，同时支持二十国集团（G20）制订一个有意义的、可执行的G20落实发展议程整体行动计划。最后，要完善后续评估体系，立场文件强调要全面审议发展筹资、技术转让和能力建设等承诺的落实进展，重点审议官方发展援助承诺的落实情况。①

（二）制订可持续发展行动计划

中国自2015年12月接棒担任2016年二十国集团轮值主席国以来，在主题、议题、日程设定以及创新办会方式等方面均展现了卓越的领导力。G20杭州峰会第一次把发展问题置于全球政策框架的突出位置，第一次就落实联合国《2030年可持续发展议程》制订行动计划，第一次集体支持非洲和最不发达国家工业化。这三个"第一次"彰显了包容联动的新境界。2016年4月22日，气候变化《巴黎协定》高级别签署仪式于联合国纽约总部举行。中国气候变化事务特别代表解振华表示，在推动《巴黎协定》达成及早日生效的多边进程中，中国发挥了作为一个大国的领导力；接下来，中国将切实做好国内的温室气体减排，同时继续推动气候变化国际合作。2016年8月22日，由中国国家发展和改革委员会、中国企业联合会等支持，全球契约中国网络主办的"点亮美好未来——2016实现可持续发展目标中国峰会"在北京举行。峰会展现了中国企业为响应联合国可持续发展目标，在发展经济、保护环境等方面做出的积极贡献。

---

① 《中国向联合国提交落实2030年可持续发展议程立场文件》，联合国网站，2016年4月22日，http：//www.un.org/chinese/News/story.asp？newsID＝26043。

中国促进国际法治报告（2016年）

2016年9月19日，国务院总理李克强在联合国纽约总部主持"可持续发展目标：共同努力改造我们的世界——中国主张"座谈会并发表重要讲话。李克强指出，可持续发展的基础是发展，没有发展，一切都无从谈起。发展必须是可持续的，是经济、社会、环境的协调发展。可持续发展还是开放、联动、包容的发展，是全球的共同事业。推进《2030年可持续发展议程》，关键在于采取切实行动。议程提出17项目标和169项具体目标，应兼顾当前和长远，区分轻重缓急，优先聚焦核心任务，力争尽快取得实效。我们要把消除贫困和饥饿作为首要任务来抓。受自然环境、政局不稳、分配不公等因素影响，现在全球还有1/10的人口生活在贫困之中。议程提出，到2030年要消除全球一切形式的贫困，消除饥饿，实现粮食安全，改善营养状况和促进可持续农业。中国愿与各国一道，下更大决心，付出更大努力，确保如期甚至提前实现这些基本目标。面向未来，中国已经全面启动落实《2030年可持续发展议程》的工作。我们注重方案对接，将议程提出的具体目标全部纳入国家发展总体规划，并在专项规划中予以细化、统筹和衔接。我们强化实施保障，建立完善相应的体制机制，动员全社会加大资源投入，加强监督评估。通过努力，我们有望在2020年使现有标准下的贫困人口全部脱贫，提前完成消除贫困和饥饿、妇幼保健、住房保障等领域的指标，并于2030年基本完成农业、卫生、教育、经济增长等重点领域的相关目标。①

2016年12月8日，联合国开发计划署在北京发布了《2016年中国城市可持续发展报告：衡量生态投入与人类发展》，公布了一套针对中国城市在可持续发展方面的评估系统，衡量每个城市在收入、健康、教育、环境污染、资源消耗等方面的表现，以推动城市的未来发展更具包容性和更有韧性。报告对中国35个城市的可持续发展现状进行了评估，并将这些城市分为四类：高人类发展、低生态投入（可持续），高人类发展、高生态投入（较可持续），低人类发展、低生态投入（较可持续），低人类发展、高生态投入（不可持续）。除此之外，报告还根据各城市的发展现状提出了相应的可持续发展路径建议。②

（三）纪念联合国《发展权利宣言》通过30周年

1986年12月4日，第四十一届联合国大会通过的《发展权利宣言》明确宣

---

① 《李克强在"可持续发展目标：共同努力改造我们的世界——中国主张"座谈会上的讲话》，新华网，2016年9月20日，http://news.xinhuanet.com/2016-09/20/c_1119595219.htm。
② 《〈2016年中国城市可持续发展报告〉在京发布》，中国网，2016年12月2日，http://news.china.cn/cndg/2016-12/02/content_39834637.htm。

布"发展权利是一项不可剥夺的人权,每个人及各国人民均有权参与、促进并享受经济、社会、文化和政治发展,在这种发展中,所有人权和基本自由都能获得充分的实现"。2016年恰逢联合国《发展权利宣言》通过30周年。2016年12月1日,国务院新闻办公室发布了《发展权:中国的理念、实践与贡献》白皮书。白皮书从八个方面全方位介绍了中国作为发展权的倡导者、践行者和推动者,以与时俱进的理念、日臻完备的制度、卓有成效的实践在人权事业中取得的辉煌成就,深刻揭示了发展权对于保障和改善人权、推动人权事业进步的重要作用和重大意义,为在世界范围内落实好联合国倡导的发展权利提供了有益的中国经验。

一是与时俱进的发展权理念。中国赞赏联合国《发展权利宣言》所强调的表述——发展权是一项不可剥夺的人权,由于这种权利,每个人和所有各国人民均有权参与、促进并享受经济、社会、文化和政治发展,在这种发展中,所有人权和基本自由都能获得充分实现。二是日臻完备的发展权保障制度。中国建立并完善保障发展权的立法、战略、规划、计划、司法救济一体化制度体系架构,以富有建设性、务实性、高效性和强制性的体制制度、战略构建与政策措施,保障人民发展权的实现。其中,(1)宪法和法律制度。中国建立了以宪法为核心,以宪法相关法、民法商法等多个法律部门的法律为主干,由法律、行政法规和地方性法规等多个层次的法律规范构成的中国特色社会主义法律体系,为实现人民的发展权提供了法律保障。(2)国家发展战略。按照建设中国特色社会主义的要求,中国的国家发展战略以不断保障和实现人民的发展权为基本价值取向。中国共产党在20世纪80年代初提出了现代化建设"三步走"发展战略目标:第一步,1981~1990年,国民生产总值翻一番,解决人民的温饱问题;第二步,1991年到20世纪末,国民生产总值再翻一番,人民生活达到小康水平;第三步,到21世纪中叶,国民生产总值再翻两番,人民生活比较富裕,达到中等发达国家水平。三是有效实现经济发展。中国坚持以经济建设为中心,奠定保障发展权的坚实基础,同时又通过保障人民的发展权更好地促进经济发展。改革开放以来,中国经济快速增长,目前已成为世界第二大经济体,人民的生活总体上实现了从贫困到温饱,再从温饱到小康的两次历史性飞跃。这主要表现在:中国贫困人口生存权得到有效保障;劳动者工作权利充分实现;人民基本生活水准极大改善;人民生活水平显著提高。四是不断完善政治发展。中国不断丰富和完善适合自身发展的政治制度,中国特色社会主义民主政治与法治建设全面推进,公民权利和政治权利得到切实保障,人民参与、促进政治发展进程并分享政治发展成果的水平与日俱增。这主要表现在：人民代表大会制度是人民实现政治发展的根本制度保证；民主选举是公民实现政治权利的重要内容；协商民主是公民实现有序政治参与的重要途径；民族区域自治是少数民族实现政治权利的重要形式；基层民主是基层民众维护和实现平等发展的有效途径；公共参与是公民直接参与发展决策的便捷渠道。五是努力促进文化发展。中国政府坚定不移地深化文化体制改革，解放和发展文化生产力，积极推进文化发展成果普惠化和文化发展机会均等化，努力保障公民文化发展权的实现。这主要表现在：公共文化服务体系建设加速推进；文学艺术、新闻出版、广播影视和体育事业蓬勃发展；少数民族地区文化事业发展迅速；老年人、残疾人和进城务工人员等群体的文化发展受到高度重视。六是全面提升社会发展。中国以追求全体人民共享发展和共同富裕为发展目标。多年来，中国致力于发展各项社会事业，建立和完善各类社会保障和社会服务制度，不断改善社会保障水平，努力供给有效的社会资源，促进教育公平，使全体人民共享发展成果。这主要表现在：人民健康权保障水平大幅提高；覆盖全社会的保障体系基本建成；社会救助力度不断加大；教育公平得到更好落实；区域教育差距进一步缩小；群体教育差距进一步缩小；少数民族教育发展水平不断提升。七是加快落实绿色发展。中国坚持绿色发展理念，加快推进生态文明建设进程，让中华大地天更蓝、山更绿、水更清、环境更优美，让良好生态环境成为人民生活的增长点，让可持续发展成果惠及全体人民。这主要表现在：基本国策保障绿色发展；环境治理改善绿色发展；生态经济推动绿色发展；政策扶持促进绿色发展；履行国际公约推进全球绿色发展。八是推动实现共同发展。中国坚持相互尊重、平等相待、合作共赢、共同发展的原则，把中国人民的利益同各国人民的共同利益结合起来，支持和帮助发展中国家特别是最不发达国家减少贫困、改善民生、改善发展环境，推动建设人类命运共同体。这主要表现在：捍卫发展权利；参与发展议程；拓宽发展之路；深化发展合作；加大发展援助；提供特别待遇；改善发展环境。①

（四）小结

和平与发展仍是当今时代的两大主题，发展权关乎发展、尊严、荣誉。要解决贫困问题、讨论改革全球金融体系、在共同治理上达成共识、改善全球治理

---

① 中华人民共和国国务院新闻办公室：《发展权：中国的理念、实践与贡献》白皮书，2016年12月1日，http：//www.scio.gov.cn/zfbps/32832/Document/1532315/1532315.htm。

等，需要建立一个共同的平台。要促进开放共赢的发展，推动建立平等、均衡的全球伙伴关系，坚持南北合作主渠道，发达国家应履行官方发展援助承诺，不断完善全球经济治理架构，努力提高发展中国家的代表性和发言权。要把握发展权的重点和领域，重点解决发展中国家的贫困、饥饿、疾病、教育、失业等民生问题；搭建发展权经验分享平台，广泛收集各国发展权实践的经验教训，将其作为国际社会落实发展权的参考；构建发展权国际合作的伙伴关系，充分发挥联合国、民间社会、各个国家的协同作用，在落实联合国《2030 年可持续发展议程》的过程中，要确保企业、学界、市民社会等各个利益当事方的参与，并与他们建立伙伴关系。

三　中国与航空和外层空间法治[①]

（一）中国与航空法治

中国已经成长为世界航空大国。中国民航年运输总周转量、旅客运输量连续多年排世界第二位，成为仅次于美国的全球第二大航空运输系统。国际航空运输协会于 2016 年 11 月发布报告称，2029 年前后中国将取代美国成为全球最大的航空市场。中国民用航空局（以下简称"中国民航局"或"民航局"）也预测，2030 年前中国民航运输量若能保证每年 10% 的增速，届时旅客运输量将达 15 亿人次，中国将成为全球航空第一大国。相应的，在国际航空法的发展过程中，中国也发挥着越来越重要的作用。

1. 中国在相关国际组织中的作用

中国是国际民用航空组织的创始国之一。中国政府于 1974 年正式开始参加国际民用航空组织的活动。2015 年 8 月 1 日，柳芳博士开始担任国际民航组织秘书长，这是国际民用航空组织历史上首位中国籍秘书长。2016 年 10 月，中国在于加拿大蒙特利尔举行的国际民航组织第 39 届大会上再次高票当选一类理事国，这是自 2004 年来中国第五次连任一类理事国。

中国积极参与国际民航组织的各类活动和项目。尤其是在国际民航组织于 2016 年修订国际标准（涉及航空器运行、航空安保、安全管理、航空器适航性、航空器的运行、航空情报服务、机场、航空器事故和事故征候调查、空中交通服

[①] 本节作者：罗国强，国家高端智库武汉大学国际法研究所教授，研究方向为国际公法。

务、航空电信、航图、国际空中航行气象服务、空中规则、人员执照的颁发等广泛领域）的过程中，中国发挥了积极的作用。此外，中国还支持国际民航组织法律委员会通过了2016年新的工作方案。

2. 双边与多边航空合作

截至2015年底，中国共有定期航班航线3326条，按重复距离计算的航线里程为786.6万公里，按不重复距离计算的航线里程为531.7万公里。定期航班国内通航城市204个（不含香港、澳门、台湾），国内航空公司国际定期航班通航55个国家的137个城市。中国与其他国家或地区签订双边航空运输协定118个，比2014年底增加了2个，其中亚洲有43个（含东盟），非洲有24个，欧洲有36个，美洲有9个，大洋洲有5个。

2016年，中国民航业进一步扩大了登记航线许可的范围；进一步支持支线航空发展；注重航空安全和服务质量监管，努力提升行业运行水平；全面启用国际航线航班信息管理系统。"一带一路"沿线国家新开航线增长速度较快。2016年航季，国内航空公司新开"一带一路"沿线国家国际航线49条，其中客运航线46条，货运航线3条。航线主要集中在东南亚、南亚及西亚国家，包括阿联酋、菲律宾、柬埔寨、老挝、马来西亚、缅甸、尼泊尔、泰国、新加坡、印度、印度尼西亚、越南等12个亚洲国家。新开航线对促进中国与"一带一路"沿线国家的经贸和人员交流起到了重要的推动作用，更好地服务了国家战略需要。

2016年10月26日，中国民航局在北京召开了国际航空运输研讨会，会议指出，自2014年提出"国内放开、国际开放"的航空运输发展总体思路以来，中国的国际航空运输保持快速增长，总体来看效果不错，发展态势喜人。中国国际航空运输增长显著，新开国际航线迅猛，"飞出去"的格局基本形成，国际航权得到比较充分的使用，有力地服务了国家新一轮对外开放步伐，对"一带一路"沿线国家战略的实施提供了坚实的支持。中国下一步要从实际出发，推进区域航空运输自由化进程；简政放权，激发市场活力；有效发挥政府的调控作用；进一步完善国际航权分配制度；大力加强枢纽机场建设；改善国际航空运输的运营环境。

3. 国内航空法制建设

为了贯彻落实党中央全面推进依法治国的战略部署，进一步做好民航法治建设工作，中国民航局于2015年研究提出了《加强民航法治建设若干意见》。

2016年12月21日，中国民航局印发了《通用航空发展"十三五"规划》。该规划是民航发展"十三五"规划体系的重要组成部分，也是民航局首次出台的通用航空发展专项规划。该规划回顾了"十二五"期间通用航空的发展情况，分析了"十三五"期间通用航空的发展环境，提出了未来五年通用航空发展的指导思想、发展原则和发展目标。从深化体制机制改革、夯实基础保障能力、提升产业发展水平等方面做出规划安排，对实现民航强国战略、促进中国通用航空业持续健康发展具有重要意义。

2016年12月24日，中国民航局审议通过了《提升通用航空服务能力工作方案》。

（二）中国与外层空间法治

中国一贯支持和平利用外层空间的各种活动，主张依据有关国际法，在平等互利、取长补短、共同发展的基础上，增进和加强空间领域的国际合作。

2011年以来，中国航天事业持续快速发展，自主创新能力显著增强，进入空间能力大幅提升，空间基础设施不断完善，载人航天、月球探测、北斗卫星导航系统、高分辨率对地观测系统等重大工程建设顺利推进，空间科学、空间技术、空间应用取得了丰硕成果。中国与29个国家、空间机构和国际组织签署了43项空间合作协定或谅解备忘录，积极参与联合国及相关国际组织开展的有关活动，推进国际空间商业合作，取得了丰硕成果。

截至2016年11月，"长征"系列运载火箭共完成86次发射任务，将100多个航天器成功送入预定轨道，发射成功率达到97.67%，运载火箭的可靠性和高密度发射能力持续增强。中国最大运载能力的新一代运载火箭"长征五号"的成功首飞，实现了中国液体运载火箭直径从3.35米到5米的跨越，大幅提升了"长征"系列运载火箭的运载能力，成为中国运载火箭升级换代的重要标志。120吨级液氧煤油发动机完成研制，应用该型发动机的"长征六号""长征七号"新型运载火箭实现首飞，"长征十一号"固体运载火箭成功发射，运载火箭型谱进一步完善。2016年9月和10月，"天宫二号"空间实验室和"神舟十一号"载人飞船先后成功发射，形成组合体并稳定运行，开展了较大规模的空间科学实验与技术试验，突破掌握了航天员中期驻留、地面长时间任务支持和保障等技术。目前，中国已突破掌握载人天地往返、空间出舱、空间交会对接、组合体运行、航天员中期驻留等载人航天领域的重大技术。2016年6月，文昌航天发射场首次执行航天发射任务，标志着中国自主设计建造、绿色生态环保、技术创新跨越的新一代航天发射场正式投入使用。

2016年12月27日，国务院新闻办公室发表了《2016中国的航天》白皮书。

中国促进国际法治报告（2016年）

白皮书介绍了 2011 年以来中国航天活动的主要进展、未来五年的主要任务以及国际交流与合作等情况。

白皮书指出，中国政府把发展航天事业作为国家整体发展战略的重要组成部分，始终坚持以和平目的探索和利用外层空间。中国航天事业自 1956 年创建以来，已走过 60 年的光辉历程，创造了以"两弹一星"、载人航天、月球探测为代表的辉煌成就，走出了一条自力更生、自主创新的发展道路，积淀了深厚博大的航天精神。为了传承航天精神、激发创新热情，中国政府决定，自 2016 年起，将每年 4 月 24 日设立为"中国航天日"。

白皮书提出，未来五年，中国将加快航天强国的建设步伐，持续提升航天工业的基础能力，加强关键技术攻关和前沿技术研究，继续实施载人航天、月球探测、北斗卫星导航系统、高分辨率对地观测系统、新一代运载火箭等重大工程，启动实施一批新的重大科技项目和重大工程，基本建成空间基础设施体系，拓展空间应用的深度和广度，深入开展空间科学研究，推动空间科学、空间技术、空间应用全面发展。

白皮书强调，要着力加强法律法规体系建设。加快推进以航天法立法为核心的法制航天建设，研究制定空间数据与应用管理条例、宇航产品与技术出口管理条例等法规，完善航天发射项目许可管理、空间物体登记管理、科研生产许可管理等法规，依法指导和规范各类航天活动，为航天强国建设提供有力的法制保障。加强国际空间法研究，积极参与外空国际规则制定。国际空间合作应遵循联合国《关于各国探索和利用包括月球和其他天体在内外层空间活动的原则条约》及《关于开展探索和利用外层空间的国际合作，促进所有国家的福利和利益，并特别要考虑到发展中国家的需要的宣言》中提出的基本原则。中国主张在平等互利、和平利用、包容发展的基础上，加强国际空间交流与合作。

2016 年 10 月 20～21 日，庆祝中国航天事业创建 60 周年"中国航天高峰论坛"暨中国宇航学会、中国空间法学会 2016 年学术年会在北京召开。此届论坛暨年会以"创新驱动发展　共铸航天强国"为主题，旨在通过学术交流落实科技驱动发展战略，促进航天强国建设。此届论坛暨年会采用主旨报告与分论坛专题研讨相结合的方式，内容涵盖空间技术、空间科学、空间应用、空间法律和空间政策等相关领域。八个主旨报告分别为：中国宇航学会·中国空间法学会名誉理事长、原航空航天工业部副部长、原中国航天工业总公司总经理刘纪原作《关于中国航天事业的战略思考》，外交部条法司司长徐宏作《当前的国际形势与法律外交工作》，中国载人航天工程办公室副主任杨利伟作《中国载人航天工程前景展望》，中国航天科技集团公司科学技术委员会副主任江帆作《颠覆式创新对中国航天发展的启示》，中国卫星导航系统管理办公室主任冉承其作《国家"一带一路"战略与北斗卫星导航系统国际化应用》，中国工程院院士李伯虎作《智慧云制造——一种互联网＋时代的智能制造模式、手段和业态》，中国科学院院士顾逸东作《"十三五"空间科学与应用展望》，中国宇航学会研究员王续伯作《中国航天2049愿景展望》。

四 中国与网络空间法治[①]

（一）概述

2016年，网络空间法治问题继续受到国际社会的重视，网络空间国际规则制定得以保持"稳中有进"的总体态势。中国政府和学界对这一问题给予了更大关注。例如，2016年3月发布的《"十三五"规划纲要》第一次明确提出：应当"积极参与网络、深海、极地、空天等领域国际规则制定"。在2016年10月9日的中共中央政治局第三十六次集体学习中，习近平总书记再次强调要加快实施网络强国战略，同时也提出要加快提升中国对网络空间的国际话语权和规则制定权。

在此背景下，中国政府在各种多边和双边场合都表现积极，力图为网络空间法治提供中国方案、贡献中国智慧。以下选取一些具有代表性的新发展进行介绍和分析。

（二）2016年的主要发展

1. 联合国信息安全政府专家组

联合国信息安全政府专家组的全称为"国际安全背景下信息和通讯领域的发展政府专家组"，由中国、俄罗斯、美国、英国等国家的代表组成，具有广泛的国际代表性，并且在网络空间国际法规则的制定中发挥着越来越重要的作用。第三届（2012~2013年）和第四届（2014~2015年）联合国信息安全政府专家组分别于2013年6月和2015年7月达成两份重要的共识性文件，对于国际法在

[①] 本节作者：黄志雄，国家高端智库武汉大学国际法研究所教授、副所长，研究方向为国际公法、网络空间法。

网络空间的适用及负责任的网络空间国家行为规范取得了重要进展。根据第70届联合国大会2015年12月23日通过的A/RES/70/237号决议,第五届联合国信息安全政府专家组已经成立,其规模从第四届的20国扩大到了25国(中国仍然是该专家组成员之一)。新一届专家组会在2016～2017年举行四次会议,并已于2017年9月向第72届联合国大会提交报告。

鉴于联合国信息安全政府专家组及其成果在网络空间法治中发挥着不断扩大的影响力,中国政府对此高度重视。外交部网络事务办公室邀请来自国家互联网信息办公室、公安部等实务部门的负责人和相关智库的专家共十余人,于2016年6月专门成立了一个针对该专家组的对策组,针对中国政府重点关切的有关议题进行了多次研讨和对策分析。在此基础上,中国政府代表团参加了该专家组2016年8月29日至9月2日在美国纽约举行的第一次会议和11月28日至12月2日在瑞士日内瓦举行的第二次会议。尽管新一届联合国信息安全政府专家组最终能够取得何种成果目前尚不明朗,但可以确定的是,通过整合政府部门和学界资源进行深入准备,将有助于中国政府更加积极有效地参与相关议题,并在这一机制中发挥更大的影响力。

2. 亚非法律协商组织网络空间国际法工作组

亚非法律协商组织根据1955年万隆会议决定于1956年成立,是亚非两大洲在国际法领域唯一一个政府间国际组织,目前有46个成员和2个观察员。该组织的宗旨是在国际法领域为各成员国政府提供咨询,为亚非国家在共同关心的法律问题上进行合作提供论坛,从而指导亚非国家的法律实践,推动国际法的逐步发展与编纂。

中国政府高度重视亚非法律协商组织在团结亚非国家、积极建设国际法治和秩序中的作用。2015年4月,在于北京举行的该组织第54届年会上,李克强总理出席了开幕式并发表主旨讲话,提出亚非国家要积极参与国际立法,共同应对网络安全等全球性非传统安全挑战,并宣布中国政府将出资设立"中国-亚非法律协商组织国际法交流与研究项目",用以支持该组织的发展。在中国政府的倡议下,亚非法律协商组织在2014年的第53届年会上第一次将"网络空间国际法"列为正式议题,并在2015年的第54届年会上决定设立网络空间国际法工作组。在2016年5月17～20日于印度新德里举行的亚非法律协商组织第55届年会上,举行了网络空间国际法工作组第一次会议,选举产生了工作组主席、副主席和特别报告员。经中国政府推荐,黄志雄教授成功当选为特别报告员,这将助力增强中国和其他亚非国家在网络空间国际规则制定中的话语权。从第55届年会起,该工作组计划通过开展专题研究、举办会间会等形式,凝聚各成员国共识,提升亚非国家在网络空间国际规则制定上的影响力。

另外,在中国政府的大力推动下,在2016年5月23~27日举行的联合国预防犯罪与刑事正义委员会(CCPCJ)第25届会议期间,亚非法律协商组织在联合国维也纳总部举办了"打击网络犯罪国际合作"边会。亚非法律协商组织秘书长Rahmat Mohamad担任会议主持人,伊朗外交部国际法律事务司司长Hossein Panahiazar、巴基斯坦驻奥地利大使Ayesha Riyaz以及中国、俄罗斯、美国、加拿大等各国官员近50人与会。来自中国的黄志雄教授作为两名发言人之一,阐述了打击网络犯罪国际法机制的现状和问题以及制定新的全球性网络犯罪公约的设想,受到与会代表的欢迎与好评。

3. 世界互联网大会·乌镇峰会

2016年11月16~18日,第三届世界互联网大会在浙江乌镇举行,来自五大洲110多个国家和地区的1600多名嘉宾参加了大会。习近平主席在开幕式上通过视频发表重要讲话,再次阐述了全球互联网治理的"中国方案",提出"中国愿同国际社会一道,坚持以人类共同福祉为根本,坚持网络主权理念,推动全球互联网治理朝着更加公正合理的方向迈进,推动网络空间实现平等尊重、创新发展、开放共享、安全有序的目标"。中共中央政治局常委刘云山在大会开幕式上做了主旨演讲。在第二届世界互联网大会发布的《乌镇倡议》的基础上,此届大会正式宣布启动"乌镇进程",并正式发布经世界互联网大会组委会高级别专家咨询委员会(以下简称"高咨委")审议通过的《2016年世界互联网发展乌镇报告》(以下简称《乌镇报告》),这成为大会的核心成果文件。① 该报告提出:"在尊重网络主权、尊重《联合国宪章》等国际法和国际关系准则基础上,制定各方普遍接受的网络空间国际规则成为国际社会的共同愿望。"

尽管在过去几年中,网络空间国际规则制定并非世界互联网大会·乌镇峰会的中心议题,但该会议是目前中国在网络空间博弈中唯一一个"主场"机制,可以为提升中国在网络空间国际治理中的话语权和影响力发挥不可估量的作用。事实上,习近平主席在2015年12月第二届世界互联网大会上发表的主旨演讲中,不仅提出了尊重网络主权等推动全球互联网治理体系变革的四大原则,还提出了关于共同构建网络空间命运共同体的五点主张,呼吁"推动制定各方普遍接受的网络空间国际规则","完善网络空间对话协商机制,研究制定全球互联

---

① 《乌镇报告》全文可参见http://www.wicwuzhen.cn/system/2016/11/18/021373284.shtml。

网治理规则"。2016年"乌镇进程"的启动和《乌镇报告》的发布,可以被视为中国利用乌镇峰会在全球互联网治理(包括相关规则制定)中发挥更大影响力的新的尝试。

4. 金砖国家领导人峰会及《果阿宣言》

2009年6月16日,中国、巴西、印度、俄罗斯4个金砖国家领导人首次会晤在俄罗斯叶卡捷琳堡举行,会议就国际金融机构改革、粮食安全、能源安全、气候变化等重大问题交换了看法并发表联合声明,正式启动了金砖国家之间的合作机制。① 从2013年在南非德班的第五次会晤开始,网络安全和网络空间治理在这一合作机制中越来越多地受到关注。

2016年10月15～16日,金砖国家领导人第八次会晤在印度果阿举行,会议发表了《果阿宣言》。《果阿宣言》强调,将进一步加强金砖国家的团结合作,并通过开展让成员国人民直接受益的务实合作,在全球舞台上发出具有影响力的声音。这份约13000字的《果阿宣言》共用4段(第64～67段)对网络空间的相关问题进行了阐述,提出应"在公认的包括《联合国宪章》在内的国际法原则的基础上,通过国际和地区合作,使用和开发信息通信技术。这些原则包括政治独立、领土完整、国家主权平等、以和平手段解决争端、不干涉别国内政、尊重人权和基本自由和隐私等。这对于维护和平、安全与开放的网络空间至关重要"。"必须加强国际合作,打击利用信息通信技术实施恐怖和犯罪活动……联合国在处理信息通信技术的安全使用相关问题中发挥的关键作用,将继续合作,通过联合国信息安全政府专家组进程等,制定负责任国家行为规则、规范和原则。我们认识到,各国在确保信息通信技术使用的稳定性和安全性方面发挥领导作用。"②

中国、巴西、印度、俄罗斯和南非作为当今世界5个最重要的新兴经济体,在网络空间治理和国际规则制定方面加强合作和表达共同关切,可以为网络空间法治做出独特的贡献。

5. 中美专家组

2016年9月习近平主席访美期间,中美双方达成了加强网络安全、共同探讨推动制定国际社会网络空间合适的国家行为准则的重要共识。根据这一共识,

---

① 南非从2011年金砖国家领导人第三次会晤开始加入这一合作机制。
② 《果阿宣言》全文可参见 http://www.scio.gov.cn/zxbd/tt/zdgz/Document/1494143/1494143.htm。

中美网络空间国际规则高级别专家组首次会议于 2016 年 5 月 11 日在华盛顿举行。会议由中国外交部军控司司长王群与美国国务院网络事务协调员佩恩特共同主持。中方中国外交部、中共中央网络安全和信息化领导小组办公室、国防部、工业和信息化部、公安部，美方美国国务院、白宫国家安全委员会、国防部、司法部、国土安全部、联邦调查局、国家情报委员会等代表出席会议。会上，双方积极、深入、有建设性地讨论了网络空间国际规则等问题，包括国家行为规范以及与网络空间有关的国际法和信任措施。

中美这两个网络大国在网络空间秩序构建和规则博弈中既存在重要的分歧，又有着不可忽视的共同利益。两国通过中美网络空间国际规则高级别专家组等机制开展双边对话、加强战略互信，这对于双边网络关系和整个网络空间法治的推进都有着十分重要的积极影响。

除了上述几个方面的进展外，对于北约"网络合作防御卓越中心"在 2014 年发起的网络空间国际法"塔林手册 2.0 版"①，中国政府也予以较大重视，继 2015 年 4 月应邀参加在荷兰海牙举行的"塔林手册 2.0 版"第一次政府代表咨询会后，中国政府 2016 年 2 月又应邀参加了该手册第二次政府代表咨询会，并就该手册的相关内容表达了中国政府的意见和关切。

（三）小结与前瞻

目前，国际规则制定在网络空间博弈中的重要性正在显著上升，各国越来越注重通过影响和塑造国际规则实现本国的利益和诉求、争夺国际话语权和主导权。同时，西方国家极力对中国进行价值观上的抹黑和国际规则层面的打压，使中国的国际话语权受到严重影响，这是中国在网络空间博弈中处于不利局面的重要原因。近年来，中国政府高度重视网络空间国际规则的制定。但是，中国在参与网络空间国际规则制定方面还面临着一系列自身的短板和挑战，需要从形象塑造、理论研究、实践引领、制度建设和人才培养等方面着手，加强中国塑造、影响网络空间国际规则的软实力，扭转中国在网络空间博弈中的不利局面。

---

① 目前，《塔林手册 2.0 版》已于 2017 年 2 月出版。本节作者是应邀担任负责撰写该手册的国际专家组 20 名成员之一。

五　中国与国际人权法治[①]

2016年，中国在积极推动全球人权治理、促进与保障人权方面取得了如下成就。

（一）中国一贯坚持生存权和发展权是首要的基本人权

中国是联合国《发展权利宣言》的积极倡导者和重要推动者。在2016年12月4日召开的《纪念〈发展权利宣言〉通过30周年国际研讨会》上，中国国家主席习近平在贺信中指出："发展是人类社会永恒的主题。联合国《发展权利宣言》确认发展权利是一项不可剥夺的人权。……发展是解决中国所有问题的关键，也是中国共产党执政兴国的第一要务。中国坚持把人权的普遍性原则同本国实际相结合，坚持生存权和发展权是首要的基本人权。多年来，中国坚持以人民为中心的发展思想，把增进人民福祉、保障人民当家做主、促进人的全面发展作为发展的出发点和落脚点，有效保障了人民发展权益，走出了一条中国特色人权发展道路。中国积极参与全球治理，着力推进包容性发展，努力为各国特别是发展中国家人民共享发展成果创造条件和机会。"[②] 2016年12月5日，与会人士通过了《纪念〈发展权利宣言〉通过30周年北京倡议》[③]，其中载明：发展权利是一项普遍、不可剥夺的、综合性的基本人权；"发展权利的保障，既表现在经济、社会、文化、环境权利的实现之中，又表现在公民权利和政治权利的获得之中。国际社会应对促进和保护经济、社会、文化、环境权利和公民、政治权利予以同等重视。发展权利既是个人人权又是集体人权……各国政府有义务不断改善全体人民和所有个人的发展条件……可持续发展是发展权利的应有之义，国家、社会和个人都应承担可持续发展的义务和责任。实现和保障发展权利，需要遵循平衡性、可持续性的发展思路，促进人与自然和谐发展、经济与社会和谐发展……发展权利应为各国人民共有共享……发展权利的实现既需要各国政府根据

[①] 本节作者：冯洁菡，国家高端智库武汉大学国际法研究所教授，研究方向为国际公法、国际知识产权法、海洋法。

[②] 《习近平致"纪念〈发展权利宣言〉通过30周年国际研讨会"的贺信》，中国人权网，2016年12月4日，http://www.humanrights.cn/html/2016/1_1204/24153.html。

[③] 《纪念〈发展权利宣言〉通过30周年北京倡议》，中国人权网，2016年12月5日，http://www.humanrights.cn/html/2016/1_1205/24208.html。

各自国情制定符合本国实际的发展战略和发展政策,也需要国际社会坚持公平、开放、全面、创新的共同发展理念,加强发展合作,加强对发展中国家特别是对最不发达国家的支持,着力促进包容性发展,建设人类命运共同体"。

中国积极探索生存权、发展权方面的实践,为世界人权事业做出了中国贡献。

第一,中国坚持精准扶贫、脱贫,保证人人享有发展机遇、享有发展成果。2016年3月和10月,国务院分别印发了《关于进一步健全特困人员救助制度的意见》和《中国的减贫行动与人权进步》白皮书,总结减贫事业取得的成就与存在的问题,部署进一步做好特困人员救助供养工作,保障和改善民生。截至目前,中国已解决13亿人的温饱,为7.7亿人提供了就业,实现了9年义务教育全覆盖。

第二,中国倡导生态文明和绿色发展,"创新、协调、绿色、开放、共享"五大发展理念贯穿经济社会发展的各个领域和各个环节。2012年,生态文明被首次纳入中国人权保障①。在应对气候变化方面,中国制定和实施了符合本国国情的国家战略,并积极推动和参与了《巴黎协定》的谈判与磋商。2016年4月22日,中国正式签署了《巴黎协定》。

第三,中国通过"一带一路"建设与沿线国家结成"命运共同体",共享发展,从而使《发展权利宣言》具有了实质性的内容。

第四,中国积极帮助广大发展中国家消除贫困,实现发展。新中国成立60多年来,中国共向166个国家和国际组织提供了近4000亿元人民币的援助,派遣了60多万名援助人员,先后7次宣布无条件免除重债国和最不发达国家对华到期政府无息贷款债务。② 中国-联合国和平与发展基金已投入运营,南南合作援助基金也已正式启动。2016年,中国代表在参与联大三委关于"极端贫困与人权"问题的讨论时呼吁发达国家切实落实《2030年可持续发展议程》,履行援助承诺,提升发展中国家的减贫能力;发展中国家也应根据国情制定政策,深入推进南南合作。③

---

① 中华人民共和国国务院新闻办公室:《2012年中国人权事业的进展》,2013年5月,http://www.scio.gov.cn/ztk/dtzt/2015/33423/33432/Document/1448654/1448654.htm。
② 中华人民共和国国务院新闻办公室:《中国的减贫行动与人权进步》,2016年10月,人民网,http://politics.people.com.cn/n1/2016/1017/c1001-28784713.html。
③ 参见2016年10月25日中国代表团杨鋆智在第71届联大三委与极端贫困与人权问题特别报告员对话时的发言。

(二)中国始终坚持在平等的基础上促进人权交流与合作

中国坚持人权交流与合作应当恪守《联合国宪章》的宗旨和原则,尊重各国主权、独立和领土完整,反对将人权问题政治化和实行双重标准,摒弃以人权为由干涉他国内政。2016年9月19日,中国代表在联合国人权理事会第33次会议上呼吁各国努力推动实现《2030年可持续发展议程》,为保护和促进人权奠定坚实基础;坚持以人为本的发展理念,促进和保护包括发展权在内的所有人权;坚持各类权利平衡发展,促进社会公平正义;坚持发展模式多样化,为保护和促进人权提供足够的政策空间;坚持对话合作,支持和加强发展中国家人权能力建设;坚持平等互信、包容互鉴、合作共赢的精神,促进世界各国共同发展和人权的普遍实现;坚持在发展过程中注重促进和保护人权。①

对于美国、英国等国家在联合国人权理事会第31次会议上对中国个案的关注和对中国人权状况的指责②,中国认为这是少数国家借口人权问题干涉中国内政和司法主权的行为,是严重违反《联合国宪章》和有关联合国大会决议的行为,不利于国家之间的人权合作与协调。在对特定地区人权状况的态度上,中国反对任何不经当事国同意强行设立的特别调查机制。同时,中国还呼吁国际社会更加客观地看待他国的人权进展,公正评价其取得的进步,理解他国面临的实际困难,并提供相应的技术援助与能力支持。对于朝鲜的人权问题,中国强调不能将人权问题政治化,关于朝鲜人权问题的讨论应当有利于朝鲜半岛无核化的目标、缓解半岛紧张局势从而维护和平与稳定③。对于伊朗的人权状况,中国认为应当尊重其自身的宗教文化传统,着力解决暴力侵害妇女问题、推动女性参政等④。对于白俄罗斯的人权状况,中国认为不应当仅关注白俄罗斯公民权利和政治权利,而忽视了白俄罗斯人民在经社文权利和发展权

---

① 参见2016年9月16日中国常驻联合国日内瓦办事处和瑞士其他国际组织代表马朝旭在联合国人权理事会第33次会议上的发言。
② 《外交部:坚决反对美国等借口人权问题公开指责中国》,新华网,2016年3月11日,http://news.xinhuanet.com/world/2016-03/11/c_1118307850.html。
③ 参见2016年10月27日中国代表团姚绍俊参赞在第71届联大三委与人权理事会与朝鲜人权状况特别报告员对话时的发言;2016年12月9日常驻联合国代表刘结一大使在表决朝鲜局势安理会议程前的发言。
④ 参见2016年10月27日中国代表团张耀军在第71届联大三委与人权理事会与伊朗人权状况特别报告员对话时的发言。

方面取得的积极进展①。

在多边和跨区域层面上，2016 年，中国举办了第 16 次亚欧非正式人权研讨会，并纪念联合国《残疾人权利公约》通过 10 周年与亚欧会议成立 20 周年，会议对残疾人人权保护问题进行了深入探讨。中国表示，国际社会应积极保障残疾人的权益，努力构建和谐包容的社会环境，加大对残疾事业的投入，开展残疾事业的国际交流合作。② 2016 年 3 月，中国参加了第 60 届世界妇女大会和妇女地位委员会东道国四国边会，阐述了中国在促进妇女全面发展方面的成就，并鼓励各国继续加强发展伙伴关系，创造有利于妇女发展的国际环境。2016 年 9 月，中国与非洲国家共同举办了"通过落实 2030 年可持续发展议程实现经社文权利"会议，中国代表在会上阐述了《2030 年可持续发展议程》对实现经社文权利的重要意义和中国的立场与主张，分享了中国落实议程的务实举措和取得的显著成就。2016 年 10 月，中国社会科学院人权研究中心举办了"人权领域的国际合作与中国视角"国际研讨会，来自中国、英国、荷兰、瑞典、意大利、澳大利亚和南非的 50 多位专家学者参会，共同探讨如何加强人权的双边和多边合作。

在双边层面上，2016 年，中国与瑞士进行了第 9 次人权对话，与德国进行了第 14 次人权对话，与英国进行了第 23 次人权对话，中国分别与南非和非洲联盟举行了首次人权磋商。2016 年 3 月 30 日，中澳监狱女犯待遇研讨会在中国长沙召开，来自中国司法部、澳大利亚人权委员会和维多利亚州达姆·菲利斯·弗洛斯特中心女子监狱以及全国监狱系统的有关代表参加了研讨会。双方就"关于对女犯的管理与矫正"、"特殊女犯的权益保障"和"女犯教育改造工作社会化"等问题展开了专题讨论。2016 年，第二届中欧人权研讨会在中国重庆召开，来自中欧人权领域的 50 多位专家学者围绕少数民族权利保障主题进行了研讨交流。

（三）中国高度重视国际人权文书的实施和履约工作

2015 年，联席会议机制启动了第二期《国家人权行动计划（2012～2015 年）》终期评估工作，其后发布的《实施评估报告》表明，该计划整体执行情况

---

① 参见 2016 年 10 月 27 日中国代表团杨鋆智在联大三委与白俄罗斯人权状况特别报告员互动对话时的发言。
② 参见 2016 年 11 月 8 日外交部副部长李保东出席第 16 次亚欧非正式人权研讨会开幕式的致辞。

中国促进国际法治报告（2016年）

良好，计划中的各项措施都得到了有效的实施，主要目标和任务都得以如期实现。① 2016年9月，在总结前期经验的基础上，结合《"十三五"规划纲要》，中国政府制定了新一期的《国家人权行动计划（2016~2020年）》，确定了未来五年内尊重、保护和促进人权的目标与任务。

中国一直重视司法领域的人权保障工作。2016年，国务院新闻办公室发表了《中国司法领域人权保障的新进展》白皮书，其中列举了中国司法领域人权保障取得的新进展，包括实行立案登记制，修改完善诉讼制度、严格落实罪刑法定、疑罪从无、非法证据排除等法律原则，人权司法保障程序更加规范等。同时，白皮书还对人权司法保障机制、人权司法保障程序、人权司法保障执行力和保障被羁押人合法权利提出了新要求。这均表明中国一直将不断改进和完善司法领域的人权保障作为其推进依法治国的重要目标。②

中国保障公民特别是弱势群体享有诉诸法律的权利，为此，中国主要采取了以下措施。第一，逐步完善法律法规政策体系，以立法形式保障当事人的诉讼权利。中国的刑事、民事和行政诉讼法中都确立了保障公民诉权的法律制度。2003年颁布实施的《法律援助条例》确立了法律援助制度的基本框架和主要内容。2006年颁布的《诉讼费用缴纳办法》对经济困难当事人、残疾人等弱势群体缓交、减交和免交诉讼费做出了详细规定。第二，不断健全人权司法保障机制，实现司法程序公正。自2015年5月1日起，人民法院改立案审查制为立案登记制，以确保当事人依法"无障碍"行使诉权。中国司法机关对受到侵害但无法获得有效赔偿的刑事被害人给予经济资助，严格遵守司法救助申请告知义务，及时发放救助资金。第三，加大法律援助力度，提高人权司法保障的执行力。中国已基本形成以政府为组织者，以律师、基层法律服务工作者和专职法律援助工作人员为提供者，以社会志愿者为补充的法律援助工作格局。截至2015年，中国已有24个省（自治区、直辖市）建立省级法律援助专项资金，全国共建成法律援助便民服务窗口3500余个、法律援助工作站7万余个。第四，强化特殊群体保护，维护弱势群体的合法权益。《老年人权益保障法》《妇女权益保障法》《未成年人保护法》《残疾人保障法》等十多部法律对保障弱势群体的诉讼权利做出了专门规定。中国各级法院为符合条件的残疾人减免诉讼费用，积极为残疾人建设无障

---

① 参见《〈国家人权行动计划（2012~2015年）〉实施评估报告》（全文），人民政协网，2016年6月，http://www.rmzxb.com.cn/c/2016-06-14/867000_1.shtml。
② 中华人民共和国国务院新闻办公室：《中国司法领域人权保障的新进展》，2016年9月，新华网，http://news.xinhuanet.com/politics/2016-09/12/c_1119549617.htm。

碍设施，方便残疾人诉讼。中国已初步建立妇女法律援助工作网络，成立了多个妇女法律援助站和"中国妇女法律援助行动项目"。对于未成年人犯罪和未成年被害人案件，法律援助机构或者法院依法为未成年人提供法律援助或者司法救助。①

此外，中国还注重对特殊群体的人权进行保护。在保护妇女权利方面，2015年11月，中共十八届五中全会通过了《中共中央关于制定国民经济和社会发展第十三个五年规划的建议》，其中充分吸纳了《2030年可持续发展议程》中妇女方面的内容。正在实施的《中国妇女发展纲要（2011～2020年）》也已基本涵盖《2030年可持续发展议程》中妇女方面的目标。在保护少数民族权利方面，中国始终坚持各民族一律平等的民族政策，按照"十三五"规划，加强区域建设。在保护残障人权利方面，中国于2015年出台了《关于加快推进残疾人小康进程的意见》，于2016年发布了《"十三五"加快残疾人小康进程规划纲要》，在教育就业、社会保障、扶贫开发、体育、服务设施、信息化建设等领域充分考虑残疾人的特殊需求，为残疾人享有权利、自由发展营造了良好的环境。在保护老年人权利方面，中国重视发展老年教育，国务院于2016年印发了《老年教育发展规划（2016～2020年）》。

在履约方面，中国政府在2016年9月29日新发布的《国家人权行动计划（2016～2020年）》中明确提出，为了更好地履行国际人权条约的详细工作计划，将撰写《经济社会文化权利国际公约》第三次履约报告，并提交联合国经社文权利委员会审议；撰写《禁止酷刑和其他残忍、不人道或者有辱人格的待遇或处罚公约》第七次履约报告，并提交联合国禁止酷刑委员会审议；撰写《消除一切形式种族歧视国际公约》第十四次至第十七次合并履约报告，并提交联合国消除种族歧视委员会审议；撰写《消除对妇女一切形式歧视公约》第九次履约报告，并提交联合国消除对妇女歧视委员会审议；撰写《儿童权利公约》第五次履约报告，包括《〈儿童权利公约〉关于买卖儿童、儿童卖淫和儿童色情制品问题的任择议定书》《〈儿童权利公约〉关于儿童卷入武装冲突问题的任择议定书》等，并提交联合国儿童权利委员会审议；撰写《残疾人权利公约》第二次履约报告，并提交联合国残疾人权利委员会审议；继续推进相关的法律准备工作，为批准《公民及政治权利国际公约》创造条件等。②

---

① 参见2016年12月6日中国代表团李永胜在第71届联大六委关于"国内与国际法治"议题的发言。
② 中华人民共和国国务院新闻办公室：《国家人权行动计划（2016～2020年）》，2016年9月29日，http://www.scio.gov.cn/zxbd/wz/document/1492804/1492804_1.htm。

（四）中国积极推动全球人权治理

1. 中国积极与联合国各机构进行人权对话

2016年是联合国人权理事会成立10周年。中国代表在联合国人权理事会第32次会议上提出了推动国际人权对话与合作的七项原则：一是应以《联合国宪章》的宗旨和原则为基础处理人权事务；二是应充分重视经济、社会、文化权利及发展权；三是致力于维护地区和世界稳定，和平解决国际和国内争端；四是国际社会应本着平等和相互尊重的原则，加强人权领域的真诚对话与建设性合作，摒弃冷战思维和对抗，避免将人权作为政治工具；五是应尊重各国历史、宗教和文化传统以及社会制度和发展水平的差异，尊重各国根据自身国情选择的保护和促进人权的道路；六是国际社会应帮助发展中国家提高能力建设；七是联合国人权机制应客观、公正地开展工作。①

中国对联合国人权事务高级专员办事处的工作也表示了关切。2016年，中国代表在第71届联大三委与人权高专对话时声明，人权高专和高专办作为联合国秘书处的一部分，理应模范遵守《联合国宪章》，尊重成员国主权和领土完整；应充分尊重各国发展阶段、社会制度、历史文化传统的差异，尊重各国人民自主选择的人权发展道路和优先任务；应坚持公正、客观、非选择性原则，在联大授权范围内，与各国开展建设性对话与合作，防止人权政治化倾向；应提高工作效率和透明度，高专办职员地域代表性失衡问题应尽快得到解决。② 对于2016年2月16日，联合国人权高专发表声明无端指责中国内政一事，中国希望人权高专能客观看待他国人权，而不是强行推动仅反映部分国家诉求的人权理念。③

2016年，中国代表团对L.21号"和平抗议中促进和保护人权"决议草案进行了投票，中国认为和平抗议应属于和平集会和结社自由的范畴，并非一项新的、特殊化的权利；公民在行使自由和权利的时候，不得损害国家、社会、集体的利益和其他公民的合法自由与权利，不应忽视其活动应遵守的法律框架；在和

---

① 参见2016年6月13日中国常驻联合国日内瓦办事处和瑞士其他国际组织代表马朝旭在联合国人权理事会第32次会议上，代表136个国家做题为"通过对话与合作促进和保护人权"的讲话。
② 参见2016年10月19日常驻联合国代表团姚绍俊参赞在第71届联大三委与人权高专对话时的发言。
③ 参见《外交部：坚决反对联合国人权高专对中国内政的无端指责》，新华网，2016年2月17日，http://news.xinhuanet.com/2016-02/17/c_1118074715.htm。

平抗议中促进和保护人权的首要职责在于各国政府。① 2016年，中国代表团还对 L.28号"保护经社文权利领域人权卫士"决议草案进行了投票，并做出了解释性发言。中国一贯不赞成在联合国人权理事会强行引入各方没有共识的概念，例如将"人权卫士"视为特殊群体。②

在保护所有人免遭强迫失踪问题上，2016年10月24日，中国代表团在第71届联大三委与强迫失踪工作组对话时对这一问题阐明了中国立场，中国认为强迫失踪是侵犯人权的极端行为，各国均应依法予以打击和严惩。中国宪法和法律明确规定，公民享有人身自由，任何组织、单位和人员不得非法限制他人人身自由。中国新一期国家人权行动计划——《国家人权行动计划（2016~2020年）》也强调，没有宪法和法律依据，司法部门不得做出限制公民人身自由的强制措施和处罚。中国认为，无论是防止和消除强迫失踪行为，还是进行救济和赔偿，都应严格根据当事国的法律进行。中国一直致力于与包括强迫失踪工作组在内的特别机制开展合作，一直认真答复强迫失踪工作组的来函。同时，中国也希望强迫失踪工作组严格按照《联合国宪章》的宗旨和原则以及特别机制的行为准则开展工作，秉承客观公正原则，采用真实可靠的信息，与各国政府开展建设性对话与合作，共同致力于推动国际人权事业健康发展。③

2016年9月，中国代表团在联合国人权理事会第33次会议上，代表近140个国家做了题为"发展促人权"的共同发言，强调发展对于保护和促进人权至关重要。④ 2016年10月28日，第71届联合国大会投票选举2017~2019年度人权理事会成员，中国以180票高票成功连任，这是自人权理事会成立以来中国第四次当选人权理事会成员。2016年11月，在联合国人权理事会普遍定期审议工作组第26届会议上，中国代表团积极参与了对多哥、叙利亚、委内瑞拉、冰岛等十国人权状况的审查并提出了建议。⑤ 中国代表团表示，客观、透明、非选择

---

① 参见2016年3月24日中国代表团在人权理事会第31次会议对L.21号"和平抗议中促进和保护人权"决议草案采取行动时关于有关修正案的介绍性发言。
② 参见2016年3月24日中国代表团在人权理事会第31次会议对L.28号"保护经社文权利领域人权卫士"决议草案采取行动前的解释性发言。
③ 参见2016年10月24日中国代表团杨鎏智在第71届联大三委与强迫失踪工作组对话时的发言。
④ 参见2016年9月17日中国常驻联合国日内瓦办事处和瑞士其他国际组织代表马朝旭大使在人权理事会第33次会议上的共同发言。
⑤ 参见2016年11月2日中国代表团在联合国人权理事会普遍定期审议工作组第26届会议上的发言。

性、非政治化等原则是国别人权审查机制得以运行的基石和长远发展的生命力所在。希望各方在参与机制工作时，都能客观、公正地看待当事国的人权状况及人权事业的发展，充分理解最不发达国家、遭受战乱和冲突国家、小岛屿、发展中国家等面临的特殊困难与挑战，通过建设性对话鼓励当事国根据自身国情采取措施促进和保护人权，并在与其充分协商的基础上提供技术援助，使当事国能更好地落实其所接受的建议。

2. 中国积极参与审议和磋商各项人权议题

2016年，中国代表团出席了联合国人权理事会常规会议、特别会议以及国别人权审查工作组会议，第71届联大三委相关会议，世界妇女地位委员会举办的第60届会议及其相关主题会议，联合国妇女署执行局年会等一系列多边人权会议。中国一直积极参与审议和磋商各项人权议题，并在会议上阐述了中国对于国际人权问题的立场和主张，促进了相关议程讨论的进展。

在毒品与人权问题上，中国支持并重视在减少毒品需求的工作中重视人权、尊严和基本自由；赞同各国在应对世界毒品问题时遵守相关国际人权义务和适用国内法；鼓励在三项国际药物管制公约框架下，与国际麻醉品管制局和包括人权机构在内的联合国其他有关机构就减少毒品需求问题开展对话。中国主张，在应对世界毒品问题时应当遵循以下几个原则：一是维护现行禁毒制度的权威，以三项国际禁毒公约和2009年《政治宣言和行动计划》为根本指导，以人权公约为有益参考和补充；二是以全面、综合和平衡的方式处理毒品问题，在寻求最大的国际共识的同时也必须尊重各国的特殊情况；三是本着责任共担原则，在平等互助的基础上开展禁毒执法合作和司法协助。①

在促进和保护妇女权利方面，2016年，中国作为G20的主席国举办了二十国集团妇女会议，通过了《二十国集团妇女会议公报》，为推动妇女赋权和世界经济包容性增长贡献了智慧。中国认为，对妇女的保护应围绕《2030年可持续发展议程》开展工作，性别平等和妇女赋权必须通过发展才能得以实现；联合国妇女署在工作中应当加大对发展中国家的支持，根据当地国的国情确定工作重点，实行"一国一策"；随着妇女署职责的扩大，妇女署应加强预算控制，扩大资源动员。② 与此同时，中国也非常关切其他发展中国家的妇女解决问题。例

---

① 参见2016年3月21日中国常驻日内瓦代表团临时代办傅聪大使在联合国人权理事会第31次会议关于"毒品问题与人权"一般性辩论中的发言。
② 参见2016年6月27日常驻联合国代表团姚绍俊参赞在联合国妇女署执行局2016年年会上的发言。

如，中国一直以来都高度重视同非洲开展妇女领域的合作，促成领导人之间的相互对话并向其提供大量物质援助等。

在促进和保护儿童权利方面，中国主张各国都应切实落实《2030年可持续发展议程》中涉及儿童的目标，中国一贯支持联合国系统在加强儿童权利保护国际合作方面发挥重要作用，支持民间社会在促进和协助儿童权利保护方面发挥建设性作用；呼吁发达国家向发展中国家提供资金、技术等实质性援助，帮助发展中国家保护儿童权益；发展中国家也要相互分享经验，为全球儿童创造更好的发展环境和条件。2015年，习近平主席在全球妇女峰会上宣布，中国将在五年内帮助发展中国家实施100个"快乐校园工程"，向贫困女童提供就学资助，提高女童入学率。①

在残疾人权利保护方面，中国认为，解决残疾人问题、保障残疾人权利的有效途径是让残疾人充分共享经济社会发展成果及提高残疾人在社会中的"能见度"；各国应当减少残疾人充分参与社会生活的障碍，彻底消除歧视和偏见，营造有益于残疾人发展的氛围。中国一再表示，保障弱势群体权利的核心是发展，各国应当推动经济社会协调发展，保障残疾人受教育的权利，为残疾人提供合适的工作机会，提高残疾人的收入水平，使残疾人真正通过经济社会发展实现个人的发展。②

六 中国与国际人道法③

（一）中国积极参与审议和磋商各项人道法议题

在武装冲突中保护平民问题上，中国一直支持国际社会做出务实、有效的努力，推动武装冲突中保护平民工作取得实效。2016年1月19日，中国代表在联合国安全理事会（以下简称"安理会"）"武装冲突中保护平民问题"公开辩论会上阐述了中国的立场：第一，武装冲突各方应切实遵守国际法和国际人道主义法及安理会有关决议，致力于保护平民；第二，安理会作为集体安全机制的核心，应加强预防性外交，防止武装冲突，遏制冲突升级，大力推动冲突的政治解

---

① 参见2016年10月14日常驻联合国代表团姚绍俊参赞在第71届联大三委儿童议题一般性辩论中的发言。
② 参见2016年10月26日中国代表团杨鋆智在第71届联大三委与残疾人权利问题报告员对话时的发言。
③ 本节作者：冯洁菡。

决；第三，维和行动中保护平民应严格遵循安理会的授权，保持客观、中立，避免成为冲突一方；第四，武装冲突各方、联合国等人道机构应严格履行各自的义务，遵守《联合国宪章》的基本要求和联合国人道救援的指导原则，妥善开展武装冲突中人道救援行动。①

在打击武装冲突中非法贩运人口问题上，中国强烈谴责并坚决反对一切形式的武装冲突中的性暴力，包括非法贩运人口特别是妇女和女童问题，支持国际社会对此采取零容忍政策，切实落实安理会第2015/25号主席声明。中国还主张，应在尊重当事国主权的前提下，充分发挥当事国的主导作用，通过对话、协商等手段和平解决争端，消除性暴力的根本来源，加强反恐协调，打击恐怖势力和暴力极端组织。②

在维和行动中保护平民问题上，中国坚定支持并积极参加联合国维和行动。中国是安理会常任理事国中出兵最多的国家，也是第二大维和摊款出资国。中国已累计派出维和人员3万余人次，目前有2600余名维和人员在11个任务区执行维和任务。中国主张，保护平民是联合国有关维和行动的授权之一，维和行动在履行该授权时，应在尊重当事国主权的前提下，明确实施范畴、条件和权限，保持客观、中立，确保获得当事国和国际社会的认可与支持，如重视同非洲联盟等区域和次区域组织之间的沟通等。国际社会应一方面加强对出兵国能力的建设，确保维和特派团获得完成授权的必要装备和资源；另一方面应加强对地区热点问题政治解决的紧迫感，确保对冲突地区的平民实施可持续性保护。中国还提到了极少数维和人员在一些国家涉嫌性侵犯的行为，中国对这些严重损害维和行动声誉、背离维和行动宗旨的行为表示谴责，并表示安理会等机构、联合国秘书处、出兵国、当事国应加强合作，对性侵犯行为进行严厉惩处。③

在武装冲突中保护儿童问题上，中国反对在武装冲突中招募和使用儿童兵等一系列侵犯儿童权利的行为，呼吁国际社会通过和平手段解决争端，预防和阻止武装冲突，从源头上根本解决儿童卷入武装冲突的问题。中国还指出，对于恐怖组织杀害、虐待和绑架儿童等罪行，恐怖组织必须得到严厉惩处，国际社会还应

---

① 参见2016年1月19日常驻联合国代表刘结一大使在安理会武装冲突中保护平民问题公开辩论会上的发言。
② 参见2016年6月2日常驻联合国副代表吴海涛大使在安理会打击武装冲突中非法贩运人口问题公开会上的发言。
③ 参见2016年6月10日常驻联合国代表刘结一大使在安理会维和行动中保护平民问题公开辩论会上的发言。

统一标准，共同打击恐怖主义，防止儿童成为恐怖极端思潮的受害者。对于难移民潮中贩卖儿童问题，国际社会应在尊重冲突当事国主权的基础上，本着人道、中立、公正原则，加强对流离失所儿童的国际人道救援。①

在武装冲突中保护医疗人员和设施问题上，中国主张，当事国政府和冲突各方应当履行职责，依法调查和惩治武装冲突中针对医疗人员和设施的攻击、威胁和暴力行为；医疗人员和履行医疗职责的人道救援组织在冲突中开展人道救援行动时也应当坚持人道、中立、公正和独立，避免卷入冲突；安理会应推动有关各方通过和平手段化解分歧，防止、遏制冲突升级，从根本上避免医疗人员和设施的安全受到威胁；联合国还应促进人道救援机构与当事国政府、冲突方和相关机构之间的有效沟通，共同推动对医疗人员和设施的保护。②

在叙利亚人道局势问题上，2016年2月9日，中国外交部部长王毅率团参加了叙利亚国际支持小组（ISSG）在慕尼黑举行的第四次外长会议，对做出在叙利亚扩大人道救援、停止敌对行动并尽快恢复日内瓦和谈的重要决定起到了积极的推动作用。2016年2月27日，联合国安理会通过第2268号决议，核可了美国和俄罗斯关于在叙利亚停止敌对行动的协议，中国对此表示坚定支持，并认为这标志着国际支持小组第四次外长会议的共识落到了实处。对于叙利亚问题，中国一贯坚持政治解决的大方向，并认为国际社会应当发挥联合国斡旋主渠道的作用，进一步推动日内瓦和谈，坚持通过"叙人所有，叙人主导"的政治进程解决冲突。中国还强调，反恐是解决叙利亚问题的重要组成部分，国际反恐应坚持用统一标准共同打击恐怖组织。针对叙利亚人道主义的严峻局势，中国也表示冲突各方都应提供全面的人道准入，确保人道救援物资及时安全送达。③

---

① 参见2016年8月2日常驻联合国代表刘结一大使在安理会儿童与武装冲突问题公开辩论会上的发言。
② 参见2016年5月3日常驻联合国代表刘结一大使在安理会保护武装冲突中医疗人员和设施问题公开会上的发言。
③ 参见2016年1月15日常驻联合国代表刘结一大使在安理会叙利亚人道问题公开会上的发言；2016年2月26日常驻联合国代表刘结一大使在安理会审议叙利亚政治进程问题公开会上的发言；2016年3月30日中国代表团团长傅聪大使在"接纳叙利亚难民以分担全球责任高级别会议"上的发言；2016年5月4日常驻联合国代表刘结一大使在安理会叙利亚问题公开会上的发言；2016年7月25日常驻联合国副代表吴海涛大使在安理会叙利亚人道问题公开会上的发言；2016年8月22日常驻联合国副代表吴海涛大使在安理会审议叙利亚人道问题公开会上的发言；2016年9月25日常驻联合国代表刘结一大使在安理会叙利亚问题紧急公开会上的发言；2016年10月26日常驻联合国副代表吴海涛大使在安理会审议叙利亚人道问题时的发言；2016年12月9日常驻联合国副代表吴海涛大使在联合国大会表决叙利亚问题决议草案时的发言。

（二）国际军控与裁军

维护战后形成的国际安全秩序符合绝大多数国家的共同利益。《不扩散核武器条约》《禁止化学武器公约》《禁止生物武器公约》《全面禁止核试验条约》等一系列多边、双边军控与裁军条约都对使用武力的方法和手段进行了限制，对战后国际安全秩序的稳定发挥了支柱性的作用。中国一贯重视并支持国际军控与裁军的努力，除积极参加上述一系列国际军控与裁军条约外，中国国家主席习近平还提出了共同、综合、合作、可持续的新安全观。这一新安全观也对国际军控维护地区和平有着重要的指导和推动作用。

1. 对武器使用的禁止或限制

（1）生化武器

2016年11月17日，中国代表出席了《禁止生物武器公约》第八次审议大会，并在会上肯定了公约作为首个禁止一整类大规模杀伤性武器的国际条约在维护国际生物安全、加强生物安全治理方面所发挥的作用。中国表示，国际社会应秉承"公正有效、平衡有序、合作互助、统筹兼顾"的生物安全理念，即通过公开透明的政府间谈判，确立全球适用的公正有效的法律机制；重置履约的优先次序，平衡推进防扩散和国际合作两大公约义务；统筹生物科技既事关安全又涉及发展的两个属性，兼顾本国国情和国际生物安全治理的需要。

在实践方面，中国在公约框架下建立了生物防扩散出口控制与国际合作机制，积极推进"生物科学家行为准则范本"倡议，目前已经形成基本草案。在条约履行方面，中国严格遵守公约规定，扎实推进履约工作，进一步完善相关法规，改进生物实验室安全管理，加强传染病疫情应对，建立了跨部门的部际履约工作机制，不断加强防扩散机制建设。在谋求生物安全国际合作方面，中国致力于提升和平利用生物技术方面的国际交流。为抗击2014年西非爆发的埃博拉疫情，中国实施了本国历史上最大规模的生物安全国际行动，组派近1200名医疗卫生人员，留观诊疗病例900多例，培训当地防治人员13000多人，并援建了生物安全实验室。中国还高度重视非政府组织在加强生物安全领域的独特作用，有关部门已同中国天津大学"生物安全战略研究中心"建立了长期合作。[①]

（2）常规武器

在常规武器领域，中国一贯支持在常规武器领域建立切实可行的信任措施，

[①] 参见2016年11月17日中国代表团团长傅聪大使在《禁止生物武器公约》第八次审议大会上的发言。

不断推进国际和区域裁军进程。中国积极参加了联合国常规武器登记册和联合国军费透明制度。2016年，联合国常规武器登记册政府专家组召开会议，对登记册的运作和发展情况进行了审议，中国认为其当务之急是提高普遍性，增加参与国数量。① 中国还十分赞成国际社会采取必要措施，规范国际常规武器贸易，打击非法武器转让和贩运。中国以建设性姿态参与了《武器贸易条约》谈判进程，目前正在研究签批条约问题。

关于小武器非法贸易问题，中国认真落实《联合国轻小武器行动纲领》，在立法、执法、能力建设、国际交流与合作方面采取了一系列举措，成效显著。中国积极参加了2016年6月举办的第六届轻小武器双年度会，与各方一道推动会议取得了积极成果。

2. 核裁军与裁军机制问题

（1）核裁军问题

中国一直是核裁军进程的忠实支持者、核不扩散体系的坚定维护者、和平利用核能的积极践行者，为推进国际和平与安全做出了重要的独特贡献。中国一贯主张全面禁止和彻底销毁核武器，坚定奉行自卫防御的核战略，支持建立无核区，维护国际核不扩散体系。② 中国始终恪守《不扩散核武器条约》（NPT）的各项义务，致力于不断加强条约的普遍性、权威性与有效性。中国已签署和批准所有开放签署的无核武器区条约议定书。与此同时，中国还支持《全面禁止核试验条约》（CTBT）的宗旨和目标，稳步推进国内履约筹备，致力于推动条约早日生效。2016年，中国还派高级代表团出席了纪念《全面禁止核试验条约》达成20周年部长级会议，以表示对条约的坚定支持。关于透明和建立信任措施问题，近年来，中国政府多次发布相关白皮书，向NPT审议进程提交履约国家报告，全面阐述中国的核战略及相关主张与努力。中国积极推动五核国共同落实NPT审议成果，继续牵头五核国核定义和术语问题工作组，为增进各方在核领域的理解与互信做出贡献。

2014年，中国与其他4个核国家共同签署了《中亚无核武器区条约》议定书。中国也已与东盟国家解决了关于《东南亚无核武器区条约》议定书的所有遗留问题。2014年第三届核安全峰会上，习近平主席出席了会议并发表讲话，

---

① 参见2016年4月4日常驻联合国代表团孙磊参赞在2016年联合国裁审会实质性会议一般性辩论中的发言。
② 参见2015年4月8日常驻联合国代表团孙磊参赞在2015年联合国裁审会一般性辩论中的发言；2016年4月4日常驻联合国代表团孙磊参赞在2016年联合国裁审会实质性会议一般性辩论中的发言。

中国促进国际法治报告（2016年）

全面阐述了中国的政策主张，介绍了中国在核安全领域的新举措和新成就。2015年9月，中国政府与联合国安全理事会1540委员会联合举办了"亚太地区防扩散国家联络点培训班"，为加强亚太地区国家决议执行能力建设发挥了重要的作用。2016年11月11日，核供应国集团正式启动"两步走"政府间进程，共同讨论"非NPT缔约国"加入的问题。中国代表出席了会议并在会上肯定了"两步走"政府间进程的作用，中国十分支持核供应国集团继续这一公开、透明的政府间进程，按照集团的规则，将第一步走好、走实，以寻求并尽早达成相关解决方案。关于"第一步"所讨论的问题，中国主张，任何解决方案都应当是非歧视性的，适用于所有"非NPT缔约国"，不能有损于集团的核心价值以及以NPT为基石的国际防扩散体系的有效性、权威性和完整性，也不能有悖于防扩散领域的习惯国际法。[①] 2016年9月24日是《全面禁止核试验条约》在纽约开放签署20周年纪念日，作为最早签署这一条约的国家之一，中国支持全面禁止和彻底销毁核武器，承诺不首先使用核武器、无条件不对无核武器国家和无核武器地区使用或威胁使用核武器。[②] 2016年10月22日，中国代表在第71届联大一委关于核武器问题的专题会议中就国际核裁军发表了中国的看法。中国认为，应以普遍安全为指导思想，摒弃冷战思维，从根本上消除核武器存在和扩散的动因；核裁军应采取公正合理、逐步削减、向下平衡的步骤进行；拥有最大核武器库的国家应对核裁军负有特殊和优先责任，而所有拥有核武器的国家应公开承诺不寻求永远拥有核武器、不首先使用核武器以及无条件不对无核武器国家和无核武器地区使用或威胁使用核武器，并就此谈判国际法律文书；国际社会应维护现有多边裁军机制的权威，并利用裁军谈判会议（以下简称"裁谈会"）、NPT审议机制等现有机制确保各方有效参与。[③]

关于不首先使用核武器的问题，中国表示，这是全球核裁军中重要的一环。多年来，中国一直积极呼吁所有核武器国家放弃首先使用核武器政策，推动就不首先使用核武器问题缔结多边、双边条约。1994年，中国正式向美国、俄罗斯、英国、法国4国提出《互不首先使用核武器条约》草案，建议五核国尽早就此进行磋商和谈判。中国同时倡导核武器国家以有法律约束力的方式，向无核武器

---

① 参见2016年11月11日中国外交部军控司司长王群在核供应国集团会议讨论"非《不扩散核武器条约》缔约国"加入问题上的发言。
② 参见2016年9月23日常驻联合国代表刘结一大使在安理会通过《全面禁止核试验条约》决议后的解释性发言。
③ 参见2016年10月24日裁军大使傅聪在第71届联大一委上关于核武器问题的专题发言。

国家承诺无条件不使用核武器。①

(2) 裁军机制问题

2016年10月26日，中国代表在第71届联大一委会议上阐述了中国关于裁军机制问题的几点看法②：第一，现有裁军机制陷入僵局的根本原因是缺乏政治意愿。一些国家奉行绝对安全理念和双重标准，将自身安全凌驾于别国的安全之上，对国际安全环境造成了消极影响。只有尽快扭转这一趋势，才能重塑各方参与裁军进程的信心。第二，打破裁军机制僵局的根本方法是以协商一致为原则，在现有机制的框架下寻求解决方案。协商一致是裁军机制的核心议事规则，是维护各国安全利益的重要保障，只能增强，不能削弱。第三，重振裁军机制活力的根本出路是各方发挥创造性思维，相向而行。中国倡议，裁谈会应将不首先使用核武器作为优先事项，尽早开展实质性工作，这不仅有助于推动核裁军进程，也有助于打破裁谈会的僵局，为多边裁军机制注入正能量。此外，裁谈会还可结合国际安全与军控形势的发展，审议和增设新议题，或者在传统议程框架下讨论和处理国际安全与军控领域出现的新问题，如网络安全问题。

3. 发生灾害时的人员保护

2016年，中国代表团对第71届联大六委关于"国际法委员会第68届会议工作报告议题中'发生灾害时的人员保护'"这一议题再次发表了意见。中国认为，国际法委员会第68届会议二读通过的条款草案吸收了各国和国际组织提交的部分意见，对受灾国与援助方之间的权利义务进行了调整，包括为受灾国寻求外部援助的义务设定更高的条件，由"灾害超出国家的应对能力"修改为"明显超出国家的应对能力"；将援助方提供援助的"权利（have the right to）"修改为不具法律约束力的表述"可以（may）"，并增加了援助方应对受灾国寻求援助的请求迅速予以适当考虑和答复的义务等。中国认为，上述调整使受灾国与援助方的权利义务更加对等平衡，有助于促进国际救灾合作的实效。但同时中国也注意到，草案的拟议法仍然偏多，如受灾国寻求外部援助的义务、不任意拒绝援助的义务等。这些条款对逐渐发展救灾领域的国际法规则、加强对受灾人员的保护有着积极作用，但尚未成为被普遍接受的国家实践，远未成为现行法。这些条款是否对一国具有约束力，应取决于该国是否接受。③

---

① 参见2016年8月9日傅聪大使在裁谈会非正式全会上关于不首先使用核武器问题的发言。
② 参见2016年10月26日中国代表团吕歆在第71届联大一委会议上关于裁军机制问题的专题发言。
③ 参见2016年10月24日中国代表、外交部条法司司长徐宏在第71届联大六委关于"国际法委员会第68届会议工作报告"议题上的发言。

（三）中国全面推进国际人道法的传播与实施

1. 国内传播

中国一直加强与红十字国际委员会的合作，致力于传播国际人道法。2016年，红十字国际委员会与中国红十字会共同创立了"人道传播与创新基金"，以推动中国红十字会开展有效的人道行动，帮助受暴力局势和其他突发事件影响的人们。2016年7月21日，辽宁省"探索人道法高校同伴教育者培训班"在沈阳举办，活动加深了高校学生对红十字运动和国际人道法基础知识的了解。2016年9月6日至11日，中国红十字医疗救援队实训演练在上海红十字备灾救灾中心举办，参训队员们从人道视角、国际人道法基本规则、法律的实际运用等方面系统学习了国际人道法的相关问题。2016年10月28日，"2016探索人道法经验交流会"在青岛二中举办，"探索人道法"项目是为13～18周岁的青少年设计的有关传播红十字运动及国际人道法基本规则的一项全球教育项目。2016年9月22日至24日，中国社会科学院蓝迪国际智库、亚太与全球战略研究院以及红十字会与红新月国际联合会共同主办了"世界人道主义峰会后行动——中国德宏国际研讨会"。此次会议是2016年5月23日联合国世界人道主义峰会召开以来，全球范围内第一个讨论落实峰会后续行动的国际高级别研讨会。研讨会围绕人道与发展的形势与未来、预防和终止冲突、发展以需求为导向的工作模式、人道与发展的内在联系、人道领域的资源整合等主题进行了深入探讨。

2. 国际援助

2016年12月8日，中国代表团在第71届联合国大会上讨论关于"加强联合国人道主义和救灾援助，包括特别经济援助的协调"议题时指出，国际社会应当团结一致、凝聚共识，标本兼治，采取切实措施应对当前国际人道主义面临的严峻形势。[①] 中国认为，首先，国际人道主义援助应当以尊重国际法和国际关系准则为前提，坚持人道援助非军事化；其次，发达国家应当切实履行援助承诺，只有帮助发展中国家实现发展，才是减少人道主义需求的根本出路；再次，国际社会应当增加对自然灾害受灾国的援助，提高其风险管理能力和防灾减灾备灾能力建设以及复原力；最后，联合国人道主义事务协调办公室应当根据职权，促进联合国人道主义系统高效运作，增强发展中国家在国际人道事务中的代表性和发言权。

---

① 参见2016年12月8日常驻联合国副代表吴海涛大使在第71届联合国大会关于议题69"加强联合国和救灾援助，包括特别经济援助的协调"上的发言。

2016年5月23日，首届世界人道主义峰会在土耳其伊斯坦布尔举行，中国政府与学界代表、红十字会与红新月会国际联合会代表出席了会议。此次会议涉及难民援助、自然灾害、气候变化、性别平等等全球性重要议题。2016年11月9日，为了积极落实中国政府的人道主义援助承诺，中国商务部与联合国世界粮食计划署、联合国难民署、联合国世界卫生组织及红十字会国际委员会代表分别签署了中国政府向上述国际组织提供无偿援助资金的协议，用于向有关中东国家的难民和流离失所者提供人道主义援助。

中国高度重视加强对其他地区的人道主义援助。中国迄今已参与16项联合国在非洲的维和行动，目前有2600余名维和人员在联合国驻马里、刚果（金）、南苏丹、苏丹达尔富尔、利比里亚等7个特派团执行任务。中国还向索马里海域和亚丁湾派遣了护航舰队，帮助地区国家打击海盗。2015年12月，中国国家主席习近平在中非合作论坛约翰内斯堡峰会上提出实施中非"十大合作计划"，其中之一就是加强中非和平与安全合作。习近平主席宣布，中国将继续参与联合国在非洲的维和行动，向非洲联盟提供6000万美元的无偿援助，支持非洲常备军和快速反应部队建设，支持非洲国家在国防、反恐、防暴、海关监管、移民管控等方面的能力建设。

关于叙利亚难民问题，2016年，中国已通过联合国难民署、叙利亚红十字会等多个渠道，向包括叙利亚在内的中东国家提供了6.85亿元人民币的人道主义援助。习近平主席在访问中东国家时宣布，将向叙利亚等国家的人民再提供2.3亿元人民币的人道援助。王毅外长在出席在伦敦举行的第四次叙利亚人道主义捐助会议时宣布，中国还将为叙利亚提供1万吨的粮食援助，用于缓解叙利亚及其周边邻国面临的粮食短缺问题。

七　中国与国际刑事法治[①]

（一）积极参与制度构建

1. 国际刑事法院

中国一贯重视和支持国际社会为惩治严重国际罪行、促进实现司法正义而付出的努力，尤其是国际刑事法院（International Criminal Court，ICC）作为人类历

---

① 本节作者：冯洁菡。

史上第一个常设性的国际刑事司法机构在促进国际法治方面所发挥的作用。同时，中国也希望国际刑事法院能严格遵循《联合国宪章》，解决好管辖权的问题，遵守补充性原则，避免政治偏见，努力消除有罪不罚现象，否则将会对其公正、有效地行使职能构成障碍。

2016年10月，布隆迪、南非、冈比亚三国相继宣布退出国际刑事法院，俄罗斯也于11月16日宣布撤回对《国际刑事法院罗马规约》（以下简称《罗马规约》）的签署。中国尊重这些国家的决定并认为，法院从建立之初受到非洲国家的普遍欢迎和支持，到日渐遭到越来越多非洲国家的批评、反对甚至退出，法院应当对其中的缘由进行反省。国家负有惩治国际罪行、消除有罪不罚和实现正义的主要责任。法院的建立是作为国家司法管辖的补充，理应充分尊重国家司法主权，而不是取而代之，更不应沦为某些国家或集团谋求政治利益的工具。如何审慎行使《罗马规约》规定的职权，以客观、公正的表现赢得世界各国信任和尊重，实现法院建立之时的初衷，是值得认真思考的问题。①

在第十五届《国际刑事法院罗马规约》缔约国大会期间，中国代表团就观察员国关于非正式磋商环节的参与权在非公开场合和全体会议上向大会主席团（bureau）提出了质疑。质疑内容如下：①缔约国大会的程序规则充分保障了观察员国的参与权，将观察员国排除在非正式磋商之外不符合国际组织议事程序的一贯做法，组委会对规则的解释及其所称的本缔约国大会的"先前惯例"并不具有合理性，反而有悖于程序的公开透明原则；②普适性（universality）与包容性（inclusiveness）是国际刑事法院的建立之本与一贯主张，号召最大程度的国家参与和国际合作以共同对抗国际罪行是国际刑事法院的宗旨，而在非正式磋商中排除观察员国的参与，无论是从鼓励吸纳观察员国成为缔约国的角度来说，还是从议事内容（尤其是关于"激活"侵略罪的非正式磋商）的全球利益相关性角度来说，都有悖于法院的一贯主张与宗旨。②

2. 特设刑事法庭与国际刑庭余留机制

中国一直支持两个特设刑庭〔前南斯拉夫国际刑事法庭（以下简称"前南刑庭"）、卢旺达问题国际刑事法庭（以下简称"卢旺达刑庭"）〕以及余留机制的工作。2016年12月8日，在安理会审议前南刑庭和国际刑庭余留机制工作会

---

① 参见2016年10月31日中国代表李永胜在第71届联合国大会关于"国际刑事法院报告"议题中的发言。
② 参见2016年11月24日中国代表团在第十五届国际刑事法院缔约国大会上的陈述。

议上，中国对该年度前南刑庭和接管卢旺达刑庭之后的国际刑庭余留机制所持续进行的司法活动表示赞赏。① 面对阿吉乌斯庭长和布拉默兹检察官在报告中提及的法庭所面临的挑战，中国希望前南刑庭能够采取措施提高效率、克服困难。对于国际刑庭余留机制，中国认为，余留机制在司法活动中应始终铭记"小型、临时性、高效"的要求，中国也希望前南刑庭和国际刑庭余留机制能密切合作，确保前南刑庭在2017年11月底前结束工作，并确保国际刑庭余留机制顺利接管前南刑庭剩余的工作。

3. 侵略罪

2002年《罗马规约》生效后，《第一届国际刑事法院罗马规约》缔约国大会为解决侵略罪的问题设立了"关于侵略罪的特别工作组"，中国参与了历次特别工作组的讨论。2010年6月11日，在乌干达首都坎帕拉举行了《罗马规约》第一次审查会议，来自111个《罗马规约》缔约国以及政府间组织和非政府组织的4600名代表出席了会议。会议最终以"协商一致"的方式通过了侵略罪修正案，将侵略罪的定义以及国际刑事法院对侵略罪行使管辖权的条件正式纳入了《罗马规约》。② 中国作为观察员国，以积极、负责任的态度参与了侵略罪条款的谈判。

中国认为，关于侵略罪的定义，应当研究各国提案及有关国际法律文件，寻求能被各方接受的方案。关于国际刑事法院对侵略罪的管辖，中国认为法院的活动不能与《联合国宪章》的规定相抵触。中国坚持侵略是一种国家行为，安理会对侵略行为的认定是国际刑事法院对侵略罪行使管辖权的前提条件，其他机关无权代替安理会做出此种认定。这源自《联合国宪章》赋予安理会的在维持国际和平与安全方面的主要权力和责任，也与长期行之有效的集体安全机制相协调。③

2016年，中国在第71届联合国大会关于"国际刑事法院报告"议题的讨论中就2017年即将生效的侵略罪修正案表达了应有的关切。中国认为，目前已经有32个国家批准或接受侵略罪修正案。侵略罪修正案待缔约国2/3多数同意即

---

① 参见2016年12月8日常驻联合国代表团李永胜参赞在安理会审议前南刑庭和国际刑庭余留机制工作会议上的发言。
② 参见 Review Conference of the Rome Statute Concludes in Kampala, http://www.icc-cpi.int/menus/asp/reviewconference。
③ 参见《联合国设立国际刑事法院全权代表会议第9次全体会议简要记录》，A/CONF.183/SR.9，第36~40段；2002年7月4日外交部发言人刘建超在记者招待会上答记者问。

可生效。中国认为，侵略罪的问题牵涉国际和平与安全，安理会在认定侵略行为上具有排他性的效力，法院对侵略罪的认定必须在《联合国宪章》确立的国际法框架下有序实施，如果有关国家没有接受侵略罪修正案，则法院不能对其行使管辖权。①

4. 危害人类罪

中国认为，根据习惯国际法，危害人类罪应当发生在战时或者与战时有关的非常时期；同时，危害人类罪在具体犯罪行为的举例上远远超过了习惯国际法和现有的成文法，其列举的许多行为实际上是人权法的内容。中国认为，国际社会要建立的不是人权法院，而是惩治国际上最严重犯罪的刑事法院，在危害人类罪中增加人权的内容背离了建立刑事法院的真正目的。2016年，中国代表在第71届联大六委关于"国际法委员会第68届会议工作报告"议题的讨论中就危害人类罪再次阐述了中国的立场。②

第一，关于委员会的工作方式。中国代表团注意到委员会将这一专题的目标设定为制定一项专门的危害人类罪国际公约，但从2015年联大六委的审议情况来看，各国显然并未达成广泛一致。第二次报告以及委员会通过的条款草案主要是采用整理、归纳其他打击国际罪行公约的有关条款的方式，通过类推的方法进行论证，这不是在编纂现行法中关于危害人类罪的规定，而是在拟议新法。委员会虽然在国际水道非航行使用法等少数专题中使用过类似的方法，但考虑到危害人类罪专题本身十分复杂敏感，这种工作方法是否可取值得商榷。第二，关于条款草案第5条规定各国立法将危害人类罪入刑问题。中国代表团认为，在是否立法以及如何立法问题上，应赋予各国一定的自主决定空间；在立法形式上，应允许各国根据本国立法的实际情况，将条款草案中所列的相关罪行以危害人类罪的罪名或以其他罪名的形式进行规定。

5. 强行法

2015年，在联合国国际法委员会第67届会议上，委员会正式将"强行法"专题列入当前的工作方案。2016年，联大六委首次审议"强行法"专题，特别报告员在会上提交了首份报告。中国十分肯定委员会就"强行法"这一议题展开讨论的理论和现实意义，并指出：

---

① 参见2016年10月31日中国代表团李永胜在第71届联合国大会关于"国际刑事法院报告"议题中的发言。

② 参见2016年10月27日中国代表、外交部条法司司长徐宏在第71届联大六委关于"国际法委员会第68届会议工作报告"议题中的发言。

第一，审议该专题应当严格遵循1969年《维也纳条约法公约》第53条的规定，即强行法是指"国家之国际社会全体接受并公认为不许损抑且仅有以后具有同等性质之一般国际法规律始得更改之规律"。该专题的工作重点应是在总结国家实践的基础上，厘清上述强行法基本要素的含义，重在编纂现行法，而非拟议新法。如果要引入新的要素，应有充分的国家实践支撑，并应得到各国的普遍接受或认可。

第二，特别报告员提出强行法概念的核心要素包括"普遍适用性"、"在规范等级上高于其他国际法规范"和"保护国际社会的基本价值观"。中国认为，这与《维也纳条约法公约》第53条所确定的强行法基本要素存在明显差异，实质上是对强行法的更改。强行法要素涉及所有国家的重大利益，直接影响国家的权利义务和责任。对于强行法是否有必要引入新的核心要素、引入这些核心要素的依据是什么，以及引入新的核心要素会产生什么样的影响，笔者建议做进一步的研究。

第三，特别报告员提出强行法在"在规范等级上高于其他国际法规范"。这是否意味着强行法要高于《联合国宪章》，包括安理会的有关决议？《联合国宪章》第103条明确规定"宪章义务优于其他国际协定义务"，应如何处理强行法与《联合国宪章》的关系？中国认为这些问题有待进一步说明。

第四，中国认为，在现阶段编制强行法规则的有关清单或附件并不合适，正确的做法应是在收集和研究有关强行法的国家实践的基础上，厘清强行法的具体标准，之后再看有无必要制定清单或附件。

6. 国家官员的外国刑事管辖豁免

2016年，第71届联大六委对"国家官员的外国刑事管辖豁免"专题进行了审议，其中涉及非常复杂、敏感的官员豁免例外问题。中国代表就特别报告员在会议上提交的第五次报告发表了中国的看法。[①]

中国赞同不存在属人管辖豁免例外的结论，但不赞同特别报告员提出的属事豁免的三项例外，即严重国际刑事犯罪、法院地国领土内造成人身伤害或财产损害的罪行和腐败罪行。中国认为，报告在论证上述例外是否存在时，主要援引的证据只是国际法院相关判决的少数反对意见以及一些国家或国际司法机构如欧洲人权法院的民事案件，这些论据缺乏相关性且倾向性明显，难以让人信服。

---

① 参见2016年10月27日中国代表、外交部条法司司长徐宏在第71届联大六委关于"国际法委员会第68届会议工作报告"议题中的发言。

第一,严重国际刑事犯罪不构成外国刑事管辖豁免的例外。首先,豁免属于程序性规则,与判断行为合法性的实体性规则(包括强行法)分属两种不同的规则范畴,不应因违反实体性规则而否定程序性规则的适用,这在国际法院逮捕令案和国家管辖豁免案中已相继得到确认。其次,打击严重国际犯罪的国际公约要求缔约国确立管辖权或者承担调查、逮捕、引渡等合作义务,但并不影响外国官员根据习惯国际法享有的不受外国刑事管辖的豁免,这在国际法院逮捕令案中也已得到确认。

第二,对于法院地国领土内造成人身伤害或财产损害的罪行,特别报告员的报告中主要依据的是关于领事豁免及国家豁免的国际条约和英国、美国、俄罗斯、澳大利亚等国家的国家豁免法,但这些条约和国内立法确立的人身伤害或财产损害例外仅限于民事诉讼领域。报告直接将这些例外类比适用到国家官员的刑事管辖豁免例外上,混淆了民事管辖豁免和刑事管辖豁免,缺乏立法和实践支持。

第三,对于腐败罪行,中国认为这类犯罪一般不涉及在外国法院的刑事管辖豁免问题,没有必要将其专门作为一项例外进行研究。对于涉案官员,主要通过本国起诉追究责任,如果逃至国外,也可通过引渡、遣返或劝返等方式回国起诉。如果确需协助在他国起诉,则由本国放弃其官员享有的豁免权。

7. 普遍管辖权原则的范围与适用

2016年已是联大六委第八年审议普遍管辖权的议题,中国重申了自己在该议题上的立场。①

第一,普遍管辖权的确立和行使应遵循《联合国宪章》的宗旨和原则以及国际法准则,不得侵犯他国主权,不得干涉他国内政,也不得侵犯国家、国家官员、外交和领事人员享有的豁免权。

第二,普遍管辖权是一种补充性管辖权,应尊重国家行使属地、属人和保护性管辖的优先权,以避免产生管辖权的重叠或冲突,维护国际法体系和国家关系的稳定。同时,普遍管辖权既不同于"或引渡或起诉"义务,也不同于现有国际司法机构根据条约或其他法律文书被明确授予的管辖权。

第三,除涉及海盗行为外,各国对其他情形下是否存在普遍管辖权及其范围和适用条件存在明显分歧,尚未形成习惯国际法规则。对该议题的讨论

---

① 参见2016年10月13日中国代表团纪小雪在第71届联大六委关于"普遍管辖权原则的范围和适用"议题中的发言。

当前应着眼于确保各国审慎适用普遍管辖权，避免超越现有国际法、单方面主张和行使不被现行国际法明确许可的普遍管辖权，保障国际关系的稳定和健康发展。

8. 预防和打击恐怖主义

2016年1月1日，中国颁布了《反恐怖主义法》。该法的实施为中国依法打击暴恐活动提供了坚实的法律支撑与保障。

中国历来积极参与联合国、上海合作组织、国际刑警组织、全球反恐论坛、东盟地区论坛等多边合作机制，与有关国家在涉恐情报交流、线索核查、个案合作、能力建设等领域开展实质性合作，并在力所能及的范围内向发展中国家提供反恐物资和能力建设等援助。作为2016年4月联合国安理会轮值主席国，中国倡议举办反恐问题公开辩论会。通过此次会议，各方加强了反恐政治意愿，并从政治、经济、文化等领域提出了一系列新举措和新建议，为加强国际反恐协调与合作提供了助力。2016年10月21日，中国政府在北京举办了"全球反恐论坛"框架下第二次打击网络恐怖主义研讨会，研究如何细化安理会第2129号决议等有关内容，探讨制定关于互联网恐怖活动认定标准的指导性意见，推动建立了有效的合作机制。

在向第71届联合国大会提交的立场文件中，中国主张，联合国及安理会应当在国际反恐合作中发挥主导作用，全面落实安理会的相关决议以及《联合国全球反恐战略》。[①] 中国赞赏反恐委员会在加强会员国反恐能力建设和国际反恐合作中的作用；支持1540委员会为防止以恐怖主义为目的从事扩散活动而做出的努力；支持1267委员会根据安理会的决议授权加强同当事国之间的沟通，加强列名、除名审查等工作。2016年5月11日，中国代表出席了安理会打击恐怖主义宣传及意识形态问题部长级公开会。中国认为，对待反恐问题应开展反恐教育，全面提升公民的反恐意识；切断恐怖主义思想的传播渠道，织起国际反恐网络；促进文明对话，构建新型国际关系。2016年7月1日，在《联合国全球反恐战略》第五次审评联大全会上，中国提出了六点看法：强化反恐政治投入，各国坚持反恐统一标准，凝聚反恐共识，打击恐怖主义；加大预防力度，坚决打击恐怖组织以歪曲宗教教义或其他手段煽动仇恨、歧视和鼓吹暴力等极端主义的行为；阻断恐怖分子跨境流动，切断恐怖分子的资金、武器等来源；提高应对手段，有效打击利用互联网及社交媒体从事恐怖活动；加强统筹协调，形成联合国

[①] 参见第71届联合国大会中方立场文件，2016年9月。

系统反恐合力；促进文明对话，构建新型国际关系。2016年10月，中国代表参加了第71届联大六委关于"消除国际恐怖主义的措施"的讨论，中国再次重申了其在反恐问题上的主要立场。①

在双边层面，2016年，中国与多个国家开展了反恐磋商，如3月30日中国与土耳其举行的第三次副次长级反恐磋商、9月30日中国与日本举行的第三次反恐磋商、10月27日中国与美国举行的第三次副外长级反恐磋商以及11月8日中国与韩国举行的第七次反恐磋商等，双方重点就各自的反恐形势和合作交换了意见。

（二）全面深入开展国际刑事司法合作

在国际刑事司法合作领域，中国政府始终秉持积极态度，着力与国际社会一起推动国际刑事司法合作不断向前发展。截至2017年2月，中国已与70个国家缔结刑事司法协助条约、资产返还和分享协定、引渡条约和打击"三股势力"协定共135项（108项生效）。其中，引渡条约48项（34项生效），刑事司法协助条约40项（32项生效），民刑事司法协助条约19项（全部生效），打击"三股势力"协定7项（6项生效）。② 2016年，中国与加拿大在《中加刑事司法协助条约》的基础上又签署了《中华人民共和国和加拿大关于分享和返还被追缴财产的协定》，这也是中国就追缴转移到境外的犯罪所得对外缔结的第一项专门协定，是中国深化司法领域国际合作的重要举措。

在关于预防犯罪、消除腐败、打击跨国有组织犯罪和禁毒等司法议题上，2016年，中国在第71届联大三委的一般性辩论中阐述了中国的主张。③ 首先，各国要切实落实第13届联合国预防犯罪和刑事司法大会通过的《多哈宣言》，促进法治和公正司法。面对各类新型犯罪，国际社会应加强合作，积极探讨在联合国框架内制定具有公认权威性、普遍代表性的国际法律文书，为实施打击新型犯罪的国际合作奠定法律基础。其次，为了最大程度地消除腐败，各国应切实履行《联合国反腐败公约》，加强多边、双边合作，消除跨国追逃追赃合作的政治和法律障碍，并在尊重缔约国主权、不干涉内政等审议机制原则和规则的前提下

---

① 参见2016年10月4日常驻联合国副代表吴海涛大使在第71届联大六委关于"消除国际恐怖主义的措施"议题中的发言。
② 参见《我国对外缔结司法协助及引渡条约情况》，http：//www.fmprc.gov.cn/web/ziliao_674904/tytj_674911/wgdwdjdsfhzty_674917/t1215630.shtml。
③ 参见2016年10月6日中国代表团李志强在第71届联大三委"禁毒、预防犯罪和刑事司法"议题一般性辩论中的发言。

做好公约履约审议工作。同时，中国再次强调《联合国打击跨国有组织犯罪公约》及其相关议定书的重要作用。中国鼓励各方主动适用公约，将其作为刑事司法协助、引渡和追赃合作的法律依据，并支持建立一个适度、务实、高效的履约审议机制。针对禁毒问题，中国表示，国际社会应将落实世界毒品问题特别联大成果文件作为今后几年禁毒工作的重点。中国支持以三项禁毒公约为基石的国际禁毒体制，并支持联合国麻醉药品委员会、联合国毒品和犯罪问题办公室及国际麻醉品管制局根据授权在药物管制领域继续发挥主导作用。中国主张，在禁毒中既要保障和促进人权，也要考虑全社会的安宁、福祉和共同利益。各国有权在符合三项禁毒公约的前提下制定最符合本国国情的毒品政策，包括刑事司法政策，不应将废除死刑与毒品问题挂钩。国际社会既要关注部分国家基础药物不足的问题，也要关注部分国家在医疗上滥用、过量使用、非法转用管制药物的情况。中国呼吁世界卫生组织和联合国麻醉药品委员会加强协调，提高管理效率，全面、客观地考虑药物滥用的风险、危害，更有效地应对氯胺酮等新型精神活性物质。各国要坚持"责任共担"原则，通过资金援助、技术合作、信息共享等方式，帮助发展中国家加强能力建设，共同应对毒品挑战。

在实践中，中国积极开展与国际社会的各项合作。在共同打击跨国有组织犯罪方面，2016年10月17日，中国代表出席了《联合国打击跨国有组织犯罪公约》第八次缔约方会议，介绍了中国落实公约、开展相关国际合作的情况，并阐明了中国对建立公约履约审议机制等有关问题的立场。[1] 在区域共同打击跨国犯罪方面，中国深度参与湄公河次区域反拐合作项目，与周边国家共同打击边境跨国拐卖犯罪，与国际刑警组织、联合国毒品和犯罪问题办公室等国际组织加强反拐案件与项目合作。在国际禁毒合作方面，2016年11月30日，中国代表出席了第59届麻醉品委员会续会，就落实世界毒品问题特别联大成果文件、加强国际禁毒机制阐明了中国的立场。[2] 中国主张，各国在禁毒问题上仍应坚持以三项禁毒公约为基石的国际禁毒机制，切实把承诺和决心化为实际行动；应坚持全面、综合、平衡战略，不应把个别国家或地区的意见、做法照搬或强加给其他国家和地区；要坚持"责任共担"原则，积极开展国际禁毒合作。在国际反腐败合作方面，2016年9月，在二十国集团杭州峰会上，中国大力倡导国际反腐败合作，推动二十

---

[1] 参见2016年10月19日史忠俊大使出席《联合国打击跨国有组织犯罪公约》第八次缔约方会议的发言。
[2] 参见2016年12月2日中国常驻维也纳联合国及其他国际组织代表史忠俊大使在第59届麻醉品委员会续会上的发言。

国集团一致批准通过《反腐追逃追赃高级原则》、《2017～2018年反腐败行动计划》、在华设立反腐败追逃追赃研究中心等重要反腐败成果文件。2016年12月1日，2016金砖国家总检察长会议在海南省三亚市举行，来自中国、巴西、俄罗斯等国家的总检察长和香港、澳门地区的廉政专员出席了会议。中国最高人民检察院检察长曹建明在会议上围绕"打击腐败，保障经济社会可持续发展"这一主题提出了四点建议：第一，聚焦经济社会发展，落实元首会晤成果，发展和维护金砖国家总检察长会议机制；第二，加强研究，凝聚共识，共同提高反腐败国际合作能力水平；第三，完善机制，深化务实合作，确保反腐败国际合作取得实效；第四，加强信息和经验共享，深化人员交流，畅通更加便利的反腐败国际合作渠道。① 在海外追赃追逃方面，自2014年以来，中国政府开展了"猎狐""天网"和腐败犯罪境外追逃追赃等一系列专项行动。截至2016年9月，中国已从70余个国家和地区追回外逃人员2210人，其中国际工作人员363人，追赃79.94亿元人民币。② 2016年，在中国与加拿大、美国、秘鲁等国家的密切合作下，"百名红通人员"已有37人落网，其中包括头号嫌犯杨秀珠、朱海平和闫永明等人。

八　中国与其他领域的国际法治③

中国与其他领域的国际法治主要包括：①中国与国际能源法治；②中国与国际海洋及领土边界法治；③中国与国家豁免法治；④中国与国际法律责任法治；⑤中国与国籍、外国人待遇和难民法治；⑥中国与引渡和庇护法治；⑦中国与外交关系法治。2016年，中国在继续恪守现行国际法规范和遵循已有实践的基础上，对新的国际形势和个案采取务实和灵活的做法，强化、促进和发展了相关领域的国际合作与法治。

（一）中国与国际能源法治

1. 中国成为全球最大的原油进口国

第二次世界大战以来，中东一直是世界能源的生产重心。然而，随着勘探与

---

① 参见中华人民共和国最高人民检察院网站，http://www.spp.gov.cn/tt/201612/t20161202_174550.shtml。
② 参见中央纪委监察部网站，http://www.ccdi.gov.cn。
③ 本节作者：黄德明，国家高端智库武汉大学国际法研究所教授，研究方向为国际公法；杨泽伟，国家高端智库武汉大学国际法研究所教授，研究方向为国际公法、海洋法、国际能源法。其中第一、第二部分由杨泽伟撰写，第三部分至第七部分由黄德明撰写。

开采技术不断进步，这一重心正在转向西半球，包括美国页岩油、加拿大油砂油、中美洲近海石油、巴西"盐下油"在内，一张新的世界石油版图隐约成型。在世界能源生产重心西移的同时，世界油气消费重心则正由发达国家转向以中国、印度为主的亚太地区。2016年，中国正式取代美国成为全球最大的原油进口国。此外，2016年，中国主要的原油进口国为沙特阿拉伯、安哥拉、俄罗斯、哈萨克斯坦和伊朗等。

2. 上海石油天然气交易中心正式成立

长期以来，由于种种原因，中国一直是国际规则的被动接受者，并且"表现良好"；"中国政府力图使自己的行为与其公布的要求相符，并未为了自身的利益而极力改变国际制度中的决策方式"；"中国所倡议的新规则寥寥无几"。作为世界第二大石油消费国和第一大石油进口国，中国被排斥在原油定价机制之外。中国进口原油的价格主要参照以布伦特、WTI为基准油的原油价格，自己没有原油定价权，一般只能被动地接受国际油价。而国际油价波动剧烈，不但给中国石油石化企业和终端用户带来了巨大的市场风险，而且对社会经济发展造成了极大冲击，并影响着国家的能源安全。因此，从长远来看，中国应积极参与国际石油贸易价格定价机制，形成自己的石油报价系统，以增强对国际油价的调控能力，从而影响国际石油市场和国际油价。2016年11月，上海石油天然气交易中心正式成立。这一国家级能源交易平台投入运行，有利于提升中国在油气价格领域的话语权。

（二）中国与国际海洋及领土边界法治

1. 中国与国际海洋法治

（1）大陆架界限委员会

大陆架界限委员会是按照《联合国海洋法公约》第76条的规定、依照《联合国海洋法公约》附件二于1997年3月设立的机构。大陆架界限委员会的职能为：负责审议沿海国提出的关于扩展到200海里以外的大陆架外部界限的资料和其他材料；按照《联合国海洋法公约》的有关规定，对该国外大陆架外部界限的划定提出建议；经沿海国请求，为沿海国准备外大陆架划界案提供科学和技术方面的咨询意见。2001年12月20日，俄罗斯向大陆架界限委员会提交了一份划界案。截至2016年，大陆架界限委员会已经举行40届会议，已收到77项划界案、49项初步信息，并审结了24项划界案。据预测，到2030年前后大陆架界限委员会才可能完成对已收到划界案的审议。

(2) 国家管辖范围以外海域生物多样性的养护和利用

目前，养护和利用国家管辖范围以外海域生物多样性问题成为国际社会关注的一个热点领域。2015年6月，联合国大会通过了A/RES/69/292号决议，决定启动"国家管辖范围以外海域生物多样性"养护和可持续利用问题国际协定谈判，并提出了分三步走的路线图，分别是成立协定谈判委员会、决定是否召开政府间大会以启动谈判正式进程和出台"国家管辖范围以外海域生物多样性"国际协定。2016年3月28日至4月8日，国家管辖范围以外海域生物多样性国际协定谈判预备委员会召开了第一次会议，主要讨论了涵盖惠益分享问题在内的海洋遗传资源问题，包括海洋保护区、环境影响评价、能力建设和海洋技术转让在内的区域管理工具问题等。由此可见，国际社会对国家管辖范围以外海域生物多样性的养护和利用问题的讨论表明，有关新的海洋法规则和制度正在酝酿产生中。

(3) 国际海底区域的新发展

2016年，国际海底活动的重心已进入一个历史性转折期，即从勘探阶段向勘探与开发准备期过渡。国际海底大规模的商业开发已初现端倪，当务之急是制定开采规章，以便就未来的矿区开发问题搭建制度框架。然而，制定开采规章要解决的核心问题是如何处理承包者、国际海底管理局和国际社会三者之间的利益分配关系，以从根本上具体落实人类共同继承财产原则。因此，制定科学合理、公平公正的国际海底区域资源开采规章是国际海底管理局今后几年面临的一项主要挑战。此外，2015年7月，国际海底管理局大会决定启动国际海底制度定期审查程序，决定由大会主席和理事会主席组成审查委员会，于2016年向大会提交临时报告，2017年提交最终报告，以确定如何进行审查。国际海底管理局已成立20多年，在现有制度架构内保持了总体稳定，但此次定期审查问题很可能引发维持还是变革现行制度的博弈。这是一个需要关注的动向。

(4) 中国的有关立法

2016年2月26日，中国第十二届全国人民代表大会常务委员会第十九次会议通过了《中华人民共和国深海海底区域资源勘探开发法》；2016年8月2日，中国施行了《最高人民法院关于审理发生在我国管辖海域相关案件若干问题的规定（一）》和《最高人民法院关于审理发生在我国管辖海域相关案件若干问题的规定（二）》。

2. 中国与领土边界法治

众所周知，南海争端十分复杂。中国与越南、菲律宾、文莱和马来西亚等南海声索国存在岛屿主权争端和海域划界争端。2013年1月，菲律宾向中国提交了就南海问题提起国际仲裁的照会及通知。2013年2月，中国声明不接受菲方所提仲裁，并将菲方照会及所附通知退回，中国表示"不接受、不参与"。2014年12月，中国发布了《中华人民共和国政府关于菲律宾共和国所提南海仲裁案管辖权问题的立场文件》，认为仲裁庭对此案不具有管辖权。2015年10月，仲裁庭裁决认为它对菲律宾提起的多数争端事项具有管辖权。2016年7月12日，仲裁庭对中菲"南海仲裁案"做出最终裁决，认为：中国对九段线内海洋区域的资源主张历史性权利没有法律依据，中国主张的岛礁无一能产生专属经济区，中国有关行为破坏了菲律宾在其专属经济区享有的主权权利，中国岛礁建设对海洋环境产生了巨大破坏，中国岛礁建设违反了争端解决程序中的义务等。同日，中国发布了《中华人民共和国外交部关于应菲律宾共和国请求建立的南海仲裁案仲裁庭所作裁决的声明》，声明明确指出，该裁决是无效的，没有拘束力，中国不接受、不承认。应当指出的是，2016年中菲"南海仲裁案"仲裁庭的裁决之所以是无效的，主要是因为仲裁庭没有管辖权、菲律宾单方面提起强制仲裁违反了国际法。

此外，2016年4月，中印边界问题特别代表第十九次会晤在北京举行，双方就边界问题进行了广泛、深入、坦诚的沟通。

（三）中国与国家豁免法治

在理论上，中国坚持国家及其财产享有豁免的原则。中国作为一个主权国家享有国家豁免，中国国家本身及其财产不受任何外国法院的强制管辖。中国的国有企业和公司是具有独立法人资格的实体，不享有豁免。在外国国家无视国际法而任意侵犯中国国家及其财产豁免权的情况下，中国实行对等原则，采取相应的对等措施。

中国赞成通过达成国际协议的方法解决各国在国家豁免问题上的分歧。中国积极参与了《联合国国家及其财产管辖豁免公约》的缔结谈判，在谈判过程中，中国代表团多次阐述中国政府在有关问题上的立场。

在立法上，除2005年《中华人民共和国外国中央银行财产司法强制措施豁免法》外，中国并没有关于国家及其财产豁免的其他专门法律，但一些法律涉及国家及其财产管辖豁免问题。

中国于2005年正式签署《联合国国家及其财产管辖豁免公约》并随即开始有限豁免的立法进程。中国签署或批准的其他一些国际公约中亦有关于国家及其财产管辖豁免的规定。

在实践中,中国政府坚持国家豁免原则,维护国家间关系正常发展的重要法律原则,妥善处理了 1979 年"湖广铁路债券案"、1985 年"莫里斯旧债券案"等案件。针对"刚果民主共和国案",香港终审法院于 2011 年根据全国人民代表大会常务委员会的释法而做出终局判决,判定香港特别行政区应与中央政府的国家豁免实践保持一致,因而香港特区法院对刚果民主共和国无司法管辖权。

针对美国法院 2016 年受理的"中国航空工业集团公司案"、"中国建材集团有限公司案"以及 2015 年"中国工商银行案"等案件,中国外交部发言人表示:"我们要求东道国切实尊重和维护海外中国企业的合法权益";中国外交部发出照会,指出美国法院试图通过各种渠道将中国国务院国有资产监督管理委员会(简称"国资委")拉入诉讼案的做法严重侵害了中国的国家主权和利益。

(四)中国与国际法律责任法治

关于国家刑事责任问题,传统国际法认为,国家在国际上不负责任。国际刑事责任的概念于第一次世界大战之后开始进入国际法领域。2002 年,《国际刑事法院规约》的生效标志着关于个人的国际刑事责任制度正式形成。联合国国际法委员会 1996 年通过的《国家责任条款草案》将国际不法行为分为一般不法行为和国际罪行,2001 年通过的《国家对国际不法行为的责任条款草案》第 40 条没有使用"国际罪行"的措辞,而代之以"严重违背依一般国际法强制性规范承担的义务所产生的国际责任"。

中国积极参与国际责任法的编纂和发展进程。

关于《国家对国际不法行为的责任条款草案》,中国认为,条款草案对国际关系的稳定和健康发展具有积极意义。中国代表团参加了历次专题的审议,并多次阐述其立场。2016 年 10 月 7 日,中国代表团史晓斌在第 71 届联大六委关于"国家对国际不法行为的责任"议题会议上指出:第一,一国对其国际不法行为承担责任已成为一项习惯国际法规则。编纂相关规则对预防和制止国际不法行为、维护国际法治具有重要意义。2001 年的条款草案编纂比较全面,它不断为国际司法机构所援引,对各国的外交实践产生了重要影响,其所体现的有关国际法规则在实践中不断得到检验。第二,自条款草案完成以来,关于联合国大会应采取何种行动,各国迄今未达成共识。条款草案虽已较为成熟,但仍有部分条款尚存在争议,远未形成共识。应鼓励各国对条款草案继续进行深入讨论,不断扩大共识。对于以此为目标的努力,包括探讨谈判制定公约,中国都持积极和开放的态度。

关于《国际刑事法院规约》,中国积极参与了规约的制定。中国支持国际社会惩治严重国际罪行、促进实现司法正义的努力,同时希望法院严格遵循《联合国宪章》,确保其维护司法正义的努力真正有利于促进和平、稳定和民族和解。2016年10月31日,中国代表团李永胜在第71届联合国大会关于"国际刑事法院的报告"议题发言时进一步阐述了中国的立场:第一,中国一贯重视国际刑事司法机构的作用,始终以建设性态度积极参与国际刑事司法制度建设,一直高度关注国际刑事法院的工作,作为观察员国参加了历次缔约国大会,表达中国的立场和观点。第二,最近有若干非洲国家相继宣布退出规约。中国尊重这些国家的决定,也理解它们长期以来的关切。法院从建立之初受到非洲国家的普遍欢迎和支持,到日渐遭到越来越多非洲国家的批评、反对甚至退出,其中的原因发人深省。第三,法院的建立是作为国家司法管辖的补充,理应充分尊重国家司法主权,而不是取而代之,更不应沦为某些国家或集团谋求政治利益的工具。第四,目前已有32个国家批准或接受侵略罪修正案。侵略罪修正案待缔约国2/3多数同意,即可生效。中国代表团认为,侵略罪问题牵涉国际和平与安全,安理会在认定侵略行为上具有排他性的权力,法院对侵略罪的认定必须在《联合国宪章》确立的国际法框架下有序实施。如果有关国家没有接受侵略罪修正案,则法院不能对其行使管辖权。

中国参与国际责任法的编纂工作亦与国际法委员会的其他专题有关。

2016年10月27日,中国外交部条法司长徐宏在第71届联大六委关于"国际法委员会第68届会议工作报告"议题发言时表明了中国的立场。

①"危害人类罪"专题。第一,关于委员会的工作方式。国际法委员会将专题目标设为制定一项专门公约,但各国并未达成广泛一致。第二次报告及委员会通过的条款草案通过类推的方法进行论证,这不是编纂而是发展国际法。考虑到"危害人类罪"专题本身十分复杂敏感,这种工作方式是否可取值得商榷。第二,关于条款草案第5条规定各国立法将危害人类罪入刑问题。中国代表团认为,在是否立法以及如何立法问题上,应赋予各国一定的自主决定空间。

②"国家官员的外国刑事管辖豁免"专题。中国代表团赞同不存在属人管辖豁免例外的结论,但不赞同特别报告员提出的属事豁免的三项例外。中国代表团认为,报告在论证上述例外是否存在时,主要援引的证据只是国际法院相关判决的少数反对意见以及一些国家或国际司法机构如欧洲人权法院的民事案件,这些论据缺乏相关性且倾向性明显,难以让人信服。

（五）中国与国籍、外国人待遇和难民法治

1. 中国与国籍法治

中国现行的国籍法为 1980 年《中华人民共和国国籍法》，其确立了五项基本原则。中国不承认双重国籍，但对侨务问题采取了灵活和务实的做法。

中国关于国籍法的实践集中体现于保护性管辖和属人管辖中。

（1）根据保护性管辖，中国极其重视公民的海外安全，积极维护中国企业和公民在海外的合法权益

受各种因素特别是国际恐怖主义影响，国际局势持续动荡不安，一些区域性冲突不断加剧，一些国家内部冲突不断，加之突发的自然灾难，中国企业和公民的海外安全和合法权益遭遇重大挑战。面临各种突发事件，中国政府快速反应、积极应对、妥善部署，最大程度维护公民的海外权益；坚持国际合作原则，尊重其他国家的合法利益，依据国际法寻求正当、合法的利益，实现互利共赢，确保在海外公民的生命和财产安全。

中国已建立一整套海外公民保护的协调机制和应急机制，及时更新《中国领事保护和协助指南》，除了日常应对个别的紧急情况外，还陆续采取大规模的撤侨行动。公安部在许多国家派驻警务联络官，截至 2016 年 9 月 18 日已派驻 68 名。其任务包括保护海外华人华侨的生命和财产安全、打击跨国犯罪、开展境外追逃。

2016 年 8 月 23 日，中国外交部发言人表示，中国高度关注旅法华人遇袭身亡事件。中国政府一向重视维护在海外中国公民的人身安全和合法权益，也高度重视广大侨胞的合法权益得到驻在国的有效保障。

2016 年 11 月 28 日，两名中国公民在尼日利亚遇袭。事发后，中国驻拉各斯总领事馆迅速与当地警方联系，责成对方尽快缉拿凶手和迅速破案。29 日，中国大使馆和总领事馆的联合工作组奔赴出事地点处理善后事宜，并召集纳萨拉瓦州的中资公司，要求做好安全防范。大使馆和总领事馆还提醒在尼中资企业和中国公民，尼日利亚目前正处于经济衰退期，绑架、抢劫和袭击案高发，圣诞节和元旦为安全事件高发期，应进一步加强安全防范。

（2）根据属人管辖，中国惩治违法行为和公民的犯罪行为

中国积极、善意履行国际义务，根据属人管辖对中国公民行使管辖权，维护受害人的合法权益。

2016 年 6 月 22 日，温州市中级人民法院对来自温州的中国籍留学生李某在

美国故意杀害邵某并藏尸一案做出一审判决，被告人李某因犯故意杀人罪，被判处无期徒刑，剥夺政治权利终身。法院鉴于李某犯罪后逃回中国的事实，根据属人管辖和本国公民不引渡原则，成功完成中美两国之间的司法合作。

2016年9月27日，中国外交部发言人就美国司法部指控辽宁鸿祥实业发展公司违反联合国安理会第2270号决议为朝鲜发展核武器提供支持而提起刑事诉讼一事做出回应时表示，中国反对任何国家根据国内法对中国实体或个人实施"长臂管辖"。"任何企业或个人如有违规之举，一经查实，我们会严肃处理。在此过程中，如有必要，我们愿在相互尊重、平等相待的前提下同相关国家开展合作。"

2. 中国与外国人待遇法治

在立法上，中国已制定大量与外国人地位和待遇有关的法律、法规和其他规范性文件。2012年《中华人民共和国出境入境管理法》专门对外国人入境、出境、停留、居留、遣返等问题做出具体规定。这些立法体现出中国坚持在主权平等和严格遵守国际义务的基础上解决外国人的待遇问题。

在实践中，中国自2004年开始对外国人实行永久居留申请制度，其实施以来发挥了重要作用，但同时仍存在若干问题。2016年2月18日，中共中央办公厅、国务院办公厅印发了《关于加强外国人永久居留服务管理的意见》，这是首次在中央层面出台关于外国人永久居留的指导性文件。意见指出：①进一步加强和改进外国人永久居留服务管理工作，对于落实人才强国战略、促进经济社会发展、增强国家吸引力、构建和谐社会具有十分重要的意义。②实行更加积极有效的外国人永久居留服务管理政策，进一步理顺体制机制，健全政策法规，优化申请条件，简化工作流程，落实资格待遇，加强日常管理，形成更为科学合理、开放务实的外国人永久居留服务管理工作格局。③坚持扩大开放与立足国情相结合，计划与市场相结合，服务与管理相结合，国家需要与社会需要相结合。④完善永久居留服务管理体制机制；设定灵活务实的永久居留申请条件；进一步规范和优化永久居留受理审批程序；明确和落实永久居留资格待遇；加强日常服务管理；提高永久居留服务管理保障水平，加强组织领导、专业队伍建设，加强信息化保障，加强宣传引导。

2016年，中国加大规范境外非政府组织的力度。4月28日，全国人民代表大会常务委员会通过了《中华人民共和国境外非政府组织境内活动管理法》，以规范、引导境外非政府组织在中国境内的活动，保障其合法权益，促进交流与合作。

3. 中国与难民法治

中国自1971年恢复在联合国的合法席位后,积极参加解决难民问题的工作。1982年,中国加入了《关于难民地位的公约》和《难民地位议定书》。

在立法上,1982年宪法和2012年《中华人民共和国出境入境管理法》的相关条款可以作为解决难民问题的依据,如其中有关庇护的规定可作为保护政治难民的法律依据。

在实践中,中国于20世纪80年代左右接收越南难民,后来陆续接收其他国家的难民。2016年,对于缅甸因北部冲突而流入中国的难民,中国政府积极设置难民安置点,提供人道主义援助。

2016年6月30日,中国正式成为国际移民组织成员国。这是中国深入参与全球治理、深化国际移民合作的必然选择,有利于中国增强移民服务和管理,建立规范和完善的国内外移民管理体系。7月25日,国际移民组织成为联合国相关机构。

2016年9月19日,中国国务院总理李克强出席了第71届联大解决难民和移民大规模流动问题高级别会议。这是联合国首次召开应对难民问题的高级别会议,也是中国领导人首次在此种国际场合系统阐述对难民和移民问题的主张。李克强总理指出:①难民和移民问题关乎世界和平与发展,影响地区稳定。难民和移民的大规模出现引发了一系列政治、经济、社会和安全问题。这不仅给相关国家的发展带来了冲击,威胁地区和平稳定,也拖累了世界经济复苏,影响国际秩序,还给恐怖主义带来了可乘之机。国际社会必须积极加以应对。②难民和移民问题是一场人道主义危机。在关注难民问题给欧洲带来危机的同时,也要关注其给叙利亚、阿富汗、索马里、南苏丹等国家造成的灾难。③难民和移民问题的解决需要加强国际合作。要在联合国框架下,制定和实施全面系统的解决方案。解决难民问题,应考虑历史经纬和各国实际,承担各自的责任。④难民和移民问题的解决也离不开来源国的自身努力。战乱冲突、贫穷落后是难民问题的主要根源。有关当事方要以对话解决争端,以协商化解分歧。国际社会也要劝和促谈,努力使难民和移民来源国走上长治久安之路。有关国家还要重视发展经济、改善民生,缩小贫富差距,促进包容性增长,维护社会团结和稳定,推动不同文明和谐共生。李克强总理表示,中国一贯高度重视并积极参与解决难民和移民问题,即使在过去贫穷困难的时候,也施以援手。现在中国经济有了较大发展,但仍是发展中国家,愿意承担与自身能力相适应的责任。这是应有的道义之举,是为世界和平和地区稳定做贡献,也是维护自身安全与发展的需要。他代表中国宣布了三项援助举措：在原有援助规模的基础上，向有关国家和国际组织提供专门用于应对难民问题的人道主义援助，同时考虑进一步的支持措施；积极研究把中国－联合国和平与发展基金的部分资金，用于支持发展中国家难民和移民工作；积极探讨同有关国际机构和发展中国家开展难民和移民问题的三方合作。

2016年9月21日，李克强总理出席第71届联合国大会以"可持续发展目标：共同努力改造我们的世界"为主题的一般性辩论时指出："当今世界的很多问题，都是由于发展不足引起的。无论是贫困、难民危机，还是战乱冲突、恐怖主义等，都能从发展落后上找到根源，也都需要通过发展寻求根本解决之道……唯有发展，才能消除全球性挑战的根源……现在，我们正面临二战结束以来最大规模的难民危机。当务之急是要确保难民有基本生活保障，避免发生人道主义危机；根本之策是要消弭战端、恢复发展，使难民来源国走上长治久安与发展繁荣之路。"①

2016年11月3日，中国常驻联合国副代表吴海涛大使在第71届联大三委难民问题一般性辩论中发言指出：第一，难民问题关乎世界和平与发展，影响地区稳定；第二，战乱、冲突和贫穷落后是难民问题的主要根源；第三，解决难民问题，需要加强国际合作，国际社会要加快落实《难民和移民问题纽约宣言》，充分发挥联合国难民署等机构的协调作用，制定实施全面解决方案；第四，中国始终致力于维护世界和平，促进共同发展，积极倡导有关热点问题的政治解决，为解决难民问题贡献自身力量。迄今，中国已向叙利亚等中东国家提供大量的人道主义援助。中国将认真履行承诺，落实好李克强总理提出的三项援助举措，与各国一道推动国际难民保护工作，争取早日实现全球难民问题的全面持久解决。

（六）中国与引渡和庇护法治

1. 中国与引渡法治

在立法上，中国2000年颁布了《中华人民共和国引渡法》，对引渡原则、引渡条件、引渡程序、引渡效果等问题做出了规定。中国参加的许多国际公约如《联合国反腐败公约》的相关条款对引渡问题亦有所规定。此外，还有许多针对引渡问题的双边条约。截至2016年7月，中国已与71个国家缔结司法协助条

---

① 李克强：《携手建设和平稳定可持续发展的世界——在第71届联合国大会一般性辩论时的讲话》，《人民日报海外版》2016年9月23日，第2版。

约、引渡条约和打击"三股势力"协定共132项（106项生效），其中引渡条约46项（32项生效），民刑事司法协助条约19项（全部生效），刑事司法协助条约40项（32项生效。中国与英国间《关于刑事司法协助的条约》、中国与比利时间《关于刑事司法协助的条约》分别于2016年1月15日、4月22日生效。），民商事司法协助条约20项（17项生效），打击"三股势力"协定7项（6项生效）。

在实践中，2014年以来，中国成立了中央反腐败协调小组国际追逃追赃工作办公室，先后开展了"天网2014"行动和"天网2015"行动，并于2016年4月21日启动"天网2016"行动，由公安部牵头开展"猎狐行动"。截至2016年9月6日，该办公室已从70余个国家和地区追回外逃人员1915人，追赃金额74.4亿元人民币；集中曝光国际刑警组织已发布红色通缉令的100名涉嫌犯罪外逃国家工作人员、重要腐败案件涉案人等人员，目前"百名红通人员"已有1/3落网。还有一些引渡或遣返行动是该办公室与外国政府在个案合作的基础上进行的。

2016年9月20日，中国外交部发言人表示，在法国积极协助和中国驻法国使馆配合的情况下，公安部"猎狐行动"工作组将浙江省公安机关通缉的犯罪嫌疑人陈文华从法国押解回国。这是中法引渡条约2015年生效后从法国引渡回中国的首名逃犯，实现了追捕潜逃法国犯罪嫌疑人的重大突破。

2016年11月16日，被中国"红色通缉令"列为头号通缉犯的前浙江省建设厅副厅长杨秀珠从美国回国投案自首。

在制度建设方面，2016年9月，中国政府与加拿大政府签订了《关于分享和返还被追缴资产的协定》，这是中国就追缴转移到境外的犯罪所得对外缔结的第一个专门协定，对1994年两国《关于刑事司法协助的条约》关于查找、移交赃款赃物的规定进行了细化和补充。

中国同时加大打击其他犯罪的力度，如2016年10月27日，马来西亚遣返27名涉嫌跨境电信欺诈中国大陆和台湾疑犯（21名）。

在实践中，也有需要在国际合作中进一步解决的问题，如首例新西兰向中国引渡案。2015年12月，新西兰因一名韩籍新西兰永久居民金京烨于2009年涉嫌在上海市杀害一名中国公民而同意将其引渡到中国。2016年7月4日，新西兰高等法院裁定中国对金京烨公平待遇的保证不足，要求政府重新考虑引渡决定。9月21日，新西兰司法部部长表示，在考虑了法院的裁决后，新西兰政府决定维持向中国引渡的决定。被告律师表示将上诉至新西兰最高法院。

2. 中国与庇护法治

在立法上,中国历次宪法性文件对庇护均有规定。1982 年宪法第 32 条规定:"中华人民共和国对于因为政治原因要求避难的外国人,可以给予受庇护的权利。"

在实践中,中国对因政治原因而遭受外国迫害的外国人给予庇护,对犯有破坏和平罪、战争罪、反人道罪等国际条约规定的国际罪行的外国人拒绝给予庇护。中国反对外国滥用庇护权庇护中国公民的行为。

2016 年 6 月 13 日,中共中央纪律检查委员会、中华人民共和国监察部网站发文批评一些国家庇护中国的腐败分子。一些腐败分子通过伪造证件、非法出境逃出中国,并寻求"庇护"。过去,在国际上,有些国家总想用反腐败问题玷污中国,采取"双重标准",一方面拿外逃腐败分子做文章,给所谓的"制度污点"找证据,乘机对中国进行抹黑攻击;另一方面又以法律和人权等为借口,客观上为腐败分子提供庇护所。中国积极展开国际合作,呼吁建立国际反腐败新秩序,要求一些国家不要成为腐败分子的"避罪天堂"。

2016 年 7 月 20 日,杨秀珠的"庇护"案出现重大转机,外逃 12 年、被移送美国移民及海关执法局德州休斯敦移民监狱的杨秀珠正式确认自动放弃在美国的"庇护"申请,做出回国投案自首的决定。

(七)中国与外交关系法治

在立法上,中国先后颁布过一系列和外交关系法有关的法律、法规,其中尤其重要的是 1986 年《中华人民共和国外交特权与豁免条例》和 1990 年《中华人民共和国领事特权与豁免条例》;并通过领事条约等双边协定和国际公约调整外交关系。2009 年《中华人民共和国驻外外交人员法》的颁布是中国首次立法规范本国驻外外交人员的管理。

中国国内立法是结合中国的法律、具体情况和外交实践,将有关国际条约转化为国内法的结果,充分体现了国家主权原则与中国具体国情相结合的特点,澄清了国际公约中的有关条款。

在实践中,中国积极维护本国驻外使团及其人员的合法权益,严格履行国际义务,妥善并务实地处理侵犯和滥用外交特权与豁免的事件。

2016 年 10 月 10 日,中国代表团纪小雪在第 71 届联大六委关于"考虑有效措施加强外交和领事使团和代表的保护、安保和安全"议题发言时表示:第一,加强对外交和领事使团及其代表的保护,是包括维也纳公约体系在内的国际法的明确要求,也是外交、领事使团及其代表正常履行职责的重要保障。各国采取有效措施,加强对这类机构和人员的保护,符合各国的共同利益。第二,驻在国对外交和领事使团及其代表的保护,不仅包括事前采取充分、适当的预防保护措施,而且包括事后对有关违法犯罪行为予以严厉惩戒;不仅包括保护使团馆舍及人员的安全,而且包括保护它们的安宁与尊严;这种保护是国际法明确规定的义务,一国不能以国内法为理由拒绝履行有关义务。第三,中国一贯高度重视对外国驻华外交和领事使团及其代表的保护,严格履行维也纳两公约规定的义务,并制定了《外交特权与豁免条例》《领事特权与豁免条例》等国内法,为外国驻华使领馆及其人员提供全方位、高水平的安保待遇。第四,外交和领事使团及其代表负有尊重驻在国法律法规的义务,不能从事与其职能、身份不符的活动。对于滥用外交和领事特权与豁免的情形,中国政府在依法维护相应机构和人员特权与豁免的同时,要求所属派遣国本着负责任和合作的精神妥善解决有关问题。

2016年10月13日,中国代表团纪小雪在第71届联大六委关于"普遍管辖权原则的范围和适用"议题发言时指出:普遍管辖权的确立和行使应遵循《联合国宪章》的宗旨和原则以及国际法准则,不得侵犯他国主权,不得干涉他国内政,也不得侵犯国家、国家官员、外交和领事人员享有的豁免权。

2014年1月1日,中国驻旧金山总领馆被人纵火,领馆设施遭到严重毁坏。中国向美国提出交涉,督促美方切实履行义务,加强对中国驻美领事机构和人员安全的保护。2016年12月1日,美国司法部北加州地区检察官办公室称,上述事件中的犯罪嫌疑人已被联邦法院判刑35个月及3年监管。

第二章
中国与国际经济关系法治

一 中国与国际贸易法治①

（一）概述

2016年，中国经济贸易发展仍然面临国际市场需求疲软、全球贸易持续低迷、内部经营成本上升、传统优势弱化等多种挑战。面对新的形势，中国政府积极致力于转变外贸发展方式，调整外贸结构，创新外贸发展模式，加强与贸易伙伴的务实合作，努力实现互利共赢和共同发展。

过去的一年里，中国进出口呈现出前低后高、逐季回稳向好的态势。据海关统计，2016年，中国货物进出口总值24.33万亿元人民币，比2015年下降0.9%。其中，出口13.84万亿元人民币，下降2%；进口10.49万亿元人民币，增长0.6%；贸易顺差3.35万亿元人民币，收窄9.1%。从趋势上看，虽然2016年进出口仍为下降，但相比于2015年，降幅已经明显收窄，全年进口增速也转负为正。而且进出口在2016年内呈现出逐季回稳的态势，第四季度进口、出口均实现正增长。未来几年，中国计划通过结构性改革进程达到一个增速略低、逐渐转向服务和科技导向的经济增长"新常态"。鉴于中国在全球贸易中的主要参与者地位，这一转型及其所引起的贸易模式变化将影响到世界其他国家。

中国政府继续全方位地发展对外经贸关系，坚持多边贸易体制在贸易投资开放方面的主渠道作用，双边、区域、次区域和多边开放合作共同推进。中国提出了推进多边贸易谈判的"团结工作计划"倡议，为推进包括多哈回合剩余议题在内的多边谈判凝聚共识。中国继续坚定不移地做经济全球化的推动者、贸易投资自由化和便利化的践行者、国际规则的参与者和制定者、共同利益的维护者以及和谐世界的建设者，为应对全球经济贸易面临的各种挑战、推动实现更加平衡和可持续的发展发挥积极作用。

---

① 本节作者：漆彤，国家高端智库武汉大学国际法研究所教授，研究方向为国际贸易法。

（二）外贸立法

1. 促进贸易便利化

中国通过一系列提高进出口海关程序效率的改革，继续促进贸易便利化。2016年12月6日，对外经济贸易大学公共管理学院发布了首份《中国贸易便利化年度报告》，该报告参考世界贸易组织（WTO）提供的贸易便利化自我评测方法，按照《贸易便利化协定》的内容，逐条逐项对中国的贸易便利化情况进行了客观、公正的测评。报告指出，入世15年来，中国的整体贸易便利化水平得到了显著提升，中国海关和质检系统在信息公开、商界参与、行政救济、行政性收费的清理整顿，特别是通关制度改革、边境机构合作等方面付出了艰辛的努力，取得了巨大的进步。与此同时，进出境货物管理部门在预裁定、抵达前业务办理、减少通关单据、单一窗口建设等方面与WTO《贸易便利化协定》的要求以及发达国家最佳实践之间依然存在一定的差距。

2. 推进"一带一路"沿线经贸合作

自2013年9月中国国家主席习近平首次提出共建"丝绸之路经济带"和"21世纪海上丝绸之路"的战略构想开始，"一带一路"倡议得到多国的热烈响应。经过努力，"一带一路"沿线经贸合作在过去三年里成果丰硕。继2015年与欧盟等一系列国家和地区签署"一带一路"合作建设文件后，2016年5月16日和10月13日，中国又分别与阿富汗和柬埔寨签署了"一带一路"建设合作谅解备忘录。中国与"一带一路"沿线国家的经贸合作规模日益扩大。2016年1～11月，中国企业对"一带一路"相关的53个国家的非金融类直接投资为133.5亿美元，在"一带一路"相关的61个国家新签对外承包工程项目合同7367份，新签合同额1003.6亿美元，同比增长40.1%，占同期中国对外承包工程新签合同额的52.1%。中国首倡的"一带一路"倡议得到全球越来越广泛的认可。美国《福布斯》杂志评价说，欧洲人开始接受并积极利用"一带一路"倡议。美国"国家利益"网站刊文认为，"一带一路"计划不仅是一个宏大的经济计划，它还是全球关系与治理的一个典范，中国正引导全人类建设一个统一、和谐与繁荣的世界。

3. 倡议建立世界电子贸易平台

近年来，全球数字经济快速发展。以中国为例，过去五年，中国电子商务交易额年均增长超过35%，网络零售连续三年位居世界第一。数字经济推动传统产业创新变革，线上线下互动融合、跨境电商等新的商业模式成为市场创新的热点。数字经济发展虽然潜力巨大,但离不开一个开放、规范、诚信、安全的网络交易市场和外部发展环境的支撑。2016年,二十国集团工商峰会(B20)中小企业发展工作组主席马云向G20提交了世界电子贸易平台(Electronic World Trade Platform,eWTP)倡议,意在构建一个与政府主导的传统国际经贸合作机制不同,而是由市场驱动和私营部门引领的多利益攸关方参与的国际合作平台,从而促进全球普惠贸易和经济社会发展。eWTP倡议在国际社会获得了积极支持。联合国助理秘书长兼国际贸易中心主任阿兰嘉·冈萨雷斯(Arancha González)女士认为,当前国际贸易中WTO多边体制受到挑战,而中小企业正成为全球贸易的主力,她很赞成马云提出的eWTP理念。美国、加拿大等贸易代表团对eWTP倡议也很赞同,认为电子商务能把当地小农场主、小企业的好产品卖到中国和世界各地。2016年7月,在上海举办的G20贸易部长会议批准了《G20全球贸易增长战略》,其中明确提出"欢迎工商界提出的世界电商平台(eWTP)倡议"。8月,B20发布了《2016年B20政策建议报告》,建议G20"建立促进跨境电商领域公私对话的世界电子贸易平台(eWTP)",以促进跨境电子商务发展。

(三)外贸执法

1. 贸易救济

2016年,全球形势动荡多变,贸易保护主义有所抬头,中国出口商品仍面临严峻的贸易救济调查形式,但中国在对进口商品发起贸易救济调查方面保持了良好的克制态势。截至2016年11月,中国启动反倾销调查3起,反补贴调查1起。此外,中国商务部对5起反倾销调查做出初裁,对6起反倾销期终复审调查中的3起做出期终复审裁定,对4起反倾销调查做出最终裁定。上述数据与往年基本持平。与此相比,2016年全年,中国共遭遇27个国家和地区发起的117起"两反一保"案件,涉案金额高达139.8亿美元,涉案数量和涉案金额达到历史新高,分别同比上升了34.5%和71.5%,说明贸易保护主义已全方位抬头。正因如此,二十国集团贸易部长会议再次重申关于维持现状和撤销已有贸易保护主义措施的承诺,并将承诺延长至2018年底。这也是中国一再强调国际社会需要加强合作、共克时艰,强调动辄实施贸易救济措施无助于各国经济恢复和提振的重要原因。

2. 海关执法

2016年,中国海关继续推进全国海关通关一体化,清理和规范进出口环节收费，下调1个百分点左右的出口商品查验率，加大集装箱检查设备的配备力度，对有条件的监管市场尽可能地采取机检的方式，加大推进信息互换、监管互认和执法互助的"三互"大通关建设，加快推进国际贸易"单一窗口"建设，将传统的"串联式"口岸通关流程改变为一次性、同步化的"并联式"流程，优化关检合作一次申报、一次检查、一次放行政策。在税收征管改革方面，为了进一步引导进出口企业、单位守法自律，提升通关便利化水平，中国海关总署发布了公告2016年第62号，决定开展税收征管方式改革试点工作，针对规定口岸内进口的符合试点范围的商品，企业可以采取"自主申报、自行缴税（自报自缴）"的方式办理缴税，海关对进出口企业、单位申报的价格、归类、原产地等税收要素的审核环节后置，于货物放行后进行抽查；在特殊情况下，海关可在货物放行前进行税收要素审核。该政策的实施进一步简化了企业的通关手续，提高了通关效率，符合简政放权、守法便利的改革方向。在"一带一路"沿线国家海关合作方面，2016年4月，海关总署出台了《2016年海关落实"一带一路"建设战略规划重点工作》，推进同有关国家和地区海关多领域互利共赢的务实合作，推动打造陆海内外联动、东西双向开放的全面开放新格局。

3. 知识产权执法

2016年，中国继续加大打击知识产权侵权违法行为的力度。4月19日，国务院办公厅发布了《关于印发2016年全国打击侵犯知识产权和制售假冒伪劣商品工作要点的通知》（国办发〔2016〕25号），要求加强重点领域治理，尤其是加强互联网领域侵权假冒治理；打击网上销售假冒伪劣商品；持续开展中国制造海外形象维护"清风"行动；重点针对拉美国家和地区，突出进出口、重点专业市场、跨境电子商务等重点环节，以及出口规模大、涉及人身健康安全的电子电器产品、化妆品、纺织品、日用品、药品等重点商品，加强部门执法协作，严厉打击跨境制售侵权假冒商品违法犯罪行为。在加强知识产权领域的多双边磋商与交流合作方面，中国继续做好中美战略与经济对话、中美商贸联委会知识产权议题磋商，开展中美海关第二次知识产权联合执法行动，开展中美、中欧、中俄、中巴（西）、中瑞（士）、中日等知识产权对话交流，解决双方的重点关切，加快中欧地理标志协定谈判进程，加强跨境执法协作，落实《中欧海关2014～2017年知识产权合作行动计划》，推动中日韩"零假冒计划"实施。12月20日，中国反侵权假冒创新战略联盟首家海外战略合作伙伴——日中知识产权保护战略联盟在北京成立。

4. 反垄断执法

2016年6月，国务院发布《关于在市场体系中建立公平竞争审查制度的意见》，正式确立了公平竞争审查制度。这表明在新常态下，中国的竞争政策将发挥基础性作用，实现深化改革和创新驱动、促进经济结构转型升级和经济发展的目标。2016年前9个月，经营者集中申报、立案和审结案件数量继续保持大幅度增长：案件申报286件，同比增长17.2%；立案254件，同比增长2.8%；审结286件，同比增长21.9%。随着案件数量快速增长，依法行政要求不断提高，商务部反垄断局着力在反垄断经营者集中案件审查方面提高效率。为此，中国借鉴欧盟经验，对经营者集中案件实行简易案件申报和公示制度。简易案件占到全部案件的75%左右，绝大部分简易案件均在初步审查阶段审结，初步审查阶段（30天内）审结案件210件，占全部案件的80%以上，同比增长7个百分点。2016年，针对跨国公司反垄断方面的典型案例是瑞典利乐包装集团（Tetra Pak）滥用市场支配地位案，此案认定该公司在2009～2013年滥用其在中国市场的支配地位，最终对该公司开出6.68亿元人民币的巨额罚单。2016年，中国继续开展与有关国家的双边反垄断交流和合作，在与美国等欧美国家建立定期对话和交流机制的基础上，商务部又与加拿大、南非、日本等反垄断执法机关签署了反垄断合作谅解备忘录，与金砖国家成员国共同签署了金砖国家反垄断合作的备忘录，进一步完善了国际合作的机制化安排。

（四）外贸司法

中国是WTO争端解决机制的深度参与者。在利用WTO争端解决机制促进国际法治方面，中国一直居于重要地位并发挥着建设性的积极作用。截至2016年12月31日，WTO涉中国争端解决案件数量达到53起，中国在15起案件中作为原告，在38起案件中作为被告。2016年，一共有6起新的案件涉及中国，其中2起为中国作为原告，4起为中国作为被告。

美国诉中国特定原材料出口关税案（DS508）

2016年7月13日，美国向WTO争端解决机构（DSB）申请磋商，认为中国对锑、钴、铜、黑铅、铅、各种镁化合物、滑石、钽和锡征收5%～20%的出口关税，违反《1994年关税与贸易总协定》第10.3（a）条、第11.1条和《中国入世协定书》第1.2段和第11.3段。2016年11月8日，DSB成立专家组审理本案。

欧盟诉中国特定原材料出口关税案（DS509）

2016年7月19日，欧盟向DSB提起磋商请求，认为中国未取消包括石墨、

中国促进国际法治报告（2016年）

钴、铜、锡、铬、氧化镁、锑、铟等在内的11种原材料的出口关税，违反《1994年关税与贸易总协定》第10.3（a）条、第11.1条和《中国入世协定书》第2（A）(2)段、第5.1段、第5.2段和第11.3段。2016年11月23日，DSB成立专家组审理本案。

美国诉中国粮食补贴案（DS511）

2016年9月13日，美国就中国对小麦、大米（籼米和粳米）、玉米等农产品采取的相关国内支持措施提起磋商请求，称中国政府对上述农产品实施的国内补贴等支持措施违反了中国2001年加入WTO时的承诺，导致生产过剩，影响了美国农民在国际市场上与中国竞争的能力，并违反《农业协定》第3.2条、第6.3条以及第7.2（b）条等相关世界贸易组织规则。

中国诉美国反倾销价格比较方法案（DS515）

2016年12月12日，中国就美国国内法中有关"非市场经济"国家确定正常价值方法的规定提起磋商请求。中国认为上述措施违反WTO《反倾销协定》第2.1条、第2.2条、第9.2条、第18.1条、第18.4条，违反《1994年关税与贸易总协定》第1.1条、第6.1条和第6.2条及《马拉喀什协定》第16.4条。

中国诉欧盟反倾销价格比较方法案（DS516）

2016年12月12日，中国就欧盟反倾销条例中有关"非市场经济"国家确定正常价值方法的规定提起磋商请求。中国认为上述措施违反WTO《反倾销协定》第2.1条、第2.2条，违反《1994年关税与贸易总协定》第1.1条、第6.1条。

美国诉中国农产品关税配额管理措施案（DS517）

2016年12月15日，美国就中国对小麦、长粒米和中短粒米、玉米等三种农产品实施的关税配额管理措施提起磋商请求，称中国政府对上述农产品的关税配额管理措施不符合《1994年关税与贸易总协定》第10.3（a）条、第11.1条和第13.3（b）条以及《中国入世协定书》第1.2段的有关规定。

2016年，尚未结案的一些案件也有新的发展。

美国诉中国白羽肉鸡反倾销和反补贴措施案（DS427）

本案的争议措施为中国针对美国白羽肉鸡产品征收的反倾销税和反补贴税。相关措施是商务部分别于2010年8月29日和9月26日发布的年度第52号《关于对原产于美国的进口白羽肉鸡产品反补贴调查最终裁定的公告》和第51号《关于对原产于美国的进口白羽肉鸡产品反倾销调查最终裁定的公告》。2011年9月20日，美国请求与中国进行磋商。磋商未能解决争议。2016年5月10日，美国提出第 21.5 条磋商请求。2016 年 5 月 27 日，美国请求设立执行专家组。2016 年 6 月 22 日，DSB 设立执行专家组。2016 年 7 月 18 日，执行专家组组建，由原专家组成员构成。专家组预计在 2017 年底前发布报告。

中国诉美国特定产品反补贴措施案（DS437）

2016 年 4 月 11 日，美国根据《关于争端解决规则和程序备忘录》（DSU）第 21.5 条，就中国诉其关于中国原产部分产品的反补贴措施一案（DS 437）向 WTO 争端解决机构提交执行情况报告；2016 年 6 月 9 日，美国向 WTO 争端解决机构提交裁决执行情况报告；针对美国未有效履行 WTO 争端解决机构的裁决，中国于 2016 年 7 月 8 日根据 DSU 第 6 条和第 21.5 条、《1994 年关税与贸易总协定》第 23 条和《补贴与反补贴措施协定》第 30 条向 WTO 争端解决机构申请成立专家组，10 月 5 日，专家组成立，预计在 2017 年下半年发布报告。

日本、欧盟诉中国无缝钢管反倾销案（DS454/460）

本案涉及中国对原产于欧盟和日本的进口相关高性能不锈钢无缝钢管（HP-SSST）征收的反倾销税，具体涉及商务部 2012 年 11 月 8 日发布的《关于对原产于欧盟和日本的进口相关高性能不锈钢无缝钢管反倾销案最终裁决的公告》（商务部公告 2012 年第 72 号）。反倾销税的实施期限是自 2012 年 11 月 9 日起 5 年。2015 年 10 月 28 日，DSB 通过了上诉机构报告和经上诉机构报告修改的专家组报告。2016 年 2 月 19 日，中国和日本、中国和欧盟分别通报 DSB，争端双方达成了 9 个月 25 天的合理执行期，于 2016 年 8 月 22 日到期。2016 年 6 月 20 日，商务部发布了《关于执行高性能不锈钢无缝钢管世贸组织争端裁决的立案公告》（商务部公告 2016 年第 30 号），决定对涉案反倾销措施进行再调查，以执行世界贸易组织的裁决。2016 年 8 月 22 日，商务部发布了《关于终止对原产于欧盟和日本的进口高性能不锈钢无缝钢管适用的反倾销措施的公告》（商务部公告 2016 年第 34 号）。由于再调查期间原反倾销案申请人代表国内产业向调查机关提出撤销原反倾销措施的申请，商务部决定自 2016 年 8 月 22 日起终止对原产于欧盟和日本的进口高性能不锈钢无缝钢管适用的反倾销措施。

中国诉美国反倾销计算方法案（DS471）

2016 年 10 月 19 日，世界贸易组织公布了中国诉美国反倾销计算方法案（DS471）的专家组报告，专家组支持了中方的主要诉讼请求，认定美对华发起的反倾销措施在目标倾销（针对特定类型产品倾销认定和倾销幅度计算）、分别税率（歧视性的拒绝给予中国出口企业分别税率）等做法上违反了世贸规则，裁定美国针对中国出口产品实施的 13 项反倾销措施违反世贸规则。2016 年 11 月

18日,中国通知DSB将就专家组报告的部分法律争议和法律解释提起上诉。

中国示范基地与公共服务平台案(DS489)

本案的争议措施涉及中国向境内许多产业的企业出口提供禁止性补贴。2015年2月11日,美国请求与中国进行磋商。美国主张争议措施与《补贴与反补贴措施协定》第3.1(a)条和第3.2条不符。2015年4月9日,美国请求设立专家组。2015年4月22日,DSB设立专家组。2016年4月14日,中国和美国通报DSB双方达成了谅解备忘录。

中国诉欧盟钢铁紧固件反倾销案(DS397)

2016年1月18日,WTO就中国诉欧盟对中国钢铁紧固件的最终反倾销措施案(DS397)发布执行异议程序上诉机构报告,建议WTO争端解决机构要求欧盟对其相关措施做出调整,使其与WTO《反倾销措施协定》的规定相符。2016年2月12日,WTO争端解决机构通过了中国诉欧盟对中国钢铁紧固件的最终反倾销措施案(DS397)执行异议程序上诉机构报告。2016年2月27日,欧盟委员会发布公告称,根据WTO争端解决机构的相关裁决,决定自公告发布次日起正式取消对中国钢铁紧固件的反倾销措施。

除了WTO争端解决实践之外,2016年11月23日,DSB任命了两名新的上诉机构成员,分别是中国籍的赵宏女士和韩国籍的Hyun Chong Kim先生,以填补此前中国籍张月姣女士和韩国籍Seung Wha Chang先生离任留下的两个空缺职位。赵宏女士成为继张月姣女士之后第二位当选WTO争端解决机制上诉机构成员的中国人。

二 中国与国际税收法治[①]

税基侵蚀和利润转移(BPES)行动计划是全球反避税工作的最新成果之一,对于中国反避税框架的完善具有重要意义。2016年二十国集团(G20)领导人杭州峰会发布的《二十国集团领导人杭州峰会公报》(以下简称《杭州峰会公报》)强调,将继续支持国际税收合作,以建立一个全球公平和现代化的国际税收体系。《杭州峰会公报》呼应了2015年10月G20领导人在安塔利亚峰会上批准的应对15项BEPS行动计划最终成果。中国2016年反避税工作的成果主要体现在以下几个方面。

首先,反避税立法不断完善,建立了较为全面的法律框架和操作指南。2016

---

① 本节作者:崔晓静,国家高端智库武汉大学国际法研究所教授,研究方向为国际税法。

年1月18日，国家税务总局发布公告2016年第4号，称《多边税收征管互助公约》已经于2016年2月1日对中国生效，自2017年1月1日起开始执行，这为加强国际税收合作、扩大国际税收征收网络和提高对跨境纳税人的税收征管与服务水平迈出了坚实的一步；2016年6月29日，国家税务总局为了促进BEPS成果在中国的落实，发布了《国家税务总局关于完善关联申报和同期资料管理有关事项的公告》，明确同期资料和国别报告的相关要求，同时对关联申报的内容加以细化；国家税务总局为了进一步完善预约定价安排管理，同时落实BEPS行动计划，2016年10月11号发布了《国家税务总局关于完善预约定价安排管理有关事项的公告》；国家税务总局为了履行金融账户涉税信息自动交换国际义务，规范金融机构对非居民金融账户涉税信息的尽职调查行为，起草了《非居民金融账户涉税信息尽职调查管理办法（征求意见稿）》。

其次，中国不断推进国际税收合作，签署的税收协定不断增多。中国已签署102个双边税收协定（包括尚未生效的4个），与香港、澳门两个特别行政区签署了税收安排，与台湾签订了避免双重征税协议。值得注意的是，在参与BEPS行动计划前，中国所签署的双边税收协定中多采用受益所有人概念和主要目的测试条款进行反避税规制，而在之后签署的双边税收协定中，中国逐渐采纳BEPS行动计划成果的建议，引入利益限制条款，如2014年中国与智利签署的双边税收协定。此外，中国还加入了《多边税收征管互助公约》，同时与巴哈马等10个国家签订了税收情报交换协定。上述协定中，2016年生效的双边税收协定有中国与俄罗斯双边税收协定和中国与智利双边税收协定，并且中国与柬埔寨于2016年10月13日签订了双边税收协定，填补了两国之前税收协定方面的空白。税收协定中的反避税条款和上述协定中关于情报交换的条款奠定了中国国际反避税工作的法律基础和实践依据。

但中国在反避税工作上还存在如下法律问题。

第一，税种涵盖过窄。避税条款采用了"应纳税收入或所得额"的表述，中国在反避税过程中受此限制，导致其主要针对的仅是企业所得税或者具有企业所得税性质的税种，而对其他税种的避税活动则关注较少。

第二，反避税门槛过高。中国目前的反避税立法规定年度发生的关联购销金额在2亿元人民币以上或其他关联交易金额在4000万元人民币以上的企业需要准备同期资料，而大量金额未达到阈值的企业则不在规制范围内。

第三，转让定价方法单一。截至目前，中国对转让定价的调整主要采用交易净利润率这一种方法，而如可比非受控价格法、利润分割法、再销售价格法、成本加成法等其他的调整方法则很少采用。

第四,反避税措施欠缺。到目前为止,中国主要运用转让定价调整和预约定价安排打击避税,但很少运用如受控外国公司规则、资本弱化管理规则等其他的反避税措施,兜底性的一般反避税条款的运用则更为少见。

由于避税是对税法不完善及固有缺陷的发现和利用,因此反避税的首要任务就是完善税法。未来加强中国的反避税工作,仍需进一步完善中国关于反避税的法律和制度规定。这主要在于如下几点。

第一,进一步明确相关术语的含义。为了使特定条款更具可操作性、纳税人对规定的理解更加明确,应该对这些术语做出清晰的定义,典型的如《特别纳税调整实施办法(试行)》第九十二条中"避税安排"、第九十三条中"实质重于形式"。

第二,细化明确反避税规则。明确类似于"避税目的安排占安排的比重"表述的有关规定,细化受控外国公司规则及开展一般反避税调查的条件等规定,以增强可操作性,从而对不适用转让定价管理、预约定价安排、成本费用分摊、资本弱化等规则来规制的避税行为进行有效打击。

第三,引入事先裁定制度。规定纳税人可就未来的特定事项应如何适用税法事先向税务部门申请裁定,税务机关对纳税人申请的关于其未来预期发生的交易和特定事项应如何适用税法专门发布解释性文件进行确认,以提高税法适用的可预期性和一致性,进而提高纳税人的税法遵从度。

第四,增加避税成本。增加纳税人不按期提交专项报表或进行避税活动将被实施处罚等规定,加大惩处力度,从而增加纳税人的避税成本,遏制其避税行为。

如何推进 BEPS 行动计划下的各项成果在中国的实施是未来几年中国政府的主要任务。习近平主席讲到,G20 是行动队,不是清谈馆,要知行合一。因此,中国必须贯彻落实 2015 年 G20 安塔利亚峰会背书的 BEPS 行动计划成果。中国在参与 BEPS 行动计划后,已经加快对行动计划成果的落实,2016 年出台的具体法律文件如表 1 所示。

其中,《国家税务总局关于完善关联申报和同期资料管理有关事项的公告》遵从要求,借鉴了 BEPS 第 13 项行动计划《转让定价文档和国别报告》,规定转让定价文档由主体文档、本地文档和特殊事项文档组成。《国家税务总局关于完善预约定价安排管理有关事项的公告》一方面是落实 BEPS 第 5 项行动计划《考虑透明度和实质性因素,有效打击有害税收实践》最低标准的要求,将单边预约定价安排纳入强制自发情报交换框架,并告知纳税人;另一方面也是 BEPS 第

表1 中国2016年出台的反避税方面的法律文件

法律文件	发布日期	国家税务总局文件编号
《国家税务总局、财政部、中国人民银行、中国银行业监督管理委员会、中国证券监督管理委员会、中国保险监督管理委员会关于发布〈非居民金融账户涉税信息尽职调查管理办法〉的公告》	2016-10-14	国家税务总局、财政部、中国人民银行、中国银行业监督管理委员会、中国证券监督管理委员会、中国保险监督管理委员会公告2017年第14号
《国家税务总局关于完善预约定价安排管理有关事项的公告》	2016-10-11	国家税务总局公告2016年第64号
《国家税务总局关于完善关联申报和同期资料管理有关事项的公告》	2016-06-29	国家税务总局公告2016年第42号
《国家税务总局关于〈多边税收征管互助公约〉生效执行的公告》	2016-01-18	国家税务总局公告2016年第4号

资料来源：笔者自行整理。

14项行动计划《使争议解决机制更有效》在中国落地的具体措施之一，能够为纳税人提供税收确定性。

受G20委托，经济合作与发展组织（OECD）将就15项BEPS行动计划中的4项最低标准（国别报告、争端解决、有害税收竞争、防止协定滥用）进行国别执行情况审议。中国国家税务总局党组高屋建瓴、审时度势，及时进一步强化了国际反避税机构和力量，并针对中国已成为净资本输出国的形势，设立了专门的对外投资税收服务与管理机构，建立了重大跨境税源风险集中应对与跨国反避税全国联查机制。国家税务总局将认真落实G20杭州峰会上习近平主席的各项指示，未雨绸缪，早做准备。国家税务总局还需要继续积极参与后BEPS时代包容性框架内的各项行动议程，深度参与OECD各工作组的规则制定与技术研究。当前，国家税务总局尤其要集中精力做好BEPS第15项行动计划《多边工具》的制定、审批、报批等相关准备工作。

第三章
中国与国际民商事关系法治[*]

一 中国与法律适用法

2016年,中国在法律适用方面的新发展主要体现在最高人民法院关于处理涉"一带一路"建设案件的指导意见和独立保函的法律适用问题上。

(一)处理涉"一带一路"建设案件的指导意见

2015年6月16日开始实施的《最高人民法院关于人民法院为"一带一路"建设提供司法服务和保障的若干意见》(以下简称《意见》)对涉外民商事案件的法律适用有重要规定。《意见》对如何解释条约以及适用国际公认的法律价值理念和法律原则的规定值得我们关注。

按照《意见》第4条的规定,在审理涉"一带一路"建设案件时,要严格贯彻对中外当事人平等保护原则,坚持各类市场主体的诉讼地位平等、法律适用平等、法律责任平等,及时依法妥善处理有关纠纷。《意见》特别规定,要正确理解与把握自贸区建设有关"准入前国民待遇"和"负面清单"的相关规定和政策,处理好当事人意思自治与行政审批的关系,及时修订和调整相关司法政策,严格限制认定合同无效的范围。

按照《意见》第7条的规定,在审理涉"一带一路"建设案件时,要遵循"准确"原则,即依法准确适用国际条约和惯例,准确查明和适用外国法律,增强裁判的国际公信力。

对于依法应当适用国际条约和惯例的案件,《意见》要求要不断提高适用国际条约和惯例的司法能力,一是要深入研究"一带一路"沿线各国与中国缔结或共同参加的贸易、投资、金融、海运等国际条约;二是严格依照《维也纳条

---

[*] 本章作者:肖永平,国家高端智库武汉大学国际法研究所教授、所长,研究方向为国际私法;郭玉军,国家高端智库武汉大学国际法研究所教授,研究方向为国际私法;乔雄兵,国家高端智库武汉大学国际法研究所副教授,研究方向为国际私法。肖永平负责统稿。

约法公约》的规定,根据条约用语通常所具有的含义按其上下文并参照条约的目的及宗旨进行善意解释,增强案件审判中国际条约和惯例适用的统一性、稳定性和可预见性。

在依照《中华人民共和国涉外民事关系法律适用法》等法律规定的冲突规范,确定应适用的法律时:一是要全面综合考虑法律关系的主体、客体、内容、法律事实等涉外因素,充分尊重当事人选择准据法的权利,积极查明和准确适用外国法,消除"一带一路"沿线各国中外当事人国际商事往来中的法律疑虑;二是要注意沿线不同国家当事人文化、法律背景的差异,适用公正、自由、平等、诚信、理性、秩序以及合同严守、禁止反言等国际公认的法律价值理念和法律原则,通俗、简洁、全面、严谨地论证说理,增强裁判的说服力。

(二) 独立保函的法律适用

2016年《最高人民法院关于审理独立保函纠纷案件若干问题的规定》就独立保函纠纷案件的法律适用首次做出专门规定。[①]

根据该规定第22条,涉外独立保函未载明适用法律,开立人和受益人在一审法庭辩论终结前亦未就适用法律达成一致的,开立人和受益人之间因涉外独立保函而产生的纠纷适用开立人经常居所地法律;独立保函由金融机构依法登记设立的分支机构开立的,适用分支机构登记地法律。

涉外独立保函欺诈纠纷,当事人就适用法律不能达成一致的,适用被请求止付的独立保函的开立人经常居所地法律;独立保函由金融机构依法登记设立的分支机构开立的,适用分支机构登记地法律;当事人有共同经常居所地的,适用共同经常居所地法律。

涉外独立保函止付保全程序,适用中华人民共和国法律。

二 中国与国际民事诉讼

2016年,中国在涉外民事诉讼中的新发展主要体现在国际民事案件管辖权、海事诉讼的特别规定、国际民事诉讼程序中的其他特殊规定以及多元化纠纷解决机制上。

[①] 《最高人民法院关于审理独立保函纠纷案件若干问题的规定》(法释〔2016〕24号,2016年12月1日起施行)。

（一）国际民事案件管辖权

中国法院行使涉外民事诉讼管辖权的主要依据是 2012 年修订的《中华人民共和国民事诉讼法》及其相关司法解释。2016 年《最高人民法院关于审理独立保函纠纷案件若干问题的规定》就独立保函纠纷案件的管辖权做了规定。[①]

根据该规定第 21 条，受益人和开立人之间因独立保函而产生的纠纷案件，由开立人住所地或被告住所地人民法院管辖，独立保函载明由其他法院管辖或提交仲裁的除外。当事人主张根据基础交易合同争议解决条款确定管辖法院或提交仲裁的，人民法院不予支持。独立保函欺诈纠纷案件由被请求止付的独立保函的开立人住所地或被告住所地人民法院管辖，当事人书面协议由其他法院管辖或提交仲裁的除外。当事人主张根据基础交易合同或独立保函的争议解决条款确定管辖法院或提交仲裁的，人民法院不予支持。这些特殊地域管辖的规定同样适用于涉外民事诉讼。

（二）海事诉讼的特别规定

中国有关海事案件管辖权的主要规定在《中华人民共和国海事诉讼特别程序法》和《中华人民共和国民事诉讼法》的第 29 条至第 31 条。2016 年《最高人民法院关于审理发生在我国管辖海域相关案件若干问题的规定（一）》就两类海事案件发生在我国管辖海域内和管辖海域外之不同情形下的管辖权做了规定。[②]

根据该规定第 5 条，因在我国管辖海域内发生海损事故，请求损害赔偿提起的诉讼，由管辖该海域的海事法院、事故船舶最先到达地的海事法院、船舶被扣押地或者被告住所地海事法院管辖。因在公海等我国管辖海域外发生海损事故，请求损害赔偿在我国法院提起的诉讼，由事故船舶最先到达地、船舶被扣押地或者被告住所地海事法院管辖。事故船舶为中华人民共和国船舶的，还可以由船籍港所在地海事法院管辖。其第 6 条规定，在我国管辖海域内，因海上航运、渔业生产及其他海上作业造成污染，破坏海洋生态环境，请求损害赔偿提起的诉讼，由管辖该海域的海事法院管辖。污染事故发生在我国管辖海域外，对我国管辖海

[①] 《最高人民法院关于审理独立保函纠纷案件若干问题的规定》（法释〔2016〕24 号，2016 年 12 月 1 日）。

[②] 《最高人民法院关于审理发生在我国管辖海域相关案件若干问题的规定（一）》（法释〔2016〕16 号，2016 年 8 月 2 日）。

域造成污染或污染威胁，请求损害赔偿或者预防措施费用提起的诉讼，由管辖该海域的海事法院或采取预防措施地的海事法院管辖。

此外，2016年《最高人民法院关于海事法院受理案件范围的规定》进一步明确了中国海事法院受理案件的范围。① 根据该规定第87条和第88条，除申请执行或者撤销国内海事仲裁裁决的案件，以及申请承认、执行外国海事仲裁裁决和外国法院海事裁判文书的案件外，海事法院还受理申请认可、执行港、澳、台地区海事仲裁裁决和该地区法院海事裁判文书的案件。

（三）国际民事诉讼程序中的其他特殊规定

有关外国诉讼当事人的身份确定，2015年《最高人民法院关于适用〈中华人民共和国民事诉讼法〉的解释》第523条规定：外国人参加诉讼，应当向人民法院提交护照等用以证明自己身份的证件。外国企业或者组织参加诉讼，向人民法院提交的身份证明文件，应当经所在国公证机关公证，并经中华人民共和国驻该国使领馆认证，或者履行中华人民共和国与该所在国订立的有关条约中规定的证明手续。

2016年，中国法院在不少案件中依据该条确定外国当事人的身份，其中包括：刘树清等与凯丹控股公司确认合同无效纠纷案［（2015）民申字第3439号］，陈世正与中山市泰威技术开发有限公司等与公司有关的纠纷案［（2016）粤20民终689号］。

（四）多元化纠纷解决机制

为了有效服务和保障国家"一带一路"倡议等重大战略的实施，2016年《关于人民法院进一步深化多元化纠纷解决机制改革的意见》提出，人民法院要进一步深化多元化纠纷解决机制改革、完善诉讼与非诉讼相衔接的纠纷解决机制。② 为了推动多元化纠纷解决机制的国际化发展，人民法院应充分尊重中外当事人法律文化的多元性，支持其自愿选择调解、仲裁等非诉讼方式解决纠纷；进一步加强中国与其他国家和地区司法机构、仲裁机构、调解组织的交流和合作，提升中国纠纷解决机制的国际竞争力和公信力；发挥各种纠纷解决方式的优势，

---

① 《最高人民法院关于海事法院受理案件范围的规定》（法释〔2016〕4号，2016年3月1日）。
② 《关于人民法院进一步深化多元化纠纷解决机制改革的意见》（法发〔2016〕14号，2016年6月28日）。

不断满足中外当事人纠纷解决的多元需求,为国家"一带一路"倡议等重大战略的实施提供司法服务与保障。

三 中国与国际民商事司法协助

2016年,中国通过参与国际民商事司法协助条约的谈判,完善国内的相关立法,积极为他国提供各种形式的民商事司法协助,为推动国际民商事司法协助的发展做出了应有的贡献。目前,中国进行国际民商事司法协助的主要法律依据是国际公约、双边司法协助条约、国内立法及司法解释等规定。

自1987年正式加入海牙国际私法会议以来,中国一直积极参与海牙国际私法会议的各种活动。2016年,中国政府代表团参与了海牙国际私法会议很多重要的会议。2016年6月1日至9日,中国政府代表团参加了《外国法院判决承认与执行公约》第一次特委会会议。此次公约谈判主要是就民商事领域法院判决的相互承认和执行进行首轮磋商。在特委会的谈判中,中国代表团就公约草案文本表达了关切,先后提出5个提案,其中3个提案为特委会谈判代表所接受,并反映在公约草案文本中。此外,2016年11月12日,中国外交部条法司在中国国际私法学会年会期间再次召开海牙《法院选择协议公约》研讨会,广泛征求中国有关实务部门、高等院校的专家学者等对中国加入该公约的意见。

在双边司法协助条约方面,自1985年开始与有关国家谈判缔结有关司法协助条约以来,中国在司法协助条约缔结方面成绩显著。首先,在双边司法协助条约方面,截至2016年12月30日,中国共与37个国家签订了涉及民商事内容的双边司法协助条约。此外,2015年12月,中国完成了与伊朗关于民商事司法协助条约的谈判,有望在不久后与伊朗缔结该民商事司法协助条约。

(一)中国与民商事案件司法文书域外送达

在民商事案件司法文书域外送达方面,中国于1991年3月2日加入了《海牙送达公约》,该公约已于1992年1月1日起对中国生效。中国批准加入《海牙送达公约》时,指定中华人民共和国司法部作为中央机关和有权接受外国通过领事途径转递文书的机关。从中国加入《海牙送达公约》到现在,中国法院和外国法院相互委托送达民商事案件司法文书的数量,已从最初的每年不足10件上升到每年3000余件,案件类型已由简单的经济纠纷、婚姻家庭纠纷扩展到知识产权纠纷、股权纠纷等多领域的纠纷。据统计,2015年,中国共审查办理民商事案件司法文书送达 2119 件，审查办理送达回证 1940 件。2016 年，截至 11 月 30 日，中国共办理民商事案件司法文书送达请求 2300 件。

（二）中国与民商事案件域外取证

在民商事案件域外取证方面，中国于 1997 年 12 月 8 日加入了《海牙取证公约》，该公约已于 1998 年 2 月 6 日对中国生效。但是，中国在加入《海牙取证公约》时对部分条款做了保留。另外，该公约第 39 条第 4 款规定："对公约的加入只有在加入国和声明接受其加入的缔约国之间有效。"截至 2016 年 12 月 30 日，该公约已经在中国与 54 个国家之间有效。近年来，外国利用公约或司法协助条约在中国取证的案例一直较为稳定。据统计，2015 年，中国共审查办理民商事调查取证案件 30 件。2016 年，截至 11 月 30 日，中国共办理有关调查取证请求 42 件。从实践来看，中国法院主动向外国提出取证请求的数量十分有限，只有少数案件利用《海牙取证公约》和双边条约或通过其他途径在国外成功取证。据统计，2011～2015 年，中国法院通过司法协助条约规定的途径对外提出调查取证请求的案件仅 2 件。

值得肯定的是，中国一些法院在 2016 年对利用信息技术进行跨国取证进行了有益的探索。例如，2016 年 9 月 26 日，上海海事法院在一起涉外海上货物运输合同纠纷案件的庭审中，首次利用微信视频的方式与巴西进行远程连线，当庭进行跨国取证并确认案件的重要事实。经过 2 个多小时的跨国连线，案件的关键证据得到了初步认定。

（三）中国与外国法院判决的承认与执行

目前，中国没有加入任何一个承认与执行外国法院判决的专门性国际公约，不过，中国加入的少数其他国际公约含有外国法院判决承认与执行的规定。因此，中国现阶段承认与执行外国法院判决的主要法律依据是双边司法协助条约和国内立法。

近几年来，中国每年提出和接收的域外判决承认与执行的请求数量都不多。据统计，2015 年，中国共审查办理传递外国法院判决承认与执行案件 6 件。2016 年，截至 11 月 30 日，中国共审查办理外国法院判决承认与执行请求 15 件。

值得指出的是，对于外国法院判决在中国的承认与执行，2016 年 12 月，江苏省南京市中级人民法院根据互惠原则承认与执行了新加坡共和国高等法院于 2015 年 10 月 23 日做出的 013 号判决。在该案中，法院指出，中国与新加坡并未缔结或共同参加承认与执行生效裁判文书的国际条约，但由于新加坡共和国高等法院于2014年1月对中国江苏省苏州市中级人民法院的判决进行了承认与执行，因此根据互惠原则，中国可以对新加坡共和国高等法院的民事判决予以承认与执行。法院最后裁定对该判决予以承认与执行。该案对今后中国法院承认与执行其他外国法院的判决具有重要的参考价值。

（四）中国与国际商事仲裁裁决的承认与执行

在国际商事仲裁裁决的承认与执行方面，中国于1986年12月2日加入了《纽约公约》，该公约已于1987年4月22日对中国生效。2016年，中国严格恪守公约义务，较好地践行了"有利于执行"的公约理念。据不完全统计，2016年，中国法院共收到24件申请承认与执行外国仲裁裁决的案件，其中19件仲裁裁决得到了中国法院的承认与执行，1件终止执行，1件当事人达成和解，另有3件当事人主动撤回执行申请。总体而言，中国较好地履行了作为《纽约公约》缔约国的义务。

四　中国与食品安全

近年来，全球性的食品安全事件仍然层出不穷。2016年，中国政府不仅积极通过完善立法提高本国的食品安全，还积极与有关国际组织合作，通过制定国际软法促进全球的食品安全治理。

（一）中国进一步完善食品安全法律制度

为了深入贯彻落实新《中华人民共和国食品安全法》，切实保障公众的饮食安全，2016年，中国国家食品药品监督管理总局根据国务院的决策部署，起草了《中华人民共和国食品安全法实施条例》修订草案。该草案进一步强化了食品安全基础性制度，细化了食品生产经营者、食品贮存和运输者、食品安全管理人员的义务，强调了食品安全监督管理。此外，该草案还进一步强化了食品安全社会共治。目前，该实施条例草案修订送审稿已经完成，有望在2017年获得通过。此外，2016年9月5日，国家食品药品监督管理总局发布了《食品生产经营风险分级管理办法》，该办法已于2016年12月1日起施行。

（二）中国参与联合国粮农组织的工作

中国于1973年恢复在联合国粮农组织（FAO）的合法席位后，积极参与和支持联合国粮农组织举办的各项活动。在联合国粮农组织倡导的在粮食安全特别计划框架下实施的南南合作中，中国多次捐赠款项，并先后派出近1000名农业援外专家，成为联合国粮农组织最大的南南合作合作伙伴。

2016年10月24日至11月4日，由联合国粮农组织与中国农业部共同主办的全球重要农业文化遗产（GIAHS）第三期高级别培训班与经验交流活动在华举行。来自亚太、欧洲、非洲等地区的18个国家，FAO及FAO GIAHS专家咨询小组的30多位官员、专家代表参加了活动。

（三）中国参与世界卫生组织的工作

中国于1972年恢复了在世界卫生组织的合法席位，随后积极参与世界卫生组织的全球食品安全信息网络和食品污染监测与评估计划的各项工作。

2016年5月23日至28日，第69届世界卫生大会在日内瓦万国宫举行。来自世界卫生组织194个成员的与会代表聚焦《2030年可持续发展议程》和卫生应急议题，在为期6天的大会上通过了多项关系全球公共卫生的决议或决定。此届世界卫生大会一般性辩论主题为"变革我们的世界：2030年可持续发展议程"。中国国家卫生和计划生育委员会主任李斌率领中国代表团出席了大会，代表团由包括国家和上海市卫生和计划生育委员会代表、港澳特区政府代表、北京大学等国内多所大学卫生领域的学者等60余人组成。

（四）中国参与国际食品法典委员会的工作

中国于1984年加入国际食品法典委员会，并成立中国食品法典委员会，秘书处设在卫生部，成员单位包括卫生部、农业部、商务部、国家质检总局、国家粮食局、国家食品药品监督管理总局等单位。

2016年6月27日至7月1日，第39届国际食品法典委员会大会在意大利罗马召开。来自123个成员、1个成员组织（欧盟）和38个国际政府与非政府组织的代表出席了会议。由国家卫生和计划生育委员会、农业部、国家质量监督检验检疫总局和香港食物环境卫生署的15名代表组成的中国代表团参加了会议。国家卫生和计划生育委员会食品司副司长张志强任代表团团长。

经过几天的大会讨论，会议最后通过了31项国际食品法典标准、7项标准新工作。通过的31项国际食品法典标准中，包括中国担任主持国的国际食品添加剂法典委员会和国际农药残留法典委员会所提交的上百项食品添加剂和农药残留限量标准，以及我国与日本共同牵头的《糙米中无机砷限量标准》。

(五)中国参与国际标准化组织的工作

国际标准化组织(International Organization for Standardization,ISO)是当今世界上最大、最权威的标准化机构,是由163个标准化团体组成的非政府国际组织。

1978年,中国加入国际标准化组织。2008年,中国成为国际标准化组织的常任理事国,为国际标准化组织的可持续发展和推进国际标准化事业的发展做出了应有的贡献。2016年9月9日至14日,第39届国际标准化组织大会在北京召开。大会由ISO主办,中国国家质量监督检验检疫总局、国家标准化管理委员会以及北京市人民政府承办。来自ISO的163个国家(地区)成员及10多个区域标准化组织,以及联合国贸易和发展会议(UNC-TAD)、联合国工业发展组织(UNIDO)、国际铁路联盟(UIC)等14个国际组织的近700名代表参加了会议。会议期间,中国国家主席习近平发来贺信,向大会表示热烈祝贺,向出席会议的国际机构负责人、各国代表和各界人士致以诚挚的欢迎。9月14日,国务院总理李克强出席了第39届ISO大会并发表致辞。

第四章
中国国际法理论与实践的国际传播

一 中国国际公法理论与实践的国际传播[①]

（一）国际法理念的传播

1.《中华人民共和国和俄罗斯联邦关于促进国际法的声明》

2016年6月25日，中国、俄罗斯于北京签署了《中华人民共和国和俄罗斯联邦关于促进国际法的声明》（以下简称《中俄关于促进国际法的声明》）。《中俄关于促进国际法的声明》以《联合国宪章》为依据，阐述了"国际法四原则"，即主权平等原则、不干涉他国对内与对外事务的原则、不得违反《联合国宪章》使用或威胁使用武力的原则和和平解决争端原则，是构建以合作共赢为核心的公正合理的国际关系、建立平等和不可分割的安全与经济合作共同空间的基石。这是中国第一次将促进国际法上升到两国声明的高度。此声明引发了广泛关注，这是中国对促进国际法治的一次重要实践，也是中国对争取国际法领域话语权的一次创新性探索。在当前的国际局势下，作为联合国五个常任理事国之二的中、俄就共促国际法发表声明，正是负责任的大国拥护并积极维护国际法与国际秩序的体现。《中俄关于促进国际法的声明》对中国的国际法人亦有着极为重要的意义。

2. 中国国际法学术团体和学者的活动

（1）中国社会科学论坛暨第十三届国际法论坛

2016年12月10日至11日，由中国社会科学院主办、中国社会科学院国际法研究所承办、最高人民法院"一带一路"司法研究基地协办的中国社会科学论坛暨第十三届国际法论坛·"和平发展与国际法治"国际研讨会在北京成功举行。来自外交部、最高人民法院、中国社会科学院、北京大学、清华大学、国

[①] 本节作者：冯洁菡；邱慧心，武汉大学法学院国际公法2016级博士研究生；费思敏，武汉大学法学院国际公法2015级硕士研究生。

务院发展研究中心、美国哈佛大学、澳大利亚悉尼大学、瑞典斯德哥尔摩大学等国内外高校、研究机构和实务部门的70余位专家学者参加了此次论坛。中国社会科学院副院长李培林研究员在致辞中强调,国际规则的创制需要广泛的国际参与,特别是广大发展中国家的参与,同时,各国还应该共同推动国际关系法治化,在国际关系中遵守国际法和公认的国际关系基本原则,用统一适用的规则明是非、促和平、谋发展。

(2) 亚洲法律学会第十三届年度会议

2016年5月19日至20日,亚洲法律学会(Asian Law Institute, ASLI)第十三届年度会议以"法律全球化下的亚洲视角"为主题,在作为学会创办者之一的北京大学法学院成功举办。来自亚洲及欧美22个国家和地区的120余位高校学者、法律专家等在会上对诸多法律问题进行了深入的探讨,通过不同社会文化背景的学者之间的观点交流与思想碰撞,促进了亚洲国家法学理论与司法实践的进一步发展与完善。

(3) 亚洲国际法学会区域会议

2016年6月13日至15日,以"国际法与一个充满活力的亚洲"为主题的亚洲国际法学会区域会议在越南河内举行。来自中国、越南、菲律宾、日本、韩国、新加坡、印度尼西亚等国家的100余名外交部法律官员和专家学者与会,就海洋法、和平解决争端、国际人权法、国际环境法、国际贸易和投资法等国际法前沿问题进行了研讨。中国外交部条法司副司长、亚洲国际法学会副会长马新民出席了会议,并做了题为"亚洲国际法学者如何为国际法的逐渐发展和编纂作出更大贡献"的主旨发言。在"和平解决国际争端"议题下,马新民副司长以"《联合国海洋法公约》争端解决机制和附件七仲裁程序:制度与运作"为题做了报告,从实在国际法和国际实践两个角度,对《联合国海洋法公约》争端解决机制和附件七仲裁程序进行了深入分析与评价。

(4) 第一届中芬博士生国际学术研讨会

2016年6月11日至12日,北京大学国际法研究所与芬兰赫尔辛基大学艾瑞克·卡斯特伦国际法与人权研究所共同成功举办了第一届中芬博士生国际学术研讨会。来自北京大学、清华大学、中国人民大学、武汉大学等国内多所高校的国际法专业博士研究生和青年学者与来自赫尔辛基大学、东芬兰大学等芬兰高校的博士生以"国际法的实施"(Enforcement in International Law)为主题,就相关问题进行了富有成效的探讨,进一步扩宽和深化了中芬博士生对国际法实施问题的学术理解。

(5)"中国国际法理论的国际传播"国际学术会议

2016年10月30日,国家高端智库武汉大学国际法研究所与荷兰博睿(Brill)出版社合作举办了"中国国际法理论的国际传播"大型国际学术会议。武汉大学国际法研究所所长肖永平教授等出席了会议,并分别向外国学者们介绍了中国学者目前研究的主要国际法热点问题和现状。双方均表示希望建立长期有效的合作机制,共同推进中国国际法学理论的传播与发展。

(6)第八届纽黑文学派国际学术会议

2016年12月9日至10日,由浙江大学光华法学院、美国耶鲁大学法学院、美国杜兰大学法学院共同举办的第八届纽黑文学派国际学术会议在杭州举行。与会专家学者围绕"纽黑文学派"的基本法理和应用及"中国的一带一路战略中的国际法问题""投资仲裁"等热点问题,进行了深入的学术讨论和互动。浙江大学资深文科教授王贵国、浙江大学光华法学院院长朱新力、复旦大学张乃根教授以及对外经济贸易大学法学院院长石静霞教授出席了会议,并与在座的外国学者分享了中国"一带一路"倡议实施三年来取得的主要进展与面临的挑战以及"一带一路"视角下双边投资协定解释等问题。

(7)"国际法与变动中的亚洲"国际学术会议

2016年6月14日至15日,武汉大学国际法研究所所长、长江学者肖永平教授参加了于越南河内举行的"国际法与变动中的亚洲"国际学术会议。作为主题发言人,肖永平教授做了题为"Enhancing International Credibility of Chinese Judiciary: A Focus on the OBOR Initiative"的专题报告,详细介绍了中国法院对"一带一路"建设所做出的改革与努力,并从国际法的角度提出了提升中国司法公信力从而有效推进"一带一路"建设的构想,加深了亚洲国家国际法学者对中国"一带一路"倡议的了解。

(二)与南海问题有关的学术活动

1. 中美智库南海问题对话会(华盛顿)

2016年7月5日,由中国人民大学重阳金融研究院、美国卡内基国际和平基金会主办,中国南海研究院和美国威尔逊国际学者中心协办的中美智库南海问题对话会在华盛顿举行。对话会围绕"南海问题:中方与美方的视角""多角度看南海分歧与未来""南海问题务实解决思路与建议"三个议题进行了研讨。来自美国卡内基国际和平基金会、美国海军学院、耶鲁大学、美国战略预测智库等学术机构的15位美国学者和前外交官,与来自中国南海研究院、南京大学、上海社会科学院、武汉大学等机构的10多位中方专家一起对话。中美双方专家一致认为，南海问题不应成为中美关系的障碍，双方应通过对话增进共识，共同维护南海的和平稳定。

2. 海洋争端解决国际法研讨会（香港）

2016年7月15日，由中国国际法学会、香港国际仲裁中心共同主办的"海洋争端解决国际法研讨会"在香港开幕。来自中国、美国、澳大利亚、法国等10多个国家和地区的210多位国际法和海洋法的专家学者，在为期两天的研讨会上围绕海洋法及海洋争端解决机制等主题进行了深入的研讨和交流。研讨会共讨论了领土主权和海域划界问题、《联合国海洋法公约》争端解决机制以及菲律宾南海仲裁案临时仲裁庭的所谓最终裁决等问题。中国政府对临时仲裁庭做出的所谓裁决不接受、不承认的严正立场得到了与会者的广泛支持，他们一致认为谈判协商才是解决南海争端的唯一出路。

3. 南海问题与区域合作发展高端智库学术研讨会（新加坡）

2016年7月18日，由中国社会科学院中国边疆研究所主办的"南海问题与区域合作发展高端智库学术研讨会"在新加坡举行。来自中国、印度尼西亚、新加坡、马来西亚、泰国、印度等国家和地区的近30位专家学者，就南海争端的解决机制、途径以及南海区域合作与发展进行了探讨。与会专家学者一致认为，在菲律宾单方面提起的南海仲裁案中，临时仲裁庭违背了国际法基本原则，预设立场，自创规则，罔顾基本事实，其做出的荒谬裁决不具有任何法律效力，南海问题相关各方应重回对话解决争端的健康轨道，携手推动区域合作与发展。同时，会上还讨论了中国与东盟关系发展问题。2016年是中国与东盟建立对话关系25周年，双方均表示，只有维护南海地区的和平稳定与合作发展，才能更好地实现各方的最大利益。

4. 南海争端与国际法研讨会（广州）

2016年4月29日，由南方防务智库和中国国际问题研究院海洋研究中心联合主办的"南海争端与国际法研讨会"在广州召开。来自国际战略、公共外交、国际法、国防军事等领域的近20位知名专家学者，从国际法的角度解读了南海问题并相应地提出了有益的解决路径。与会专家学者一致认为，2013年菲律宾单方面将南海问题提交国际仲裁，中国对此持有的态度是南海仲裁案仲裁庭就有关问题的裁决是无效的，对中方没有拘束力；中国不接受、不参与仲裁，这一立场是明确的、一贯的。一些学者还认为，国际社会需要国际法，但如果国际法被操控、被愚弄，则这种行为应被强烈反对。

5. 中国法学会针对南海仲裁案发表研究报告与声明

自 2016 年 5 月 30 日起,中国法学会菲律宾南海仲裁案研究小组针对南海仲裁案发表了《关于中菲"南海仲裁案"中岛礁法律地位仲裁事项的初步研究报告》《与南海仲裁案之历史性权利问题有关的事实认定和法律适用报告》《关于中菲"南海仲裁案"海洋管辖权争议仲裁事项的研究报告》《"南海仲裁案"中菲方和仲裁庭说理论证部分相关问题的初步研究报告》共四份报告。这四份研究报告充分阐释了中国不参与、不接受裁决的国际法依据,中国法学会官方网站全文刊发,向全球公开。

2016 年 5 月 25 日,中国法学会发表了《关于菲律宾共和国单方面提起的南海仲裁案的声明》,对于菲律宾单方面提起仲裁和菲律宾南海仲裁案仲裁庭无视基本事实,罔顾基本法理,严重违背公平正义和法治原则,强行推进仲裁案的行径,中国法学会代表中国法学界、法律界郑重声明,中国法学会坚决支持中国政府不接受、不参与、不承认的一贯立场。这一声明在法律层面上强有力地支持了中国政府的观点和主张。

2016 年 7 月 21 日,中国法学会联合中国国际法学会、中国海洋法学会共同举办了"南海仲裁案法律专家座谈会",组织国内 60 余位知名海洋法、国际法专家学者,对南海仲裁案严重损害中国领土主权和海洋权益的所谓裁决做了进一步的法律评析。专家们在座谈中指出,无论是基于《联合国海洋法公约》的宗旨、原则和规定及国际社会公认的基本法理,还是基于基本的历史事实,菲律宾单方面提起仲裁和仲裁庭强行推进有关程序均是违法、无效的。

6. 南海仲裁案与国际法治研讨会(海牙)

2016 年 6 月 26 日,武汉大学中国边界与海洋研究院和荷兰莱顿大学格劳秀斯国际法研究中心在荷兰海牙联合举办了"南海仲裁案与国际法治研讨会"。来自亚洲、非洲及欧美国家的 30 多名专家学者就会议主题进行了广泛交流和深入研讨。与会中国学者对南海仲裁案裁决的合法性提出了强烈质疑,并呼吁国际法学界正确、全面、完整地理解《联合国海洋法公约》。中国学者的发言得到了多国专家的一致赞同,他们纷纷表示菲律宾阿基诺政府单方面发起南海仲裁案、仲裁庭扩权滥权的行为是对法治精神的亵渎,对当今国际秩序构成了严重威胁。

7. "《联合国海洋法公约》强制程序适用——聚焦菲律宾南海仲裁案"国际研讨会

2016 年 4 月 16 日至 17 日,由国家领土主权与海洋权益协同创新中心和武汉大学中国边界与海洋研究院主办的"《联合国海洋法公约》强制程序适用——聚焦菲律宾南海仲裁案"国际研讨会在武汉举行。来自奥地利、加拿大、韩国、瑞士、英国等国家和中国（含台湾地区）的30多名专家学者参加了此次研讨会，并就仲裁案裁决及争端性质等议题展开了研讨。会中，海内外的专家学者对菲律宾单方面提起的南海仲裁案表示质疑，予以批驳，并从历史、法理等角度展开了讨论。

8. 南海仲裁案专题研讨会

2016年7月22日，国家领土主权与海洋权益协同创新中心举办的"南海仲裁案专题研讨会"在北京中国职工之家召开，中心的专家代表充分利用各自的学科优势，从历史、国际法、政治、外交等角度对南海仲裁案进行了深度研讨。中心主任胡德坤表示，南海争端正是中心专家们的"用武之机"，虽然任务艰巨，但是希望专家们迎难而上、刻苦攻坚、群策群力，共同为捍卫国家领土主权完整而奋斗。

9. 第一届中欧海洋法国际研讨会

2016年6月29日至30日，由厦门大学南海研究院主办，外交部欧洲司、国家海洋局国际合作司支持的第一届中欧海洋法国际研讨会在厦门顺利召开。来自中国外交部、国家海洋局、中国现代国际关系研究院、武汉大学等单位和高校以及法国、英国、荷兰、意大利等国家的60余名专家学者参加了会议。与会的国内外专家围绕《联合国海洋法公约》与和平解决争端等问题进行了讨论，加深了彼此的沟通交流，促使中西方海洋法学者在明确分歧的基础上寻求共识。

10. 2016年边界与海洋研究国际学术研讨会

2016年9月23日至25日，国家领土主权与海洋权益协同创新中心、武汉大学中国边界与海洋研究院在武汉成功举办了2016年边界与海洋研究国际学术研讨会。来自俄罗斯、加拿大、德国、英国、日本、中国台湾等国家或地区的60余名专家学者参与了此次会议。此次会议的主要议题有"二战与战后国际秩序""海洋争端与合作""陆地边界争端与合作""极地治理与合作"。专家们一致认为，要解决边界与海洋争端，各国应遵循国际法原则，注重双边合作，避免单边行动和违法诉求；国际海洋法必须与时俱进，充满活力；只有深入研究争端的历史根源，才能有效解决争端；各国应积极合作，在海洋划界问题上达成共识，推动海洋合作治理理论的成熟与完善，创造有效的合作治理模式。

（三）一带一路

1. "中欧关系与一带一路"国际研讨会

2016年4月18日，中国社会科学院欧洲研究所与德国阿登纳基金会联合主办的"中欧关系与一带一路"国际研讨会在北京召开,30多位来自中国与欧洲的专家、学者在会上热烈探讨交流了"一带一路"合作倡议对中欧关系发展的具体影响,并提出了中欧合作的新领域。与会的中外专家、学者还就中欧安全合作前景、中德视角下的欧洲难民危机等话题进行了深入的探讨。此次会议取得了圆满成功。

2. "新范式之路:一带一路倡议对中国、中亚和欧盟的影响"高端国际研讨会

2016年5月9日至10日,西安交通大学和芬兰赫尔辛基大学联合主办的"新范式之路:一带一路倡议对中国、中亚和欧盟的影响"高端国际研讨会在芬兰首都赫尔辛基举行,来自联合国发展计划署、英国牛津大学、清华大学、北京大学、香港大学等海内外著名高校的丝路学者参会,共同探讨"一带一路"建设中的法律、政治、经济、文化等问题。此次会议是中国高校首次携手世界名校在海外召开的"一带一路"问题跨学科国际研讨会议,有力地推动了"丝绸之路学术带"的建设,展示了中国学者在"一带一路"领域的研究实力和水平。

3. "东盟共同体发展与'一带一路'倡议的对接"国际研讨会

2016年6月27日至28日,由复旦大学中国与周边国家关系研究中心、复旦大学亚洲研究中心、复旦发展研究院联合举办的"东盟共同体发展与'一带一路'倡议的对接"国际研讨会在上海成功举办。来自中国外交部亚洲司、文莱大学、老挝国立大学、中国社会科学院等高校机构的50余位海内外学者出席了会议,并围绕"东盟共同体发展与'一带一路'倡议的对接"这一主题展开了研讨。会议期间,学者们还针对未来中国与东盟在基础设施建设、金融与贸易、教育与人文、政治与安全等领域的合作进行了深入交流。

4. "'一带一路'倡议背景下中国与国际争端解决机制的发展"国际学术研讨会

2016年11月1日,西安交通大学举办了"'一带一路'倡议背景下中国与国际争端解决机制的发展"国际学术研讨会。近40位国际知名专家围绕"中国与国际投资争端解决""香港在中国与国际争端解决中的角色""中国与国际海洋争端解决""中国与国际贸易争端解决""中国与国际刑事争端解决""中国与国际商事争端解决"等六个专题,就中国参与和引领投资、海洋、贸易、刑事、商事等领域的争端解决机制展开了深入研讨。会上,西安交通大学和最高人民法院国际合作局签署了合作框架协议。

5."'一带一路'倡议推进中的法律纠纷解决"国际研讨会

2016年11月26日,中国人民大学和英国英中协会(Great Britain China Centre)联合举办了"'一带一路'倡议推进中的法律纠纷解决"国际研讨会,旨在探究"一带一路"倡议下的多元纠纷解决机制。中外代表近60人围绕"一带一路"地区法律纠纷解决机制现状、"一带一路"地区法律纠纷冲突的类型与对策、仲裁在"一带一路"地区法律纠纷解决中的运用以及"一带一路"地区法律纠纷解决中的国际法律规范等四大议题展开了交流。此次会议有利于加强中英两国对"一带一路"倡议的共识,对于设立惠及中英的普遍性标准、确认共同的原则从而明确共同的利益追求都有着重要的意义。

6."一带一路"的机遇与挑战国际研讨会暨中国–中东欧高端智库学者交流论坛

2016年10月20日,中央编译局与波兹南经济与商业大学联合举办了"'一带一路'的机遇与挑战国际研讨会暨中国–中东欧高端智库学者交流论坛"。中央编译局代表团以及来自波兰、匈牙利、拉脱维亚等11个中东欧国家的智库学者出席了此次论坛。与会专家学者就中国与中东欧国家在"一带一路"倡议和"16+1合作"框架下推进战略对接、政策对接、机制对接展开了广泛讨论,并对合作面临的各方面机遇和挑战进行了分析。与会学者纷纷表示,在"一带一路"建设中,中国与中东欧国家智库应当做好理论探索的开路者、政企决策的建言者、民心相通的推动者角色,发挥咨政建言和促进人文交流的重要作用。

7."'一带一路'与中埃人文交流"中埃大学校长论坛

2016年3月26日,以"'一带一路'与中埃人文交流"为主题的中埃大学校长论坛在埃及开罗举行。来自北京大学、清华大学、武汉大学、山东大学、北京语言大学等19所中国知名高校的校领导与18所埃方高校校长分别就"文明古国与现代化""青年交流与文化理解""大学国际化与本土化""科研合作与技术创新"四个议题进行了深入讨论,为两国在教育领域加强合作献计献策。中国国务院副总理刘延东在埃及首都开罗出席中埃大学校长论坛闭幕式并致辞。此次中埃大学校长论坛是落实两国元首共识的实际行动,有利于增进两国青年学生之间的交流和理解,推动中埃包括人文交流领域在内的一系列人文合作。

(四)气候变化

1."气候变化与可持续发展目标"国际研讨会

2016年5月12日至13日,由中国人民大学法学院主办,中国人民大学人权研究中心、食品安全治理协同创新中心协办的"气候变化与可持续发展目标"国际研讨会在中国人民大学举行。来自中国最高人民法院、欧洲人权法院、耶鲁大学、武汉大学、中国社会科学院等高校和科研机构的专家学者参加了此次研讨会。此次会议分为五个单元，分别以气候变化与国际环境法的发展、气候变化与公私法融合、气候变化与人权保障、气候变化与能源法的发展以及气候正义、环境保护与人类的未来为主题展开讨论。会议强化了全球气候变化治理的协助与合作平台，通过不同地区、不同领域的环境治理研究对话机制，为中国气候变化与可持续发展目标这一问题的探讨与发展起到了积极的作用。

2. "南南合作，气候战略"主题论坛

2016年7月10日，由北京大学南南合作与发展学院主办、贵州省发展和改革委员会承办的生态文明贵阳国际论坛2016年年会·"南南合作，气候战略"主题论坛在贵阳召开。中国气候变化事务特别代表、全国政协人口资源环境委员会副主任解振华，北京大学南南合作与发展学院院长林毅夫教授，埃塞俄比亚驻华大使塞尤姆·梅斯芬等多名中外嘉宾在论坛上发表了有关南南合作和应对气候变化战略的演讲。此次论坛的召开表明，中国正在积极转变其参与国际治理体系的角色，从南南合作的支持者和参与者越来越多地成为发起者和引领者，承担起发展中大国的责任。

（五）人权保护

1. 2016·中欧人权研讨会

2016年9月28日，由中国人权研究会主办、西南政法大学人权研究院承办的"2016·中欧人权研讨会"在重庆举行。中共中央宣传部副部长、国务院新闻办公室副主任崔玉英出席了会议并致辞。来自中国、德国、法国、荷兰、英国、挪威等国家的50多位专家学者，围绕"少数民族权利保障"这一主题开展了研讨。与会中外专家均表示，作为统一的多民族国家，中国高度重视人权发展，尤其是在少数民族的人权保障方面有着显著的进步。通过中欧人权研讨会这一平台，中欧学者得以继续深入沟通交流，增进彼此之间的信任，不断推进中欧人文交流水平。

2. "人权领域的国际合作与中国视角"国际研讨会

2016年10月22日至23日，中国社会科学院国际法研究所在北京主办了"人权领域的国际合作与中国视角"国际研讨会。来自中国、英国、荷兰、瑞典、意大利、澳大利亚和南非的50多位专家学者围绕"人权领域的国际合作和中国视角"这一主题,在"人权观与人权事业""联合国的人权机制""国际条约及其实施机制""发展与人权""妇女、儿童、老年人与人权""社会治理与人权"等六个单元展开了热烈、充分的讨论,从不同的视角与维度提出了诸多新的观点与建议。此次研讨会为中外专家学者在人权领域的交流与对话提供了有益的平台,有助于人权领域的跨文化交流与借鉴。

3. 二十国集团民间社会(C20)会议

2016年7月5日至6日,由中国民间组织国际交流促进会和中国联合国协会共同举办的以"消除贫困、绿色发展、创新驱动与民间贡献"为主题的2016年二十国集团民间社会(C20)会议在山东青岛举行。来自50多个国家和地区的170多个民间组织的210多名中外代表与会。会议讨论通过了《2016年二十国集团民间社会会议公报》,并由会议主办方现场递交给2016年二十国集团峰会筹备委员会。

4. 第十六届亚欧非正式人权研讨会

2016年11月8日至11日,由中国外交部、中国残疾人联合会以及中国政法大学人权研究院共同举办的第十六届亚欧非正式人权研讨会在北京举行。来自全球50多个国家的150多名专家学者、政府官员出席了此次研讨会,共同探讨残疾人的权利保障等问题。此次会议为来自亚欧国家的专家学者共同讨论"将残疾人融入社会主流"等问题提供了一个平台,一方面深化了在亚欧会议框架下针对残疾人的国际合作,让更多的残疾人成为亚欧合作的直接受益者,从而为改善残疾人的人权状况、完善相关的法律制度提供重要的知识性成果;另一方面增进了亚欧国家在人权领域的相互尊重和理解,从而共同推动人权事业的进步。

5. 第三届"国际法与个人权利保护圆桌会议"

2016年3月5日至6日,由中国政法大学、英国皇家国际事务研究所(the Chantum House)与瑞士日内瓦高等研究院(The Graduate Institute of Geneva)联合举办的第三届"国际法与个人权利保护圆桌会议"在瑞士日内瓦高等国际问题研究院举行。来自美国哥伦比亚大学、美国人权事务委员会、英国埃塞克大学、德国科隆大学等国外知名学府和人权机构的专家学者与中国学者一起,围绕中国与国际法的发展、数据时代的隐私权、国际反恐与人权保护、难民国际保护等主题展开了热烈讨论。北京大学法学院白桂梅教授、中国社会科学院国际法研究所孙世彦研究员、清华大学法学院李兆杰教授、复旦大学法学院张乃根教授以及外交学院国际法系江国青教授出席了会议并做了主题发言。此次会议加强了中英两国学者在人权问题方面的交流,有利于双方就人权问题达成一致共识,促进双方人权保护领域的合作。

6. 第四届"国际争端解决与人权保护圆桌会议"

2016年11月26日至27日,中国政法大学和英国皇家国际事务研究所(the Chantum House)共同举办了第四届"国际争端解决与人权保护圆桌会议"。来自英国、德国、瑞士、荷兰、加拿大、澳大利亚、新加坡等国家的12位外国学者与来自中国政法大学、北京大学、中国社会科学院国际法研究所等大学和研究机构的15位中国学者参加了此次会议。会议包括"大国与国际法律秩序的未来""海洋争端的和平解决""贸易争端的和平解决""个人权利的国际法保护(国际人权法)""个人权利的国际法保护(国际人道法)""个人权利的国际法保护(商业活动与人权)""国际刑法与跨国刑法的发展"等七个主题,与会者就上述主题发表了精辟的见解并进行了深入的讨论。此次会议促进了中外学者对国际法问题的深入研究和各国国际法学者之间的合作与交流,扩大了中国国际法学者在国际法领域的学术影响力。

7. 第五届"跨文化人权国际研讨会"

2016年12月2日至4日,由跨文化人权研究中心主办、南开大学人权研究中心和荷兰人权研究院承办的第五届"跨文化人权国际研讨会"以"传统精神和文化价值观念与人权的本土源头"为主题在天津南开大学举行。来自荷兰、美国、越南、赞比亚等13个国家以及中国各高校和机构的60多位人权专家学者参加了会议。与会专家分别就"人权的多元文化起源""不同宗教和社会文化中的人权源头""本土文化与当代人权"等话题进行了主题发言和广泛交流。研讨会期间,跨文化人权研究中心就起草"关于发展中国家人权立场的原则文件"进行了磋商和讨论。此次会议不仅有利于人权在各种不同文化传统的平等对话和交流中形成国际共识,同时也有助于人权理念在不同文化中的传播和普及,有助于人权理念自身的丰富和发展。

(六)网络空间

1. 第二届网络空间安全国际研讨会

2016年10月13日至16日,由福建师范大学和福建省网络安全与密码技术重点实验室主办、西安电子科技大学综合业务网(ISN)国家重点实验室协办的"第二届网络空间安全国际研讨会"(CS 2016)在中国厦门国际会议中心成功召开。在此次会议上,100多名网络安全领域的国内外专家学者针对目前因网络应用的广泛性使网络攻击手段层出不穷，网络与信息安全形势日益严峻的现象，就网络安全、云计算等热点方向进行了深入的探讨，进一步促进了学术交流和合作。此次大会获得了圆满成功。

2. 亚非法律协商组织第55届年会

2016年6月，在于印度新德里举行的亚非法律协商组织第55届年会上，武汉大学国际法研究所副所长、珞珈特聘教授黄志雄当选为该组织网络空间国际法工作组特别报告员，这是中国专家首次出任该职。此外，在5月23日至27日举行的联合国预防犯罪与刑事正义委员会第25届会议期间，亚非法律协商组织在联合国维也纳总部举办了"打击网络犯罪国际合作"边会。黄志雄教授出席了该会议，并在发言中阐述了打击网络犯罪国际法机制的现状、问题以及制定新的全球性网络犯罪公约的设想。

二　中国国际经济法理论与实践的国际传播[①]

（一）中国高校学者参与的国际会议

1. 清华大学

2016年6月1日至2日，中欧互联网知识产权保护（电子商务）专家圆桌会议在北京举行。清华大学法学院冯术杰副教授应邀就"网络服务提供者的法律责任"和"跨境电子商务法律调整机制创新"两个题目在大会上做了主题发言，引起了与会者的较大反响。

2. 对外经济贸易大学

2016年9月21~23日，对外经济贸易大学竞争法中心主任、法学院教授黄勇应邀出席了在美国纽约举办的第43届国际反垄断法与竞争政策年会（43rd Annual Conference International Antitrust Law and Policy）并发表了演讲。

9月19日，黄勇教授还应邀出席了在美国首都华盛顿举行的"120 Merger Regimes-Multinational Deals in a World of Non-Convergence: US, EU, Brazil, China……"国际研讨会。黄勇教授应邀在跨国并购交易的多法域申报单元参与讨论并做了精彩发言，他同墨西哥、欧盟和美国的代表一起，探讨一项跨国并购交易涉及多法域申报问题时如何涉及申报顺序、考量的因素以及不同法域经营者集中反垄断审

---

① 本节作者：崔晓静。

查实质标准的异同,从历史的角度回顾了中国商务部并购审查的发展路径,并在发言后接受了现场参会者的提问,受到了与会者的广泛好评。

2016年9月30日至10月1日,对外经济贸易大学法学院石静霞院长应邀在美国华盛顿乔治城大学法学院(Georgetown University Law Center)参加了美国国际法学会(American Society of International Law,ASIL)国际经济法双年会(International Economic Law Interest Group Biennial Conference)。石静霞院长在会议上发表了其最近在做的一项研究论文:"国际法视野中的一带一路:基于国际公共产品理论的视角"。该研究旨在从国际公共产品理论的角度出发,分析"一带一路"倡议的性质,之后重点考察国际法在实施"一带一路"倡议中的具体作用等。"一带一路"倡议近年来引起了国内外的广泛关注,石静霞院长在发表该论文时提出了一些问题和思考,并与听众进行了积极有效的交流和讨论,为后续论文的完善提供了良好的基础。在问答环节,她对听众提出的关于中国投资谈判中对投资者 - 东道国争端解决(ISDS)机制的看法、"一带一路"与国际法机制的衔接等问题进一步提供了自己的看法,达到了很好的讨论效果。

2016年6月17~19日,石静霞教授应邀在澳大利亚悉尼参加了在新南威尔士大学(University of New South Wales,UNSW)法学院举办的"中澳在后FTA时代的经济法律关系研讨会"。该研讨会在中澳自由贸易协定(FTA)签署一周年之际召开,由UNSW法学院"中国国际商事和经济法项目"(China International Business & Economic Law,CIBEL)主办。石静霞教授在会议的第三个专题"中澳的服务贸易问题"中做了专题发言《中澳FTA中的服务贸易自由化:成果评估及未来发展》,并针对听众的提问,进一步交流了诸如中澳FTA协定中有关服务贸易的混合清单问题,即目前中国采取正面清单的方式做出超越WTO/GATS服务承诺表的承诺,澳大利亚采取负面清单的模式进行承诺。石静霞教授分析了混合清单的利弊以及未来进一步谈判的改进方向。此外,关于如何评估目前重点行业的中澳双方服务贸易的承诺现状等问题,石静霞教授也与各位专家进行了互动和分享。

2016年5月28日,由世界贸易组织(WTO)和中国(北京)国际服务贸易交易会(CIFTIS)组委会联合主办、中国世界贸易组织研究会承办的"全球服务贸易峰会分论坛——服务创新论坛"在中国国家会议中心隆重召开。石静霞教授应邀参加了论坛,并在第三场讨论中就"国际贸易规则与服务创新"之间的关系、目前取得的一些进展评估以及进一步的改进建议进行了主题演讲,并与参会嘉宾进行了交流互动。

3. 厦门大学

2016年5月,厦门大学国际经济法研究所池漫郊教授应邀参加了在瑞士蒙特勒举行的主题为"与投资相关国际争端解决:朝向综合性的解决方案"的会议。此次会议由国际可持续发展研究院(International Institute of Sustainable Development,IISD)主办。池漫郊教授是参加此次会议的各位专家学者中唯一一位来自亚洲研究机构的专家。

4. 西南政法大学

2016年9月8日上午,中国-东盟法律研究中心副秘书长、西南政法大学国际法学院教授潘国平应邀出席了由中国社会科学院与广西壮族自治区政府共同主办的第九届中国-东盟智库战略对话论坛,并在会上以"'一带一路'与亚洲联盟的构建"为题发言。潘国平教授指出,"一带一路"建设为亚洲联盟的构建提供了契机,而亚洲联盟进程促进了"一带一路"的发展,二者相辅相成。

(二)国际经济法学会及其他

2016年10月11日,由香港"一带一路"国际研究院主办的第四届"'一带一路'国际论坛:争端解决机制"在香港举行。中国最高人民法院副院长贺荣在致辞中表示,随着"一带一路"贸易投资金融规模的扩大,纠纷和争端也会增多,建立一套解决机制势在必行,而且有实际需求。

香港"一带一路"国际研究院院长、中国国际经济法学会副会长王贵国表示,"一带一路"争端解决机制将吸纳各种纠纷解决方式的优点,补充现有制度的不足,充分体现亚洲文化与价值观,强调仲裁与调解的结合,保持较高的透明度。

中央人民政府驻香港特别行政区联络办公室法律部部长王振民说,"一带一路"倡议提出至今,实实在在地取得进步,争端解决是关键部分。他还表示,各国可以相互学习,也可以从古代文明中寻找解决智慧。

阿里巴巴集团副总裁孙军工表示,中小企业正逐步成为全球贸易的主体,传统的监管及争端解决方式已难以解决互联网时代面临的问题。他指出,基于互联网发展对企业运营产生的影响,将相关争端解决纳入法制渠道不仅是长远战略的需要,更是短期迫在眉睫的问题。

10月20日,由中国法学会主办,中国法学会世界贸易组织法研究会、中国法学学术交流中心承办的"国际投资经贸法律风险及对策"研讨会在北京召开。

中国法学会党组书记、常务副会长陈冀平在致辞中说，如何推动世界经济走上强劲、可持续、平衡、包容性增长之路，已成为摆在世界各国人民面前的共同问题。加强对"一带一路"沿线国家及非洲地区经贸投资法律的研究，提升企业的法律风险防控意识和能力，已成为中国企业界的迫切需要。

世界贸易组织上诉机构大法官张月姣表示，中国"走出去"企业应遵守经营地法律，正确对待法律风险问题；同时呼吁非洲地区及"一带一路"沿线国家改善投资环境，提升审批的透明度和规范化，加强各国法律界之间的沟通和理解。

香港"一带一路"国际研究院副院长梁美芬强调，香港一直是东西方文化交流的重要窗口，具有区位优势、先发优势、专业优势和人文优势，在加强中外智库的交流合作和"一带一路"法律研究方面，香港可以发挥独特的桥梁与纽带作用。

三　中国国际私法理论与实践的国际传播[①]

（一）中国国际私法学会主办会议

2016年10月22日，第六届中韩国际私法学术研讨会在西北政法大学法学院召开。会议由中国国际私法学会主办，西北政法大学承办。中韩两国30余位国际私法学者参加了会议。中国学者介绍了中国法院的国际私法实践，相关论文有：《涉外遗嘱继承法律适用的实证分析》《中国内地对涉港合同法律适用问题的解决——以最高人民法院（2015）民四终字第9号判决为例》《从朝生案看内国争议境外仲裁问题——兼谈涉外因素的认定》《反垄断法域外管辖权的理论反思——基于中美两国最新案例的分析》《论法律选择中的私法直觉及其处理》《中国法院适用韩国法的几个案例》《中国法院对强制性规范的适用》。韩国学者发言的题目有：《关于合同上债务准据法的韩国判例的最新动向》《假执行宣告的失效而返还假支付物的准据法》《关于国际私法上消费者合同范围的韩国判例的探析》《涉外职务发明关系的法律适用》《有关外国仲裁裁决执行判决之最近争议焦点：以仲裁协议为中心》以及《当前韩国方便旗船案件的冲突法问题》。

2016年12月3~4日，由中国国际私法学会和台湾地区国际私法研究会共同主办的2016年海峡两岸国际私法学术研讨会在厦门大学顺利召开。会议主题为

---

① 本节作者：梁雯雯，国家高端智库武汉大学国际法研究所副教授，研究方向为国际私法。

"海峡两岸民商事司法合作理论与实践",其下设有"两岸冲突法立法实施与比较""涉外民商事诉讼管辖权之审视""商事仲裁之改革与发展及其他相关问题""两岸民商事司法互助现状与反思""法律适用新问题"等议题。

"两岸冲突法立法实施与比较"议题下的论文有:《定性的标准:涉外实例评析》《海峡两岸合同冲突法中特征性履行原则之检讨》《涉外无权代理关系选法规则之省思》《民间专业机构在查明外国法中的地位》《外国法专家意见的司法审查》《智慧财产权之授权及其涉外法问题》《民事关系涉外性认定之研究——从西门子诉黄金置地申请外国仲裁案谈起》《结婚实质要件法律适用的伦理密码及其路径选择》《海峡两岸海上旅客运输合同的冲突法比较》。

"涉外民商事诉讼管辖权之审视"议题下的论文有:《反垄断法域外管辖权的理论反思——基于中美两国最新判例的分析》《台湾跨国并购私法判例之实践——绿点案判决评析》《论美国国际民事诉讼中的商业活动管辖权》《国际私法上不便利法院原则与特别情势原则之辨析——以最高法院104年度台抗字第589号裁定为中心》《大陆地区不方便法院原则实施的困境与出路》《欧洲单一专利法院制度对海峡两岸之启示》《国际民事管辖权中的不方便法院原则——对大陆地区和台湾地区的比较考察》《商业活动管辖依据对两岸民商事管辖权规则的启示》。

"商事仲裁之改革与发展及其他相关问题"议题下的论文有:《中国商事仲裁国际化与本土化:理念冲撞与制度平衡》《论违反一裁终局原则之仲裁协议的效力》《海峡两岸相互认可与执行仲裁裁决制度新探》《国际商事仲裁中的"仲裁常客问题"》《线上争端解决机制:国际法治发展的启示》《海峡两岸合作共促中华文化海外传播研究:以孔子学院与台湾书院合作为视角》《共同家园建设与行政管理中的台湾地区私法问题:兼评〈平潭综合实验区条例〉》。

"两岸民商事司法互助现状与反思"议题下的论文有:《我国大陆与台湾地区民商事判决相互承认与执行之问题与对策》《两岸司法文书送达实务》《中国区际司法协助的实证与反思》《台湾地区认可之大陆地区裁判之效力问题》《台湾地区承认与执行大陆法院民事判决问题研究》《两岸民商事司法互助实务调查》《台湾地区承认与执行外国惩罚性赔偿判决对大陆的启示与借鉴》《中国内地与台湾地区民事送达问题研究》《我国不同区际司法协助模式下的区际送达》。

"法律适用新问题"议题下的论文有:《从儿童权利论跨国拐带子女之防止》《海牙证券公约与中国》《论国际私法与生命伦理法之互动:以跨境代孕为中心》《台湾地区涉大陆民事判决中国际条约适用研究》《论我国台湾地区判决先例的

查明及适用》《跨国公司跨境迁移的法律适用问题》。

2016年11月12日至13日,中国国际私法学会2016年年会在湖南长沙顺利召开。中国外交部条法司司长徐宏、司法部司法协助外事司副司长张晓鸣、最高人民法院国际合作局副局长孙劲分别以"国际法领域新形势及国际私法工作进展""新形势下中国国际民商事司法协助前景展望"及"新时期人民法院的国际司法协助"为题做了大会报告。此次会议讨论的主题包括"《涉外民事关系法律适用法》实施及其反思""涉外民事诉讼制度现状与反思""涉外商事仲裁制度改革与发展""中国区际法律问题""海牙国际私法会议和欧盟国际私法""涉外民商事司法审判与'一带一路'战略实施""国际私法前沿问题研究""外国法查明专题研究""李双元教授国际私法思想研究"。

"《涉外民事关系法律适用法》实施及其反思"主题下的论文有:《2015年中国国际私法司法实践述评》《论三类特殊涉外合同之债准据法制度的转型发展》《跨境代孕亲子关系认定所涉及的若干国际私法问题》《涉外因素与涉外民事关系的界定》《国际海事公约的查明问题研究》《当事人查明外国法不能的困境与救济》《论我国劳动合同冲突法的司法解释》《体系选法论》《论涉外民事法律适用中未成年人权益保护的实现》《我国裁判机构与当事人查明外国法义务立法问题研究》《〈涉外民事关系法律适用法〉实施中存在的问题及反思》《无法查明外国法:认定标准和滥用防控》《论涉外协议离婚的法律适用——以〈法律适用法〉第二十六条为中心》《民用航空器融资合同的法律适用探讨》《论合同债权跨国转让中的法律适用》《〈法律适用法〉实施以来涉外扶养案件法律适用的实证考察》《冲突法正义问题之多维观照》《自然人住所的冲突及法律适用问题辨析——兼评现行立法上的经常居所》《投资合同分割与法院地法之软化》《我国涉外婚姻家庭关系法律适用法实施的思考》《婚姻财产关系冲突规范调整范围》《论直接适用法之理论构建》《初探外国法查明中的专家制度》《论国际私法中的有限意思自治》《我国"外国法查明"责任分配及其适用错误救济的实证研究》《分割法的法理基础重塑》《论结婚实质要件的法律适用——兼评〈涉外民事关系法律适用法〉第21条》《〈涉外民事关系法律适用法〉中有关涉外离婚的问题与反思》《我国涉外继承合同的法律适用问题研究》《我国海事关系法律适用法完善之研究——〈海商法〉第十四章条文修改的必要性及具体建议》《从消费者权益保护谈〈涉外法律关系适用法〉第42条的完善》《涉外民事诉讼中的〈涉外民事关系法律适用法〉实施监督问题研究》《影响〈适用法〉实施的若干因素分析——基于〈适用法〉案例的实证研究》《最密切联系原则法

典化的实证研究——以涉外民间借贷合同纠纷为例》《中国最密切联系原则司法实践适用情况研究》《〈涉外民事关系法律适用法〉中侵权法律适用若干问题》《论意思自治在涉外网络版权侵权领域的适用》《论国际私法中的弱者利益保护原则——以涉外婚姻家庭关系为视角》《国际私法弱者保护原则在中越涉外婚姻中的应用》《跨境旅游合同法律适用的现状与反思》《中国国际私法的适用及其反思——以〈涉外民事关系法律适用法〉为中心展开》《法律适用规则的溯及力问题研究》。

"涉外民商事司法审判与'一带一路'战略实施"主题下的论文有：《"一带一路"战略下平衡保护投资者与东道国权益的法律思考》《"一带一路"战略下域外电子送达的制度构建》《"一带一路"战略实施中的预防性领事保护研究》《浅谈中国与"一带一路"国家间民商事争议解决机制的完善》《"一带一路"战略下中国与欧盟间判决的承认与执行：实践、问题及前景》《"一带一路"文化遗产保护模式的选择与优化》《21世纪海上丝绸之路背景下我国海事仲裁制度的完善》《"一带一路"战略下互惠原则在承认和执行外国法院判决中的适用现状、困境与变革》《一带一路沿线国家外资准入制度比较研究——以中国印度泰国为例》《"一带一路"背景下国际商事仲裁临时措施域外执行的思考》《国际私法视角下的"一带一路"战略》《浅析"一带一路"下我国对外贸易和投资的相关法律问题》。

"涉外民事诉讼制度现状与反思"主题下的论文有：《中国领事认证制度与公文书的全球流动》《跨国民事诉讼中"原告就被告原则"的反思与重构》《中国海事诉讼送达的回顾与展望》《我国涉外民事诉讼程序相关问题的检讨和完善——兼评〈解释〉涉外民事诉讼程序特别规定》《我国涉外诉讼文书送达制度之考问及续造》《涉外协议管辖与不方便法院原则竞合之处理——兼论〈关于适用《民事诉讼法》的解释〉第532条之理解》《不方便法院原则在我国的发展历程与立法完善——兼评2015〈民事诉讼法司法解释〉第532条》《对调解协议效力的比较法分析》《临时救济的时代困境和出路探讨》《论有限承认与执行外国惩罚性赔偿判决的理论基础与实施路径》《集体诉讼判决承认与执行问题研究：欧盟一般性"正当程序"规则的挑战与对中国的启示》《论我国民事诉讼不方便法院原则在〈蒙特利尔公约〉下的适用》《外国惩罚性赔偿判决域外承认与执行的困境与突破——以海牙〈选择法院协议公约〉为视角》《进步还是倒退？——涉外协议管辖的问题与完善》《商业活动管辖依据对完善涉外民商事管辖权规则的启示》《保险事项的国际管辖权中弱者利益保护之思考》《我国涉外民事送达

制度的完善》《论既判力对涉外民事管辖权积极冲突的协调》《论不方便法院原则在我国的立法缺陷及完善——民事诉讼法解释（二）第532条解析》《论网络环境下涉外知识产权侵权诉讼的协议管辖》《现代网络视域下我国涉外民事诉讼制度中的问题与反思》《违反排他性国际民商事管辖协议的损害赔偿规则研究——兼论对中国的利用和借鉴》《对民诉法解释第二百四十七条重复起诉识别标准的反思》《平行诉讼的问题研究——以美国模式为视角》。

"涉外商事仲裁制度改革与发展"主题下的论文有：《国际商事仲裁的自裁管辖权与司法审查之法律分析》《论仲裁裁决执行中社会公共利益的司法审查》《论违反一裁终局原则之仲裁协议的效力》《中国公司约定境外仲裁的案例解析》《论公司集团理论在国际商事仲裁中的适用》《民事关系"涉外性"认定之研究》《合作与竞争理念下的区域国际民事纠纷解决模式之探析》《国际航空仲裁制度研究》《未竟的争鸣：被撤销的国际商事仲裁裁决的承认与执行》《商事仲裁法律国际化论纲》《国际商事仲裁条款独立性依据再论》《形式与同意：论国际体育仲裁协议的强制性》《第三方资助仲裁研究——兼谈制度本土化的潜在问题与建议》《供需关系视阈下我国仲裁机构改革路径》《"非内国裁决"概念之刍议——从境外仲裁机构入驻上海自贸区谈起》《对仲裁案件中律师不当行为的处罚》《境外仲裁机构落地中国的法律问题研究》《〈贸易法委员会关于安排仲裁程序的说明〉修订的主要内容及启示》《第三方资助仲裁研究》《〈中国（上海）自由贸易试验区仲裁规则〉及有关司法意见述评》，以及英文论文"When Local Meets International: Mediation Combined with Arbitration in China and Its Prospective Reform in a Comparative Context"。

"中国区际法律问题"主题下的论文有：《粤港澳合作的法律基础与法律冲突》《ECFA制度化缺失之反思——以〈海峡两岸投资保护和促进协议〉的实施为线索》《粤港相互送达民商事司法文书实践之考察：问题、原因及对策》《内港两地税收安排的法律问题及其完善》《内地法院认可香港离婚判决的裁判分野及标准构建》。

"外国法查明专题研究"主题下的论文有：《人权保护对国际民商事判决承认与执行的影响》《中亚国家国际私法立法初探》《从德国佩希施泰因案看国际体育仲裁院管辖权》《论美国国际民事诉讼中的"商业活动管辖权"》《欧盟TTIP投资争端解决机制草案：挑战与前景》《欧洲人权法在欧盟民事司法合作中的适用》《缅甸对外国投资的法律规制研究——以中资在缅甸电力行业投资为例》《欧盟"投资法庭机制"下裁决的性质及其承认与执行》《论欧盟涉外继承

法律适用规则的新发展：〈欧盟继承条例〉》《欧盟协议管辖例外之平行诉讼规则问题研究》《欧盟关于加强婚姻财产制事项的管辖权》《法律适用以及判决的承认与执行的2016年第1103号条例》《黑山共和国2013年12月23日〈关于国际私法的法律〉》。

"李双元教授国际私法思想研究"主题下的论文有：《李双元老师教给我的学术人生》《李双元国际私法趋同化思想研究》《研精钩深　见微知著——从国际私法定义的研究看李双元先生精品教材的贡献》《崭新的全球化视野——李双元教授国际私法理论述评》《经济全球化与国际私法的变革——李双元教授国际私法思想评析》《改进法科研究生教育研究方法的重要思想理论工具》《国际私法思想的革新与拓展——李双元先生国际私法思想整理与述评》。

"国际私法前沿问题研究"主题下的论文有：《中国法学院国际私法课程案例教学法：朗代尔案例法在中国的移植？》《2005年海牙〈选择法院协议公约〉的最新发展及我国的应对策略》《论海牙〈选择法院协议公约〉的范围和声明条款》《当代国际私法上的一般性例外条款》《全球经济治理中的国际法律意识》《国际私法方法论：在法教义学和社会科学之间》《海外中国公民人身与财产权益保护的理据与策略》《从军用到民用：无人驾驶航空器对民用航空法的挑战》《论国际私法中的"替代问题"》《跨国代孕中亲子关系认定的实践与发展》《论跨国代孕中法定父母身份确定的法律冲突》《跨国代孕的合法性问题研究》《发展中国家待遇适用合理期限仲裁的困境及对策》《从中国边民在缅北因伐木被判刑事件透视缅甸的法治》《中国法律环境下实现涉外对赌目的的可行性路径分析》《论〈海牙国际商事合同法律选择原则〉对意思自治的突破》《〈海牙国际商事合同法律选择原则〉与非国家法的选择：对与错之争》《过境通行制度下国际海峡环境保护的合作》《从一起抚养费纠纷案看借鉴国际立法建立我国的遗产管理人制度的重要性》。

中国国际私法学会各专题研究委员会还在各自的研究领域举办了专门的学术研讨会。

2016年4月16~17日，国际民事诉讼专题研究委员会在武汉大学国际法研究所举办了第二届"大国司法与中国国际民事诉讼法改革"论坛。来自19所高校的国际法学者围绕外国法院判决的承认与执行展开了深入的研讨。

2016年7月9日，涉外婚姻家庭专题研究委员会组织召开的"2016涉外家事法治论坛"在华东政法大学顺利召开，近70位代表参加了此次会议。

2016年7月10日，国际私法前沿问题专题研究委员会组织的"国际私法方法论"学术研讨会在华东政法大学召开,近 30 位来自国内的国际私法学者参加了此次会议。研讨会的主题有"美国限制外国法运动及其方法论的意义""法教义学在国际私法审判实践中的运用""日本国际私法的实用特性和对我国的启示""国际私法方法论的基础和构造""外国法查明的方法论问题""直接适用的法与国际私法方法论"。

2016 年 10 月 29 日,第二届区际冲突法专题研究委员会座谈会在澳门大学法学院举行。近 40 位代表参加了此次会议。座谈会的主题为"区际送达:反思、探索与完善",分议题为"涉外送达的一般理论性问题及相关实践""各法域的涉外及区际送达的一般情况""区际送达合作的理论与实践""现有区际送达安排的进一步完善"。自由讨论环节就两个问题进行了激烈的辩论和探讨,第一个问题为"中国区际送达安排的性质(即强制性、专属性与选择性分析)",第二个问题为"不管安排是何性质,现阶段应如何有效利用、完善已有安排,如何强化已有路径,以及能否在安排中开辟新的送达路径"。

2016 年 11 月 11 日,教学专题研究委员会学术研讨会在中南大学召开。参会者围绕"聚焦案例教学、提升教学效果"这一主题,对国际私法教学中的诸多问题展开了深入的研讨和交流。研讨会深化了与会者对国际私法案例教学方法的认识,凝聚了中国国际私法教学及人才培养的经验和共识。同时,学者还对以 MOOC 为代表的新型教育模式在国际私法教学中的应用进行了探讨。

(二)其他会议

1. 成立"一带一路"司法研究中心

2015 年 7 月 8 日上午,最高人民法院"一带一路"司法研究中心成立仪式暨中国法学会"深入研究党的十八届四中全会精神"重点专项课题座谈会在北京举行。最高人民法院院长周强、中国法学会会长王乐泉出席了仪式并讲话。周强在讲话中指出,"一带一路"建设是党中央主动应对全球形势深刻变化、统筹国内和国际两个大局做出的重大战略部署。"一带一路"建设要求人民法院的审判执行工作做好"一带一路"建设的司法服务和保障工作。具体要加强理论与实践的互动,提升涉外审判工作的水平,提高中国司法的公信力。要搭建与有关部门的沟通交流和信息共享机制。要进一步密切学术界的联系交流,加强对重大理论和司法实践问题的研究,尤其是要加强对司法案例的研究,提炼、总结审判经验,规范、统一裁判尺度,推进理论研究和司法实践。要强化问题意识,针对"一带一路"建设中的具体问题,加强对涉外商事海事审判理论等的研究,不断取得新成果。要加强中心的信息化建设。要密切关注亚洲基础设施投资银行、丝路基金建设等工作的进展和相关国际组织的动态。王乐泉强调，各部门要增强相关理论研究的系统性和实践应用的有效性；发现和培养一批通晓国际法律规则、熟悉"一带一路"沿线国家的法律法规、善于处理涉外法律事务的复合型法律人才，积极参与国际规则的起草、研讨、制定，增强中国在国际法律实务和全球治理方面的话语权；要以发挥研究的导向性、增强对策的针对性、提供成果的转化率为核心，促进调研成果应用转化。

2. 全国海事审判工作会议

2015年12月16日上午，全国海事审判工作会议在山东青岛召开。最高人民法院院长周强出席会议强调，要大力加强海事审判工作，促进建设具有较高国际影响力的国际海事司法中心，为建设海洋强国、实施"一带一路"战略提供有力的司法服务和保障。

周强指出，中国拥有广泛的海洋战略利益。目前，中国已成为世界上设立海事审判机构最多、受理海事案件数量最多的国家，确立了亚太地区海事司法中心的地位。中国要强化国家主权意识，依法对中国管辖海域内的各类海洋开发利用活动行使海事司法管辖权；要坚持严格公正司法，平等保护中外当事人的合法权益，促进形成法治化、国际化、便利化的营商环境；要统一裁判尺度，不断提高审判质效，提升海事审判能力和水平；要逐步确立以民商事案件为主，合理涵盖其他领域的海事案件专门管辖制度，发挥海事法院的专业优势。周强强调，要将我国建设成具有较高国际影响力的国际海事司法中心；要广泛宣传有影响力的案例和重要司法解释，扩大国际影响力；要严格履行国际条约义务，为中外当事人提供司法救济；要广泛参与国际交流与合作，积极参与国际条约和规则谈判的制定，向国际社会推广中国经验、宣示中国标准。

周强强调，要建设海事审判专业信息数据系统；要推进海事法院基层基础建设，促进派出法庭的合理布局；要加强与相关立法、行政和科研机构的交流合作；要探索实行法院与高校、研究机构间的双向交流挂职，积极畅通国际交流渠道，努力培养能够站在国际海事司法理论和实践最前沿的高层次海事审判人员。

3. "一带一路"建设司法保障座谈会

2015年4月2日，最高人民法院召开了"一带一路"建设司法保障座谈会，就"一带一路"建设涉及的法治保障、司法需求、人民法院在"一带一路"建设中的职能作用等重大问题广泛听取了相关部门和专家学者的意见。最高人民法院副院长贺荣出席了会议并讲话。贺荣强调，要把涉外商事海事审判工作置于国际、国内两个大局中谋划，努力满足"一带一路"建设的司法需求；要提高司法的国际化水平，不断提升司法的国际公信力；要突出国际司法合作，力争用司法的共同理念凝聚"一带一路"的法治共识；要坚持问题导向，深入研究解决"一带一路"建设司法保障所涉的具体问题；要进一步坚持和完善各部门以及专家学者共同研讨机制。

第二部分　中国促进国际法治专题研究

第五章
中国与人类命运共同体理念的发展[*]

一　人类命运共同体理念的提出及其内涵

党的十八大报告在谈及"促进人类和平与发展"问题时提出了"人类命运共同体"概念，指出："要倡导人类命运共同体意识，在追求本国利益时兼顾他国合理关切，在谋求本国发展中促进各国共同发展，建立更加平等均衡的新型全球发展伙伴关系，同舟共济，权责共担，增进人类共同利益。"此后，习近平主席又在不同场合对人类命运共同体的内涵进行了阐述，形成了比较完整的主张。

2015年9月，在联合国成立70周年系列峰会上，习近平主席全面阐述了人类命运共同体理念的内涵。他援引《礼记》中孔子的话——"大道之行也，天下为公"，指出国际治理的终极原则和目标在于世界为全人类所共有，进而指出

---

[*] 本章作者：张辉，国家高端智库武汉大学国际法研究所教授，研究方向为海商法、国际经济法。

和平、发展、公平、正义、民主、自由是全人类的共同价值，也是联合国的崇高目标。现在，这些目标远未完成，还需要人类持续努力。为此，习近平主席提出，要建立平等相待、互商互谅的伙伴关系，营造公道正义、共建共享的安全格局，谋求开放创新、包容互惠的发展前景，促进和而不同、兼收并蓄的文明交流，构筑尊崇自然、绿色发展的生态体系，这五个方面形成了构建人类命运共同体的基本路径。

2017年1月17日，习近平主席在联合国日内瓦总部发表了题为"共同构建人类命运共同体"的主旨演讲，进一步阐释了中国对于构建人类命运共同体的观点和主张。习近平主席指出，让和平的薪火代代相传，让发展的动力源源不断，让文明的光芒熠熠生辉，是各国人民的期待，也是当代政治家应有的担当，中国主张通过构建人类命运共同体，实现共赢共享，实现人民的期待。他强调，《联合国宪章》明确的四大宗旨和七项原则，以及60多年前万隆会议倡导的和平共处五项原则等国际关系演变积累形成的一系列公认的原则，应该成为构建人类命运共同体的基本遵循，应在主权平等、沟通协商的基础上推进国际法治和国际关系民主化。

人类命运共同体是一个多维度的概念。从共同体包含的地理区域看，中国在双边、地区、全球层面都提出了构建命运共同体倡议。从共同体涵盖的内容领域看，人类命运共同体理念涵盖政治、安全、发展、文明、生态等多个领域。

二　人类命运共同体理念的中国传统文化渊源

人类命运共同体理念与五千多年的中华文化有着血脉关系，是中国人的古老智慧与深刻洞见的现代发展和体现。中国人的传统观念强调"四海一家"的"天下观"，认为"四海之内皆兄弟"，这种朴素的"国际"秩序观对人类命运共同体理念的建立和发展仍具有情感上的支撑作用。中国人强调天人合一的世界观，追求内外、上下的和谐。而"和"的根本在于"中庸之道"，对中庸的解释是，"不偏之谓中，不易之谓庸"。中庸就是待人接物不偏不倚，是在矛盾中维系和谐，寻求天人合一的理念。但是，中庸并不等于无原则的调和，而是认为"君子和而不同"，"小人同而不和"。中庸强调人与人之间的道德联系及对社会和世界的道德教化，主张从自身做起，完善自我，进而促进家庭、社会、国家和世界的和谐，即"修身、齐家、治国、平天下"。在与他人的关系上，中国古代儒家思想强调"仁者爱人"，推己及人。孟子说，"天时不如地利，地利不如人和"，人和是最重要的条件。因此，中国人历来主张国家与国家之间和睦相处、友好往来，在国家关系中拒绝和排斥使用武力或其他胁迫手段。

在五千多年的文明发展中，中华民族以和为贵；与人为善；己所不欲，勿施于人等理念，对中国人开展对外交往的行为具有深刻的影响。中国人的传统观念中对"和"的追求强调相互尊重、相互理解，追求"各美其美，美人之美，美美与共，天下大同"。其中包含的"和而不同"思想承认事物发展的差异性和多样性，对当代国际关系的发展尤其具有借鉴价值，是人类命运共同体理念的重要来源。应通过当事方之间直接的对话、协商和沟通方式，努力积聚共识，增进理解，化解矛盾，真正践行"和而不同"思想。

中国传统文化中的"和"思想可以成为构建人类命运共同体的重要借鉴，其天人合一的世界观、天下一家的国际观、和而不同的人际观、仁爱友善的道德观等回答了中国与世界相处的基本价值原则，为全球治理变革带来了具有特色的中国风格和中国方案。

三　人类命运共同体理念的宗旨和意义

（一）推动国际秩序和国际体系变革

当今世界正面临历史性变革，国际秩序和格局以及全球治理体系正在发生深刻和复杂的演变。以《联合国宪章》的宗旨和原则为核心的国际秩序应得到维护和进一步完善，国际关系应朝着民主化、法治化、合理化的方向进一步发展。在全球化、多元化、信息化的时代背景下，各国应同舟共济、携手合作，共同走向美好的明天。中国倡导构建人类命运共同体，旨在推动国际秩序和国际体系变革，为人类社会发展进步描绘蓝图。

（二）为中华民族伟大复兴营造良好的外部环境

当今的中国比历史上任何时期都更加走近世界舞台的中央，比以往任何时候都更加接近实现民族复兴的目标。在民族复兴道路上，中国与世界的前途命运紧密地联系在一起。中国倡导并推动人类命运共同体建设，把中国人民的利益同各国人民的共同利益结合起来，体现了中国将自身发展与世界共同发展相统一的负责任姿态，赋予了中华民族伟大复兴更加深刻的世界意义。

（三）增进中国同世界的沟通认知

人类命运共同体理念传承和弘扬"世界大同"等中国优秀的传统思想文化，同时也反映了各国人民追求发展进步的共同愿望以及一些区域和国家建立不同形式共同体的有益经验，既具有鲜明的中国特色，又蕴含全人类的共同价值。这一理念寻求各国建设美好世界的最大公约数，不断增进中外人民之间的思想和心灵沟通，加强中国同世界各国的认知认同。

四 中国对构建人类命运共同体的基本立场和政策选择[①]

（一）坚持维护世界和平

中华文明历来崇尚以和邦国、和而不同、以和为贵。中国的传统思想历来主张慎战、不战。几千年来，和平融入了中华民族的血脉中，刻进了中国人民的基因里。中国即使在强盛到国内生产总值占世界30%的时候，也从未对外侵略扩张。1840年鸦片战争后的100多年里，中国频遭侵略和踩躏之害，饱受战祸和动乱之苦。孔子说，己所不欲，勿施于人。中国人民深信，只有和平安宁才能繁荣发展。中国从一个积贫积弱的国家发展为世界第二大经济体，靠的不是对外军事扩张和殖民掠夺，而是人民勤劳、维护和平。中国将始终不渝地走和平发展道路。无论中国发展到哪一步，中国永不称霸、永不扩张、永不谋求势力范围。历史已经并将继续证明这一点。

（二）积极促进国际社会共同发展

中国的发展得益于国际社会，中国也为全球发展做出了贡献。中国将继续奉行互利共赢的开放战略，将自身的发展机遇同世界各国分享，欢迎各国搭乘中国发展的"顺风车"。1950~2016年，中国累计对外提供援款4000多亿元人民币，今后将继续在力所能及的范围内加大对外帮扶。国际金融危机爆发以来，中国经济增长对世界经济增长的贡献率年均在30%以上。未来五年，中国将进口8万

---

① 习近平：《共同构建人类命运共同体——在联合国日内瓦总部的演讲》，2017年1月18日，人民网，http://politics.people.com.cn/n1/2017/0119/c1001-29033860.html。

亿美元的商品，吸收6000亿美元的外来投资，中国对外投资总额将达到7500亿美元，出境旅游将达到7亿人次。这将为世界各国的发展带来更多的机遇。中国坚持走符合本国国情的发展道路，始终把人民的权利放在首位，不断促进和保护人权。中国解决了13多亿人口的温饱问题，让7亿多人口摆脱了贫困，这是中国对世界人权事业做出的重大贡献。中国提出"一带一路"倡议，就是要实现共赢共享发展。目前，已经有100多个国家和国际组织积极响应支持这一倡议，一大批早期收获项目落地开花。中国支持建设好亚洲基础设施投资银行等新型多边金融机构，为国际社会提供更多的公共产品。

（三）继续打造伙伴关系

中国坚持独立自主的和平外交政策，在和平共处五项原则的基础上同所有国家发展友好合作。中国率先把建立伙伴关系确定为国家间交往的指导原则，同90多个国家和区域组织建立了不同形式的伙伴关系。中国将努力构建总体稳定、均衡发展的大国关系框架，积极同美国发展新型大国关系，同俄罗斯发展全面战略协作伙伴关系，同欧洲发展和平、增长、改革、文明的伙伴关系，同金砖国家发展团结合作的伙伴关系。中国将继续坚持正确义利观，深化同发展中国家的务实合作，实现同呼吸、共命运、齐发展。中国将按照亲诚惠容理念同周边国家深化互利合作，秉持真实亲诚对非政策理念同非洲国家共谋发展，推动中拉全面合作伙伴关系实现新发展。

（四）坚定支持多边主义

多边主义是维护和平、促进发展的有效路径。长期以来，联合国等国际机构做了大量工作，为维护世界总体和平、持续发展的态势做出了有目共睹的贡献。中国是联合国创始成员国之一，是第一个在《联合国宪章》上签字的国家。中国将坚定维护以联合国为核心的国际体系，坚定维护以《联合国宪章》的宗旨和原则为基石的国际关系基本准则，坚定维护联合国的权威和地位，坚定维护联合国在国际事务中的核心作用。中国－联合国和平与发展基金已经正式投入运营，中国将把资金优先用于联合国及日内瓦相关国际机构提出的和平与发展项目。随着中国的持续发展，中国支持多边主义的力度将越来越大。

五 中国践行人类命运共同体理念的国际实践

（一）平等相待、互商互谅的伙伴关系

大国之间相处，要不冲突、不对抗，相互尊重，合作共赢。大国与小国相处，要平等相待，践行正确义利观。在出席博鳌亚洲论坛2013年年会时，习近平主席强调各国应牢固树立"命运共同体"意识。稍后，习近平主席在印度尼西亚国会上发表重要演讲，提出全方位建设"中国-东盟命运共同体"五大举措。在2014年召开的中央外事工作会议上，习近平主席强调要打造"周边命运共同体"。

2015年9月，习近平主席对美国成功进行国事访问，再次确认构建中美新型大国关系的重要共识，把握不断增长的共同利益，管控彼此间的分歧和敏感问题，推动两国关系持续健康稳定发展。

2015年，中俄领导人相互出席对方国家举办的第二次世界大战胜利纪念活动，共同维护国际正义与良知，中俄全面战略协作伙伴关系处于历史最好时期。

2015年10月，习近平主席对英国进行国事访问，双方同意建立面向21世纪全球全面战略伙伴关系，开启中英关系"黄金时代"，为中欧合作注入了新动力。

2015年初，习近平主席与拉美和加勒比国家共同体四国领导人共同出席在北京举行的中拉论坛首届部长级会议。中拉关系全面快速发展，得益于双方对构建中拉命运共同体的愿望更加强烈。此次会议标志着中拉关系进入双方合作与整体合作并行发展、相互促进的新阶段，实现了中国倡导、面向发展中国家的地区多边合作框架全球覆盖。

2015年7月，习近平主席出席在俄罗斯举行的金砖国家领导人第七次会晤。习近平主席在会议发言中呼吁金砖各成员国共同构建维护世界和平、促进共同发展、弘扬多元文明、加强全球治理的"四大伙伴关系"，并就如何强化金砖国家之间的合作提出了具体的建议。

2015年底，习近平主席对津巴布韦、南非进行国事访问并在约翰内斯堡主持中非合作论坛峰会，会上将中非关系提升为全面战略合作伙伴关系。2016年1月，习近平主席对沙特阿拉伯、埃及、伊朗进行国事访问，并访问阿拉伯国家联盟总部。习近平主席在阿拉伯国家联盟面向整个中东发表了重要演讲，提出中国要做中东和平的建设者、发展的推动者、工业化的助推者、稳定的支持者和民心

交融的合作伙伴,并有针对性地提出了促进稳定、创新合作、产能对接、增进友好等四项行动计划。

(二)公道正义、共建共享的安全格局

2014年5月,习近平主席在亚洲相互协作与信任措施会议第四次峰会上发表讲话,倡导树立共同、综合、合作、可持续安全的新观念。共同,就是要尊重和保障每一个国家安全。综合,就是要统筹维护传统领域和非传统领域安全。合作,就是要通过对话合作促进各国和本地区安全。可持续,就是要发展和安全并重以实现持久安全。

中国积极参与伊朗核问题谈判,斡旋南苏丹国内和解,提出政治解决叙利亚问题"四步走"方案,促成阿富汗政府与塔利班首轮和谈,努力为重启朝鲜半岛核问题六方会谈创造条件,为解决全球热点问题提出中国建议。

中国作为联合国安全理事会常任理事国,参加维和行动已经25年,向世界多个热点地区派驻了2700余名维和人员,成为维和行动的主要出兵国和出资国。中国宣布加入新的联合国维和能力待命机制,决定为此组建常备维和警队,并建设8000人规模的维和待命部队。中国还将向非洲联盟提供总额为1亿美元的无偿军事援助,以支持非洲常备军和危机应对快速反应部队建设。

(三)开放创新、包容互惠的发展前景

2016年1月16日,令世人瞩目的亚洲基础设施投资银行(以下简称"亚投行")在北京开业。习近平主席在开业仪式上表示,他坚信亚投行一定能成为专业、高效、廉洁的21世纪新型多边开发银行,成为构建人类命运共同体的新平台,为改善全球经济治理增添新的力量。设立亚投行,支持域内基础设施建设和互联互通,将为亚洲经济增长注入长久动力。

中国还建设性地参与制定《2030年可持续发展议程》,努力将合作共赢、共同发展的理念转化为实际行动。中国设立"南南合作援助基金",首期提供20亿美元,支持发展中国家落实《2030年可持续发展议程》;中国将继续增加对最不发达国家的投资,力争2030年达到120亿美元。中国还宣布开展"6个100"务实项目,在减贫、卫生、农业等领域帮助发展中国家解决实际困难。

2014年,习近平主席在北京雁栖湖畔主持亚太经合组织(APEC)第22次领导人非正式会议,会议取得了丰硕成果,为亚太未来的合作绘就了蓝图。各方

一致同意,将本着互信、包容、合作、共赢精神,构建面向未来的亚太伙伴关系;着力打造发展创新、增长联动、利益融合的开放型亚太经济格局;推动实现共同发展、繁荣和进步的亚太梦。

2016年,二十国集团(G20)领导人杭州峰会制定了《二十国集团落实2030年可持续发展议程行动计划》,其中包含一些高级别原则,例如,重申可持续发展议程具有普遍、变革、不可分割、融合的特性,以及不让任何一个人掉队、在地球上生活的每个人享有尊严、实现以人为中心的可持续发展的重要性。在此行动计划框架中,G20承诺将加强可持续发展政策协调,重申将根据各自国情并充分发挥G20的比较优势,将自身合作与全球落实议程等结合起来,同时承认联合国在全球落实和审议上述议程方面的领导作用。

(四)和而不同、兼收并蓄的文明交流

习近平主席指出:"不同文明凝聚着不同民族的智慧和贡献,没有高低之别,更无优劣之分。文明之间要对话,不要排斥;要交流,不要取代。""要促进不同文明不同发展模式交流对话,在竞争比较中取长补短,在交流互鉴中共同发展。"习近平主席提出的一系列文明交流互鉴主张,成为增进各国人民友谊的桥梁、推动人类社会进步的动力、维护世界和平的纽带。

2015年4月,习近平主席在亚非领导人会议上提出,中国未来五年内将向亚非发展中国家提供10万个培训名额;连续在华举办亚非青年联欢节,共邀请2000名亚非青年来华访问并参加联欢;将成立中国-亚非合作中心,进一步推进亚非各国交流合作。2016年,中国分别举办了中拉文化交流年、中埃文化年、中俄媒体交流年等文化交流活动。

习近平主席在于巴西国会发表的题为《弘扬传统友好 共谱合作新篇》的演讲中明确倡议,国际社会要"建立多边、民主、透明的国际互联网治理体系"。在第二届世界互联网大会上,习近平主席更是明确强调,网络空间是人类共同的活动空间,网络空间的前途命运应由世界各国共同掌握,各国应加强沟通、扩大共识、深化合作,共同构建网络空间命运共同体。习近平主席还就构建网络空间命运共同体提出"五点主张"。

(五)尊崇自然、绿色发展的生态体系

2015年12月12日,气候变化巴黎大会达成了包括《巴黎协定》和相关决定在内的巴黎成果,该日是国际应对气候变化进程中历史性的一天。为了推动巴

黎谈判取得成功，习近平主席就此与有关国家领导人发表联合声明，并在开幕式上系统阐述了加强合作应对气候变化的主张，这为谈判提供了重要的政治指导。在气候变化巴黎大会开幕式上，习近平强调，《巴黎协定》是对建设"人类命运共同体"的推动，他还就未来全球治理模式提出三点主张。中美两国元首于2014年11月在北京、2015年9月在华盛顿发表了两份中美气候变化联合声明。这有力地推动了《巴黎协定》的达成，标志着多边气候外交新时代的到来。中法两国元首于2015年11月发表了气候变化联合声明，为《巴黎协定》最终达成奠定了坚实的基础。在气候变化国际合作方面，多年来，中国政府认真落实气候变化领域南南合作的政策承诺，支持发展中国家特别是最不发达国家、内陆发展中国家、小岛屿发展中国家应对气候变化的挑战。为了加大支持力度，中国宣布设立200亿元人民币的中国气候变化南南合作基金。中国同时积极敦促发达国家承担历史性责任，兑现减排承诺，并帮助发展中国家减缓和适应气候变化。

六 国际社会对人类命运共同体理念的接纳

人类命运共同体概念被提出后，逐渐获得国际社会的理解和接受。

联合国安全理事会2017年3月17日第7902次会议通过了关于阿富汗问题的第2344（2017）号决议。决议中"强调指出，本着合作共赢的精神推动区域合作极为重要，作为有效方式以促进阿富汗和该区域安全、稳定和经济社会发展，构建人类命运共同体"。[①] 这是在联合国体系内第一次明确将人类命运共同体概念写入正式文件，表明国际社会不仅明了这一概念的内涵，而且接纳这一概念所蕴含的精神和价值，承认这一概念在推动国际合作发展中所起的作用。

2017年3月21日，联合国人权理事会第34次会议通过了关于"食物权"的决议，决议指出，"决心为实现国际社会的承诺采取新的步骤，以通过加强国际合作和团结，坚持不懈地作出努力，争取在实现食物权方面取得重大进展，从而建设人类命运共同体"。[②] 同日，联合国人权理事会还通过了"在所有国家实

---

① UN DOC S/RES/2344（2017），http：//www.un.org/en/ga/search/view_doc.asp?symbol=S/RES/2344（2017）.
② Human Rights Council, "The Right to Food", UN DOC A/HRC/34/L.21, https：//documents–dds–ny.un.org/doc/UNDOC/LTD/G17/071/08/PDF/G1707108.pdf? OpenElement.

现经济、社会及文化权利问题"的决议，决议指出，"又回顾《联合国千年宣言》，其中各国国家元首和政府首脑确认，他们决心不遗余力，促进民主和加强法治以及和平、发展及尊重一切国际公认的人权和基本自由，包括发展权；并相信需要做出广泛而持久的努力，来建设人类命运共同体"。①

---

① Human Rights Council, "Question of the Realization in All Countries of Economic, Social and Cultural Rights", UN DOC A/HRC/34/L.4/Rev.1, https：//documents – dds – ny. un. org/doc/UNDOC/LTD/G17/072/08/PDF/G1707208. pdf? OpenElement.

第六章
"一带一路"倡议与提升中国司法的国际公信力*

共建"一带一路"需要良好的国际法治作为保障。这首先需要"一带一路"沿线（岸）国在立法层面通过缔结国际条约、协调国内立法等方式共同打造国际法律共同体，但这通常需要漫长的过程和艰苦的努力。因此，中国司法机关有必要率先在保障和促进"一带一路"建设方面采取一些新的举措。为此，最高人民法院在2015年7月专门制定了《最高人民法院关于人民法院为"一带一路"建设提供司法服务和保障的若干意见》①，这为中国司法参与"一带一路"建设主动发挥作用提出了明确的指导和要求。本章集中探讨中国法院在现有法律框架下如何从理念、制度、方法和文化等方面提升中国司法的国际公信力，切实保障和推动"一带一路"建设，为中国构建对外开放新体制，打造政治互信、经济融合、文化包容的利益共同体、责任共同体和命运共同体提供坚实的法治基础。

一 树立大国司法理念

可以肯定，在今后一个相当长的时期内，有效共建"一带一路"是中国核心利益和战略利益之所在。中国不仅坚持走和平发展道路，更敞开胸怀欢迎各国搭乘中国"快车"、共享发展机遇，同世界各国合作共赢。这种以增进各方相互理解与信任、促进共同发展为目标而独树一帜的外交理念，越来越具有世界影响力。

如何在司法实践中反映或贯彻上述外交理念和政策，让国际社会特别是"一带一路"沿线国相信中国的诚意和选择？中国法院首先必须树立大国司法理念。大国可以是经济大国、政治大国和军事大国，但以上只是大国的"硬实

---

* 本章作者：肖永平。
① 《最高人民法院关于人民法院为"一带一路"建设提供司法服务和保障的若干意见》，《中华人民共和国最高人民法院报》2015年7月8日，第2版。

力"，世界大国还必须是文化大国和制度大国。通过中国法院的司法活动增强中国文化的吸引力、彰显中国制度的优越性是增强上述"软实力"的必然选择。

作为负责任的大国，中国在国际关系中除了可以承担较多的经济责任以外，还有必要承担政治、文化责任以及提供作为国际公共产品的国际制度等。因此，在涉外民商事审判中，中国法院有必要主动淡化司法主权观念，强化平等保护、合作共赢、开放高效的司法理念，为提升中国司法的国际公信力提供指引。

（一）平等保护

在实践中，法官容易偏向保护本国公民和法人的利益，这是各国司法实践的自然倾向。但在经济全球化不断深化的今天，具有共同利益或整体利益的世界各国之间存在着"荣损与共"、利益相连的"连带效应"。因此，法院在审理个案时，要更加注意区分局部利益与整体利益、近期利益与长远利益、一般国家利益与核心利益，要严格贯彻平等保护原则，坚持各类市场主体诉讼地位平等、法律适用平等、法律责任平等。

（二）合作共赢

中国主张以合作共赢为基石构建新型国际关系和国际经济新秩序。在司法层面，要公平合理地解决当事人之间的纠纷，同样有赖于不同国家的司法机关在法律信息提供、送达、调查取证、法院判决和仲裁裁决的相互承认与执行等方面开展高效合作，这样才能促进相关国家间的民商事交往，为本国的对外开放大局奠定良好的法治基础。

（三）开放高效

党的十八大确立的开放发展理念将全方位升级中国的开放型经济。它特别强调主动开放、双向开放、公平开放、全面开放、共赢开放。上述开放理念都要求中国法院在处理个案时，在依法裁判的基础上考量中国在具体领域、具体区域、具体事项上的开放需求，兼顾中国与相关国家的合作水平，注意不同主体、不同层次的利益平衡，秉持开放高效的司法理念，做出公正的裁判。

二　完善公平司法制度

按照上述大国司法理念，建议中国完善以下司法制度。

（一）充分保障外国当事人的诉讼权利

中国在国际民事诉讼方面一直坚持国民待遇原则。但国民待遇并非完全一样的待遇，中国法律对诉讼费用担保、司法救助与诉讼费用减免、诉讼代理等问题做了特殊规定。

1. 诉讼费用担保

对于诉讼费用担保问题，中国经历了一个从要求作为原告的外国人提供担保到互惠条件下免除诉讼费用担保的转变过程。目前，中国已经就诉讼费用担保的免除与18个国家达成了一致①。为了推动"一带一路"建设，建议中国积极与"一带一路"沿线国就诉讼费用担保的免除达成协议，或者主动先免除诉讼费用担保。

2. 司法救助与诉讼费用减免

在实践中，基于条约或对等原则，外国人原则上可以在中国享有诉讼费减、缓、免等司法救助权利。目前，中国与14个国家的民商事司法协助条约明确约定了司法救助②，中国已就诉讼费用减免问题同24个国家达成了协议③。同样的道理，中国也可以积极与"一带一路"沿线国就诉讼费用减免达成协议，或者主动在个案中减免诉讼费用。

3. 诉讼代理

在中国，涉外民事诉讼中的外籍当事人可以委托本国人为诉讼代理人，也可以委托本国律师以非律师身份担任诉讼代理人。④ 他们在人民法院起诉、应诉，需要委托律师代理诉讼的，必须委托中华人民共和国的律师。⑤

此外，中国还是1961年《维也纳外交关系公约》和1963年《维也纳领事关系公约》的缔约国，外国人所属国的外交代表和领事官员可以依据公约和中

---

① 这18个国家分别是法国、意大利、西班牙、保加利亚、匈牙利、摩洛哥、新加坡、突尼斯、韩国、波兰、罗马尼亚、俄罗斯、土耳其、古巴、希腊、吉尔吉斯斯坦、塔吉克斯坦、乌兹别克斯坦。
② 这14个国家分别是意大利、保加利亚、泰国、摩洛哥、突尼斯、韩国、土耳其、埃及、希腊、塞浦路斯、越南、老挝、立陶宛、朝鲜。
③ 这24个国家分别是意大利、保加利亚、泰国、匈牙利、摩洛哥、阿联酋、波兰、蒙古、罗马尼亚、俄罗斯、土耳其、乌克兰、白俄罗斯、哈萨克斯坦、埃及、希腊、塞浦路斯、吉尔吉斯斯坦、塔吉克斯坦、乌兹别克斯坦、越南、老挝、立陶宛、朝鲜。
④ 《最高人民法院关于适用〈中华人民共和国民事诉讼法〉的解释》第528条。
⑤ 《中华人民共和国民事诉讼法》第263条。

国与有关国家签订的双边领事条约在中国法院代理其派遣国国民的诉讼，以保护其派遣国国民的合法权益。

根据共建"一带一路"的需要，中国法院可以接受外国公民申请旁听案件的庭审，为外国公民旁听案件提供便利条件，也可以积极邀请沿线各国驻华使节、国际合作交流人员旁听典型案件的庭审，回应国际社会的关切。

（二）适当缩小专属管辖的范围

中国的专属管辖主要规定在民事诉讼法第33条和第266条。[①] 比较中国的上述规定与国际上的一般做法可以发现，《中华人民共和国民事诉讼法》第266条规定的专属管辖是中国特有的，在其他国家的立法和国际条约中找不到类似的规定。这种规定早已受到中国理论界的质疑。今天，中国倡导"一带一路"建设，必将有大量的对外投资，如果中国仍然坚持上述规定，便没有充分的理由对中国的对外投资行使管辖权。

因此，建议中国只保留国际社会通行的"不动产争议由不动产所在地法院专属管辖"和"以法人的有效、无效、解散，或其机构决定的有效、无效为标的的诉讼，由法人所在地法院专属管辖"的规定。这样规定既可以保障中国对这类纠纷行使管辖权，又没有表现出对内国利益的片面保护，还符合国际社会的一般做法。由于上述三类合同通常都要涉及土地、厂房或经营场所等不动产，而且在中国履行的中外合资经营企业合同、中外合作经营企业合同，基本上都要在中国成立法人企业，因此，上述两条专属管辖的规定足以保证因《中华人民共和国民事诉讼法》第266条发生的纠纷由中国法院管辖。[②]

（三）妥善解决平行诉讼问题

《中华人民共和国民事诉讼法》对该问题并未做出明确规定，但2015年《最高人民法院关于适用〈中华人民共和国民事诉讼法〉的解释》（以下简称

---

① 《中华人民共和国民事诉讼法》第33条规定下列案件应当由中国法院管辖："（1）因不动产纠纷提起的诉讼，由不动产所在地人民法院管辖；（2）因港口作业中发生纠纷提起的诉讼，由港口所在地人民法院管辖；（3）因继承遗产纠纷提起的诉讼，由被继承人死亡时住所地或者主要遗产所在地人民法院管辖。"《中华人民共和国民事诉讼法》第266条规定："因在中华人民共和国履行中外合资经营企业合同、中外合作经营企业合同、中外合作勘探开发自然资源合同发生纠纷提起的诉讼，由中华人民共和国人民法院管辖。"

② 何其生：《论我国投资合同专属管辖权》，转引自《珞珈法学论坛·第6卷》，武汉大学出版社，2007，第207~221页。

《民诉法司法解释》)第533条对此做了规定。①此外，为了保护中国公民的合法权益，《民诉法司法解释》第15条还对离婚诉讼中的平行诉讼问题专门做了规定。②

《最高人民法院关于人民法院为"一带一路"建设提供司法服务和保障的若干意见》特别强调了涉外民商事审判在"一带一路"建设中的重要性，关于对国际司法管辖权的行使，强调充分尊重"一带一路"建设中外市场主体协议选择司法管辖的权利，通过与沿线各国友好协商及深入开展司法合作，减少涉外司法管辖的国际冲突，妥善解决国际上的平行诉讼问题。

上述文件建议中国对来自"一带一路"沿线国法院的平行诉讼，按照一定的条件裁定中止诉讼，再根据诉讼的发展情况决定恢复诉讼还是终结诉讼。③

三 创新和谐司法方法

在当前中国大力推进"一带一路"建设的背景下，中国法院在审理涉外民商事案件时可以在以下几个方面创新和谐司法方法。

(一)积极适用"不方便法院"原则

虽然中国立法并没有规定不方便法院原则，但在实践中，在最高人民法院早期的司法解释性文件的肯定下，中国法院在不少案件中适用了不方便法院原则。④ 通

---

① 《最高人民法院关于适用〈中华人民共和国民事诉讼法〉的解释》第533条规定："中华人民共和国法院和外国法院都有管辖权的案件，一方当事人向外国法院起诉，而另一方当事人向中华人民共和国法院起诉的，人民法院可予受理。判决后，外国法院申请或者当事人请求人民法院承认和执行外国法院对本案作出的判决、裁定的，不予准许；但双方共同缔结或者参加的国际条约另有规定的除外。"

② 《最高人民法院关于适用〈中华人民共和国民事诉讼法〉的解释》第15条规定："中国公民一方居住在国外，一方居住在国内，不论哪一方向人民法院提起离婚诉讼，国内一方住所地人民法院都有权管辖。国外一方在居住国法院起诉，国内一方向人民法院起诉的，受诉人民法院有权管辖。"

③ 参见《最高人民法院关于人民法院为"一带一路"建设提供司法服务和保障的若干意见》第5段。

④ 典型案例有大浩化工株式会社与宇岩涂料株式会社、内奥特钢株式会社买卖合同纠纷案，捷腾电子有限公司与时毅电子有限公司买卖合同纠纷案。

过总结上述实践，《民诉法司法解释》第 532 条对此做出了明确规定。①

适用不方便法院原则是对中国法院管辖权的自我抑制，有利于防止原告挑选法院，体现了国际司法的礼让精神，也符合中国民事诉讼法规定的便于当事人诉讼和便于人民法院行使审判权的两便原则。这一原则本来应该给予法官充分的自由裁量权，但上述司法解释似乎过于僵硬，如不适用于中华人民共和国国家、公民、法人或者其他组织的案件，直接驳回原告的起诉，而非中止诉讼。建议对于涉及"一带一路"沿线国的诉讼，中国法院可在上述两个方面有所突破。

（二）主动确认存在互惠关系

对于外国法院的判决，中国民事诉讼法明确规定，在没有国际条约的情况下，也可以根据互惠原则加以承认与执行。但在实践中如何认定互惠关系是否存在，中国法院一直要求"事实上的互惠"，即外国法院客观上已有承认与执行中国法院判决的先例。②

按照这种做法，如果外国也因此对中国法院的判决采取对等立场，那中国法院的判决就难以依据互惠原则得到外国法院的承认或执行。这种做法显然与中国推进"一带一路"倡议的要求格格不入。其直接后果是互惠原则演变成单纯的国家利益博弈工具，并成为拒绝外国法院判决效力的有效手段。因此，《最高人民法院关于人民法院为"一带一路"建设提供司法服务和保障的若干意见》明确指出："要在沿线一些国家尚未与我国缔结司法协助协定的情况下，根据国际司法合作交流意向、对方国家承诺将给予我国司法互惠等情况，可以考虑由我国法院先行给予对方国家当事人司法协助，积极促成形成互惠关系，积极倡导并逐

---

① 《最高人民法院关于适用〈中华人民共和国民事诉讼法〉的解释》第 532 条明确规定："涉外民事案件同时符合下列情形的，人民法院可以裁定驳回原告的起诉，告知其向更方便的外国法院提起诉讼：（一）被告提出案件应由更方便外国法院管辖的请求，或者提出管辖异议；（二）当事人之间不存在选择中华人民共和国法院管辖的协议；（三）案件不属于中华人民共和国法院专属管辖；（四）案件不涉及中华人民共和国国家、公民、法人或者其他组织的利益；（五）案件争议的主要事实不是发生在中华人民共和国境内，且案件不适用中华人民共和国法律，人民法院审理案件在认定事实和适用法律方面存在重大困难；（六）外国法院对案件享有管辖权，且审理该案件更加方便。"
② 例如，在日本国民五味晃申请承认和执行日本法院做出的生效债务判决，俄罗斯国家交响乐团、阿特матовой有限责任公司申请承认英国高等法院的判决，弗拉西动力发动机有限公司申请承认和执行澳大利亚法院的判决等案件中，最高人民法院均以中国与相关外国之间没有缔结或者参加相互承认和执行法院民事判决、裁定的国际条约，亦未建立相应的互惠关系为由，拒绝承认和执行。

步扩大国际司法协助范围。"

笔者以为,上述意见还不彻底,如果对方国家的立法并不要求互惠,中国则无须对方的"承诺"或"合作交流意向",即可主动确认互惠关系的存在。在这个问题上,德国柏林高等法院10年前在承认中国无锡市中级人民法院的判决时所做的分析很有启示。① 在共建"一带一路"的大背景下,中国应该自信"一带一路"沿线国"是有可能跟进的"。

(三)依法准确全面适用国际条约和国际惯例

中国的立法和司法一直非常重视国际条约和国际惯例的适用。要为"一带一路"建设提供良好的司法保障,适用国际条约和国际惯例必须首先坚持两个原则:国际性和统一性。②

对于国际条约的适用,中国首先采取直接优先适用规则。值得注意的是,国际条约的直接适用和优先适用必须以某一具体案件中的争诉问题属于该国际条约的适用范围为前提,如双方当事人所属国均是该国际条约的缔约国。如果中国不是某一国际条约的缔约国,或者具体案件中的外方当事人所属国或营业地所属国不是某一国际条约的缔约国,那么该国际条约就不能在中国得到直接适用,更不能优先适用。但是,如果双方当事人在签订合同时或在发生争议以后,共同选择适用某一国际条约,那么只要这种选择符合下列条件,该国际条约也可以得到适用:第一,当事人的选择是共同的明示选择;第二,具体案件的争讼问题属于该国际条约调整的范围;第三,当事人的选择不违反中国法律中的强制性规则和公共秩序;第四,被当事人选择的条约应该是国际统一实体法条约,一般不包括统一程序法条约和统一冲突法条约。

而对于中国法律适用国际惯例,要注意处理好国际惯例和国内法的关系。首先,在法律适用方面,现有的成文国内法和中国缔结或参加的国际条约的规定优于国际惯例的适用。③ 其次,在法律效力方面,国际惯例处于同外国法同等、并列的地位,与根据冲突规范援引的外国法的效力相同。国际惯例的效力低于国际条约,但高于国家政策。国际惯例同国际条约、国内法和外国法

---

① 马琳:《析德国法院承认中国法院民商事判决第一案》,《法商研究》2007年第4期,第150~155页。
② 李双元主编《中国与国际私法统一化进程》,武汉大学出版社,1998,第313~320页。
③ 值得注意的是,当国际惯例依当事人的意思自治适用于案件时,其效力低于国内法中的强制性规范,但高于国内法中的任意性规范。

一样,可以作为冲突规范的直接或间接指引对象。最后,按照中国法律规定的合同当事人意思自治原则,当事人可以选择适用实体规范性质的国际商事惯例。

此外,为了满足共建"一带一路"的战略需求,对于那些既没有多边和双边国际条约又没有国内法可供适用的案件,应该允许法院把在国际上具有广泛影响力的国际条约(不论中国是否参加)作为国际惯例加以适用,以便及时、公平、合理地解决个案。

(四)充分发挥指导性案例的作用

随着"一带一路"倡议的推进,中国企业"走出去"、中国海洋权益保护、自由贸易区建设、边境贸易与区域经济合作等新情况和新需求必将产生新的法律问题。另外,中国在全面深化改革时期出台的改革措施必将对涉外商事海事审判产生影响。[①]

审理以上新型案件,除了可以适时出台或修改司法解释、指导性意见以外,还需要特别加强案例指导工作,及时收集整理中国法院关于涉外案件的代表性案例,系统发布那些没有条约可供适用的判决、适用法律正确、说理充分的判决和具有一定创新性的判决,以指导各级法院在审理涉外案件时充分考虑共建"一带一路"的战略需求,与司法解释相互配合,为中国法院开拓办案思路、衡量价值判断和统一裁判标准提供具体的指引。

因此,对于涉及"一带一路"的案件,如果没有具体的国际法和国内法规则可以适用,建议允许法院引用最高人民法院发布的指导性案例做出裁判,以最大限度地发挥中国法院在"一带一路"建设中的司法保障功能。

四 弘扬包容司法文化

中华文化的包容性体现为求同存异和兼收并蓄。这种包容文化对顺利、有效地推进"一带一路"建设同样重要,体现在司法方面,可以着重从以下两个方面入手。

[①] 《最高人民法院关于全面推进涉外商事海事审判精品战略为构建开放型经济体制和建设海洋强国提供有力司法保障的意见》(法〔2015〕205号)。

中国促进国际法治报告（2016年）

（一）支持发展多元纠纷解决机制

首先，充分尊重当事人根据"一带一路"沿线各国的政治、法律、文化、宗教等因素做出的自愿选择，支持中外当事人通过调解、仲裁等非诉讼方式解决纠纷。①

其次，依法加强沿线国家当事人的仲裁裁决司法审查工作，促进国际商事海事仲裁在"一带一路"建设中发挥重要作用。正确理解和适用《承认及执行外国仲裁裁决公约》，依法及时承认和执行与"一带一路"建设相关的外国商事海事仲裁裁决，推动与尚未参加《纽约公约》的沿线国家之间相互承认和执行仲裁裁决。②

最后，建立涉外商事仲裁案件集中审查机制。为了适应中国民事诉讼法修订后国内仲裁裁决与涉外仲裁裁决的司法审查标准逐步趋同的新形势，发挥涉外商事审判庭长期办理仲裁司法审查案件的专业优势，应当将国内外仲裁司法审查案件统一归口到涉外商事审判庭审理。③

（二）尽量查明并正确适用外国法律

根据《中华人民共和国涉外民事关系法律适用法》第10条第1款的规定④，除了当事人选择适用外国法以外，中国法院还负有查明外国法内容的主要责任。⑤ 至于查明外国法的具体途径和方法，则规定在最高人民法院发布的《最高人民法院关于适用〈中华人民共和国涉外民事关系法律适用法〉若干问题的解释（一）》（以下简称《〈涉外民事关系法律适用法〉若干问题的解释（一）》）第17条和第18条中。中国与其他国家签订的双边司法协助条约大都规定了要相互提供法律信息。这种制度安排为中国法院尽量利用多种途径查明外国法提供了

---

① 参见《最高人民法院关于人民法院为"一带一路"建设提供司法服务和保障的若干意见》第11段。
② 参见《最高人民法院关于人民法院为"一带一路"建设提供司法服务和保障的若干意见》第8段。
③ 《最高人民法院关于全面推进涉外商事海事审判精品战略为构建开放型经济体制和建设海洋强国提供有力司法保障的意见》第25段。
④ 《中华人民共和国涉外民事关系法律适用法》第10条第1款规定："涉外民事关系适用的外国法律，由人民法院、仲裁机构或者行政机关查明。当事人选择适用外国法律的，应当提供该国法律。"
⑤ 韩德培主编《国际私法》（第三版），高等教育出版社，2014，第153~154页。

条件。①

如果外国法无法查明或者没有相关规定，就直接适用中国法。② 至于怎样确定"外国法不能查明"，规定在《〈涉外民事关系法律适用法〉若干问题的解释（一）》第17条中。③

考虑到"一带一路"建设的需求，有必要"尽量"查明和适用外国法。因此，针对上述对立法和司法解释的理解和适用，本文提出如下建议。

第一，关于"当事人选择适用外国法律的，应当提供该国法律"的规定，这并不意味着法官没有查明外国法的责任，只是表明当事人负有主要责任，法官仍有次要责任。因此，对上述《〈涉外民事关系法律适用法〉若干问题的解释（一）》第17条第2款不能绝对理解为：只要当事人不提供外国法律，就认定为外国法不能查明。恰恰相反，如果法官客观上知道外国法的内容，或者通过一定途径可以比较方便地查明外国法的内容，则法官有权也有必要确定该外国法的内容，并依据该外国法做出裁判。

第二，《〈涉外民事关系法律适用法〉若干问题的解释（一）》第17条第1款列举的三条途径不是排除性清单，法院还可以通过其他合适的方法查明外国法。例如，可以根据当事人之间的协议（agreement）或者承认（admission）确认外国法的内容，当然，它本身不构成决定性的证据，如果有其他更充分、更好的证据，根据最好证据规则（the best evident rule），法院可以根据其他证据认定外国法的内容。不过，如果这种协议构成合同不可分割的一部分，那么除非有合同无效的情形，否则法院应该据此确定外国法的内容。④

第三，积极拓展外国法的查明途径，加强与国内外法学科研机构的联系，建

---

① 《最高人民法院关于适用〈中华人民共和国涉外民事关系法律适用法〉若干问题的解释（一）》第17条和第18条规定，人民法院可以通过当事人提供、中外法律专家提供、对中华人民共和国生效的国际条约规定的途径查明外国法。人民法院应当听取各方当事人对应当适用的外国法律的内容及其理解与适用的意见，当事人对该外国法律的内容及其理解与适用均无异议的，人民法院可以予以确认；当事人有异议的，由人民法院审查认定。
② 《中华人民共和国涉外民事关系法律适用法》第10条第2款。
③ 《最高人民法院关于适用〈中华人民共和国涉外民事关系法律适用法〉若干问题的解释（一）》第17条规定："人民法院通过由当事人提供、已对中华人民共和国生效的国际条约规定的途径、中外法律专家提供等合理途径仍不能获得外国法律的，可以认定为不能查明外国法律。根据涉外民事关系法律适用法第十条第一款的规定，当事人应当提供外国法律，其在人民法院指定的合理期限内无正当理由未提供该外国法律的，可以认定为不能查明外国法律。"
④ 肖永平：《法理学视野下的冲突法》，高等教育出版社，2008，第228页。

立外国法查明基地和研究中心。事实上,最高人民法院已经开展了这方面的工作,其已在中国政法大学、西南政法大学和深圳市前海建立有关港澳台和外国法律查明基地与研究中心。① 建议建立国家级的外国法查明中心,重点研究"一带一路"沿线国的法律制度,进行长期和稳定的投入建设。

五 结论与建议

中国倡议共建"一带一路",致力于亚欧非大陆及附近海洋的互联互通,建立和加强沿线各国互联互通伙伴关系,构建全方位、多层次、复合型的互联互通网络,实现沿线各国多元、自主、平衡、可持续的发展。要实现上述目的,不仅需要沿线各国共同打造适应"一带一路"建设的国际法治,更需要沿线各国加强国内法治建设,营造公平、公正的国内法治环境。其中,司法发挥着不可或缺的重要作用。作为"一带一路"的倡议国,中国应该也愿意承担更多的责任和义务,包括通过司法营造公平、公正的市场环境。在现阶段,提升中国司法的国际公信力是关键的一环。为此目的,本文提出如下建议。

第一,树立大国司法理念,即主动淡化司法主权观念,强化平等保护、合作共赢、开放高效的司法理念,为提升中国司法的国际公信力提供指引。

第二,完善公平司法制度,包括充分保障外国当事人的诉讼权利、适当缩小专属管辖的范围、妥善解决平行诉讼问题,为提升中国司法的国际公信力夯实基础。

第三,创新和谐司法方法,包括积极适用"不方便法院"原则、主动确认存在互惠关系、依法准确全面适用国际条约和国际惯例、充分发挥指导性案例的作用,为提升中国司法的国际公信力提供保障。

第四,弘扬包容司法文化,包括支持发展多元纠纷解决机制、尽量查明并正确适用外国法律,为提升中国司法的国际公信力提供支撑。

---

① 贺荣:《论中国司法参与国际经济规则的制定》,《国际法研究》2016年第1期,第12页。

第七章
南海仲裁案所涉历史性权利问题的国际法批判[***]

2016年7月12日，南海仲裁案仲裁庭发布最终裁决。其中，对于历史性权利诉求的有关管辖权问题，仲裁庭认为，中国在南海的历史性权利主张[①]不是所谓"历史性所有权"主张，因而不适用《联合国海洋法公约》第298条，它对有关南海海洋权利主张渊源和《联合国海洋法公约》与历史性权利相互关系的争议具有管辖权。对于历史性权利诉求的有关实体问题，仲裁庭认为：法律上，《联合国海洋法公约》已经替代了公约生效以前存在的其他权利；事实上，中国在南海享有的只是公海自由，而不是中国所主张的对生物和非生物资源的非主权性历史性权利。仲裁庭由此裁定，中国对南海断续线内海洋区域的资源主张历史性权利没有法律依据。本文认为，仲裁庭的裁决是非法、无效的，因为其事实认定和法律适用存在问题，既不符合国际法的理论与实践，又缺乏权威性和公正性。

一 仲裁庭对有关历史性权利诉求的主要裁决

菲律宾的第一项和第二项诉求要请仲裁庭裁决：①中国在南海的历史性权利

---

[*] 本章作者：雷筱璐，武汉大学中国边界与海洋研究院讲师、国家领土主权与海洋权益协同创新中心研究人员；余敏友，国家高端智库武汉大学国际法研究所教授，武汉大学中国边界与海洋研究院、国际问题研究院院长，教育部"2011计划"国家领土主权与海洋权益协同创新中心副主任。

[**] 本文为国家社会科学基金重点项目（项目编号：11AZD115）阶段性成果之一。

[①] 中国从未明确历史性权利主张的准确范围，2016年7月12日《中华人民共和国政府关于在南海的领土主权和海洋权益的声明》（以下简称"2016年7月12日《声明》"）中的表述为"中国在南海拥有历史性权利"。而菲律宾在其诉求中将中国主张的历史性权利与南海断续线相联系，并妄图借否定历史性权利全盘否认南海断续线。仲裁庭在本案中也采取了这种做法。因此，本文在论及和驳斥菲律宾与仲裁庭的观点时，尊重仲裁庭和菲律宾在其文书中的具体表述，在强调其将中国在南海的历史性权利与南海断续线相联系时，采用"中国在南海断续线内的历史性权利"的表述；在正面阐述中国的观点时，援引2016年7月12日《声明》中的表述。

不能超出《联合国海洋法公约》明确允许的范围；②中国在南海断续线内海域的主权权利、管辖权和历史性权利与《联合国海洋法公约》不符，超出了《联合国海洋法公约》的主张，没有法律效力。仲裁庭 2015 年 10 月 29 日在《管辖权和可受理性裁决》中，将上述两项诉求中的争端推定为关于南海海洋权利渊源和中国主张的历史性权利与《联合国海洋法公约》相互关系的争议，并认为它与主权和海洋划界争议无关，"明显"是一个有关《联合国海洋法公约》解释和适用的问题。① 在 2016 年 7 月 12 日《〈联合国海洋法公约〉附件七项下仲裁庭对菲律宾共和国与中华人民共和国关于南海仲裁的裁决》中，仲裁庭认定，虽然中国没有澄清其历史性权利主张的性质，但从中国的一系列行为来看，其历史性权利主张是对"九段线"内生物和非生物资源主张权利，不认为这些水域构成其领海或内水②，因而是一种非主权性历史性权利。《联合国海洋法公约》第 298 条中的"历史性所有权"仅指"对陆地或海洋的历史性主权"。③ 因此，仲裁庭对上述争议具有管辖权。

对于实体问题，仲裁庭认为，《联合国海洋法公约》已经明确它与在它之前已形成的其他权利之间的关系，第 311 条有关《联合国海洋法公约》同其他条约关系的规则同样适用于历史性权利。④ 从《联合国海洋法公约》有关专属经济区和大陆架的条文来看，其间包括上述海域的历史性权利。⑤ 从《联合国海洋法公约》的缔约史来看，在设立专属经济区制度时，包括中国在内的大部分国家都不赞成对历史性捕鱼权做出安排。⑥ 从《联合国海洋法公约》第 309 条有关禁止保留的规定来看，历史性权利不能被视为《联合国海洋法公约》未明确允许保留而受保护的权利。⑦ 在分析了有关国际司法和仲裁实践后，仲裁庭认为，只有"缅因湾案"才是可以参照的先例。仲裁庭通过上述分析认为，《联合国海洋法公约》已经替代并包含了在其之前产生的全部权利，中国在《联合国海洋法

---

① The South China Sea Arbitration (The Republic of Philippines v. The People's Republic of China), Award on Jurisdiction and Admissibility, 29 October 2015, PCA Case N° 2013 - 19, paras. 163 - 168. (hereinafter "Award on Jurisdiction")
② The South China Sea Arbitration (The Republic of Philippines v. The People's Republic of China), Award, 12 July 2016, para. 214. (hereinafter "Award of 12 July 2016")
③ Award of 12 July 2016, para. 225.
④ Award of 12 July 2016, para. 235.
⑤ Award of 12 July 2016, paras. 240 - 247.
⑥ Award of 12 July 2016, paras. 250 - 252.
⑦ Award of 12 July 2016, paras. 253 - 254.

公约》赋权之外的历史性权利主张因违反公约而无效。仲裁庭还表示，虽然中国主张其享有"历史性权利"，但从中国行使权利的行为来看，中国在南海断续线内的权利行使仅仅是在《联合国海洋法公约》生效前为公海而在公约生效后为南海沿海国的专属经济区或大陆架的水域内，因此，中国的这些行为只能构成对"公海自由"的行使，而不是历史性权利。① 中国不能在《联合国海洋法公约》生效后仅以单方面宣示就确立其在南海断续线内的历史性权利，况且中国的单方面宣示还遭到了其他国家的明确反对。② 仲裁庭认为，中国从未在南海享有所谓历史性权利，但也强调其裁决不影响中国对南海有关岛礁的历史性权利主张。

菲律宾第一项和第二项诉求涉及中国历史性权利主张的性质、争端定性与管辖权问题、历史性权利与《联合国海洋法公约》的关系以及中国历史性权利主张是否成立等问题，仲裁庭的上述裁决从法律适用到推理都存在重大瑕疵。

二 关于中国历史性权利主张的认定及对有关管辖权问题的裁决

仲裁庭对中国历史性权利主张的认定包括两个具体的问题，第一个是中国在南海是否有超出《联合国海洋法公约》的历史性权利主张，这是仲裁庭关于菲律宾第一项和第二项诉求中争议定性的事实依据，具体体现在《管辖权和可受理性裁决》中；第二个是中国历史性权利主张是否为主权性历史性权利主张，这是仲裁庭考虑《联合国海洋法公约》第298条第（1）（a）（i）项是否可在本案中适用的前提与基础。鉴于中国并未明确其在南海历史性权利主张的内容、性质和范围，对本案也一直采取"不接受、不参与"的原则立场，因此，与《管辖权和可受理性裁决》一样，仲裁庭在《〈联合国海洋法公约〉附件七项下仲裁庭对菲律宾共和国与中华人民共和国关于南海仲裁的裁决》中也只能基于中国的有关行为对中国历史性权利主张的上述问题进行推测。

（一）仲裁庭臆断历史性权利主张的性质

在《管辖权和可受理性裁决》中，仲裁庭认为，中菲之间存在有关南海海洋权利主张渊源的争议。仲裁庭对争议进行定性需要依赖一个显而易见的事实，

---

① Award of 12 July 2016, paras. 270 – 271.
② Award of 12 July 2016, para. 275.

中国促进国际法治报告（2016年）

即在本案中，在中国根据《联合国海洋法公约》可主张的海域和南海断续线之间，确实存在完全建立在"历史性权利"基础上的海域。菲律宾仲裁诉求的基础是，它主张中国在南海的海洋权利不能超出少数几个高潮高地的领海之外。在《管辖权和可受理性裁决》中，仲裁庭既没有考虑中国的有关主张，也没有谨慎测量和计算中国明确主张的专属经济区和大陆架的范围是否包含中菲之间的南海断续线内海域，而是主观臆断中国在南海断续线内的海洋权利主张超出了《联合国海洋法公约》确定的国家管辖海域范围，并将其作为后续裁判所倚赖的事实依据。这不仅使仲裁庭其后关于争议真实存在的判断及其以此为基础对有关实体问题的裁决成为无本之木，而且实际上先入为主地暗示中国依据《联合国海洋法公约》所拥有的海洋权利不能覆盖南海断续线的范围，隐含中国不能将中沙群岛、南沙群岛作为整体主张专属经济区和大陆架。基于这种错误的事实认定，仲裁庭认为，有关南海海洋权利主张基础渊源的争议和历史性权利与《联合国海洋法公约》相互关系的争议与领土主权与海洋划界无关，而是与《联合国海洋法公约》的解释和适用相关的问题。鉴于仲裁庭的管辖权取决于中国在南海断续线内历史性权利主张的性质，因此，仲裁庭对有关诉求的管辖权应与实体问题合并审理。

《〈联合国海洋法公约〉附件七项下仲裁庭对菲律宾共和国与中华人民共和国关于南海仲裁的裁决》对历史性权利诉求管辖权的裁决正是这一思路的继续。它主要是为了完善《管辖权和可受理性裁决》中有关历史性权利诉求管辖权问题的裁决，先假设中国在南海断续线内历史性权利主张的性质，而后再讨论《联合国海洋法公约》第298条中的排除性事项适用性问题。在《〈联合国海洋法公约〉附件七项下仲裁庭对菲律宾共和国与中华人民共和国关于南海仲裁的裁决》中，仲裁庭认为中国没有澄清南海断续线和历史性权利主张，因而需要从中国的行为来判断中国历史性权利主张的性质。仲裁庭分析了2012年中国海洋石油总公司（以下简称"中海油"）在断续线西侧的石油招标公告、2011年菲律宾在万安滩发布石油招标公告后中国的回应、2012年中国农业部渔业局南海分局发布的休渔令、中国对南海航行自由问题的立场以及中国颁布的西沙群岛和海南岛基线等，认为中国的历史性权利主张仅仅是针对南海断续线内海域生物与非生物资源的主权权利和管辖权，而不认为这些水域构成中国的领海或内水。①仲裁庭的这一推论十分武断，毫无说服力。

---

① Award of 12 July 2016, para. 214.

仲裁庭不能确定中国对南海断续线内资源的主张是超出《联合国海洋法公约》的历史性权利主张。仲裁庭认为中国2012年的休渔令表明中国对南海断续线内的渔业资源主张历史性权利,这是仲裁庭牵强附会。正如仲裁庭所言,如果黄岩岛可主张专属经济区,那么休渔令所提及的海域被覆盖,从而休渔令所覆盖的海域完全可以理解为基于《联合国海洋法公约》赋权的海域。仲裁庭仍然认为,考虑到中国经常提及历史性权利以及此前关于石油招标许可的争议,中国对南海断续线内的渔业资源主张了历史性权利。即便按照仲裁庭的推理,仍不能确认中国这种对渔业资源的历史性权利主张是超出《联合国海洋法公约》的,相反,它很有可能与中国对黄岩岛的专属经济区主张重合。

仲裁庭的结论建立在中国在南海断续线内所有海域的历史性权利主张完全相同的假设之上。仲裁庭毫无根据地认为中国在南海断续线内所有海域的历史性权利主张的性质是完全相同的,并未提供任何支持此种解读的中国行为证据。2012年,中海油在南海断续线西侧发布了石油招标公告,其中虽有区块在南海断续线内,但超出了西沙群岛200海里,不过,该招标公告并不涉及本案所涉海域。仲裁庭也注意到了这一点,它一方面指出该海域"与菲律宾的海洋主张没有直接联系",但另一方面仍认为"中国2012年的招标公告对理解中国在'九段线'内的主张性质有辅助作用"。① 事实上,中国虽然提出其在南海的权利是"在长期的历史过程中形成"的,"有充分的历史和法理依据",但是从未将这种历史性权利具体化,也没有澄清在何种海域存在对何种资源何种性质的历史性权利。国家享有的历史性权利应当与其实际行使的权利一致。中国虽在南海享有"历史性权利",但在断续线西侧附近海域所享有的权利是否与在断续线东侧附近海域所享有的权利完全相同,取决于中国的具体主张和中国在南海不同海域行使权利的具体情况。2012年的石油招标公告至多可以证明,中国在南海断续线西侧附近海域主张对非生物资源的历史性权利,但不能用以确定中国对南海其他海域的历史性权利主张的内容和性质。况且,中国2011年有关礼乐滩的照会与仲裁庭这一假设的前提完全相反。该照会明确指出,中国政府在礼乐滩海域享有包括主权权利和管辖权在内的历史性所有权。

仲裁庭草率地推断中国没有在南海断续线内主张主权性历史性权利。仲裁庭的前述分析仅能证明中国在南海某一海域主张了对生物资源和非生物资源的非主权性历史性权利,而不能证明中国有没有主张主权性历史性权利。不能因为中国

---

① Award of 12 July 2016, para. 208.

没有主张"历史性所有权"而是主张"历史性权利"就断定中国没有主张主权性历史性权利,因为"历史性所有权构成历史性权利的一种形式"。①

仲裁庭认为,鉴于中国既强调保障他国在南海的航行自由,又颁布了西沙群岛和海南岛的领海基线,中国如果将南海断续线内海域视为其内水和领海,便不会这么做。仲裁庭认为,这意味着中国没有将南海断续线内海域主张为领海或内水,因而中国的主张不是"历史性所有权"主张。仲裁庭的此种认知显属曲解。

首先,中国从未将他国在南海的航行和飞越自由权利来源局限于《联合国海洋法公约》,这意味着其他国家在南海的航行和飞越自由权利也可能是一般国际法或历史性的权利。从中国尊重和保障他国在南海的航行自由中并不能推导出中国如何看待其在南海拥有的历史性权利。在一些被公认为历史性海湾的水域内,有关国家仍然享有航行自由,如有关国家在丰塞卡湾内的航行自由并没有因为其历史性海湾的性质而受到影响。② 换言之,中国可以允许其他国家根据《联合国海洋法公约》在其专属经济区和大陆架上享有合法的航行和飞越自由,也可以自行决定是否在其领海和内水中或者其主张享有"历史性所有权"的水域中,允许其他国家享有一般国际法意义上或历史性的航行权利。因此,仲裁庭完全依照《联合国海洋法公约》的有关规定做反向推论,其结论不能成立。

其次,中国颁布西沙群岛和海南岛的领海基线也不能证明中国在南海没有所谓"历史性所有权"主张。按照《中华人民共和国专属经济区和大陆架法》第14条,中国认为其根据《联合国海洋法公约》享有的权利不影响其历史性权利。根据仲裁庭对"历史性权利"及其相关概念做出的区分,中国这种"历史性权利"主张可以包括所谓"历史性所有权"主张。因此,虽然中国颁布了前述领海基线,主张《联合国海洋法公约》项下的有关权利,但是并不能由此推断中国在南海是否有主权性历史性权利主张。

仲裁庭对中国2011年有关照会中"历史性所有权"的解释太过荒谬。虽然由中国对南海有关历史性权利的一般性表态很难判断其权利主张的性质,但是中国在礼乐滩问题上的照会至少清楚地表明中国在南海的历史性权利主张的性质是复合的,并非不是纯主权性就是非主权性。2011年,中国驻菲律宾使馆针对菲律宾在礼乐滩发布石油招标公告向菲律宾外交部递交照会,指出"在上述区块

---

① Award of 12 July 2016, para. 228.
② Land, Island and Maritime Frontier Dispute (El Salvador v. Honduras Nicaragua intervening), ICJ Reports, 1992, p. 585.

中，第3区块和第4区块位于中国享有包括主权权利和管辖权在内的历史性所有权的海域"。① 仲裁庭认为，该表态与中国的一贯表态不符，因而将其解释为"翻译错误或不精确的起草"。② 但是如果仔细分析，就会发现中国的这一照会不仅未与其他实践相背，而且恰是中国在南海历史性权利主张的性质涉及主权性主张的明证。

礼乐滩海域极少有海洋地物露出水面，按照仲裁庭和菲律宾的观点，它们是"水下地物"或"低潮高地"，不能被"占据"，不是陆地领土，也无法依据《联合国海洋法公约》主张内水或领海。中国一贯主张南沙群岛整体为其陆地领土的组成部分③，自然也包括礼乐滩这类在菲律宾看来不能被占据的海洋地物，而且中国也主张对礼乐滩附近海域的主权。不论礼乐滩的性质是否为陆地领土，但至少有一点可以肯定，即中国主张对礼乐滩及其附近海域的主权。中国在该特定海域明确"历史性所有权"主张，那么，对于不将礼乐滩作为陆地领土考虑的仲裁庭和菲律宾，更应当将它理解为包括对礼乐滩及其附近海域的主权在内的历史性权利主张，否则将难以解释中国在南海的一贯立场。何况中国在照会中特别强调，它享有"包括主权权利和管辖权在内的历史性所有权"，这说明照会中的"历史性所有权"不仅指主权权利和管辖权，还包括其他权利。因此，"历史性所有权"的措辞既不是翻译错误，更不是仲裁庭所理解的那样——仅指相当于主权权利和管辖权的非主权性历史性权利。仲裁庭明显是故意忽视中国2011年照会，对"历史性所有权"的解释持双重标准：一方面，仲裁庭坚持"历史性所有权"与"历史性权利"在性质上明显不同；另一方面，当中国主张明确使用"历史性所有权"这一表述时，仲裁庭为支持其预设立场，以措辞或翻译错误为托词，将其解释为非主权性历史性权利主张。

从仲裁庭对证据的分析和推理来看，它至多只能推论出：中国在南海断续线西侧附近海域主张了对非生物资源的非主权性历史性权利；在礼乐滩海域，中国可能主张了包括主权权利和管辖权在内的"历史性所有权"；在黄岩岛海域，中国主张了没有超出《联合国海洋法公约》项下权利主张的历史性权利；中国在南海保障他国根据包括《联合国海洋法公约》在内的国际法享有航行和飞越自

---

① "Note Verbale from the Embassy of the People's Republic of China in Manila to the Department of Foreign Affairs, Republic of the Philippines", No. (11) PG - 202 , 6 July 2011.
② Award of 12 July 2016, para. 227.
③ 参见1992年《中华人民共和国领海及毗连区法》第2条。

由。仲裁庭为了确认其对本案具有管辖权，故意无视中国在南海的历史性权利主张的复合性质，使其有关中国历史性权利主张的定性完全偏离客观事实，其有关管辖权的裁决亦丧失事实基础。

（二）仲裁庭错误适用《联合国海洋法公约》第298条

仲裁庭认为，中国在南海主张的历史性权利从性质上讲并不是"历史性所有权"，而《联合国海洋法公约》第298条列明的排除性事项恰恰为"历史性所有权"，因此《联合国海洋法公约》第298条及中国根据《联合国海洋法公约》做出的排除性声明不适用，仲裁庭对有关争议具有管辖权。仲裁庭此种裁决存在问题。

《联合国海洋法公约》第298条规定，"一国在签署、批准或加入本公约时，或在其后的任何时间，在不妨害根据第一节所产生的义务的情形下，可以书面声明对下列各类争端的一类或一类以上，不接受第二节规定的一种或一种以上的程序：（a）（i）关于划定海洋边界的第15、第74和第83条在解释或适用上的争端，或涉及历史性海湾或历史性所有权的争端……"。根据仲裁庭的理解，本条所说的"涉及历史性海湾或历史性所有权的争端"与海洋划界不必相关。① 但仲裁庭在对此进行解释时，并没有阐述"涉及"一词的含义。在仲裁庭看来，由于中国不是对南海的所有海域都主张"历史性所有权"，因此《联合国海洋法公约》第298条不适用。② 仲裁庭似乎认为，第298条的有关措辞是要求可排除的争议"是"一个"历史性海湾或历史性所有权的争端"。从通常意义上看，如果一个争议"涉及历史性海湾或历史性所有权"，就表明"历史性海湾或历史性所有权"是该争议的组成部分。而从一般意义上理解，只要中国的历史性权利主张中含有历史性所有权主张，那么第298条就应当被适用。

因此，仲裁庭对中国历史性权利主张的定性不能够充分有效地阻止《联合国海洋法公约》第298条的适用。仲裁庭通过分析得出的结论是，中国主张对南海断续线内的生物与非生物资源享有主权权利和管辖权，但其并不认为这些水域（除去岛屿可主张的领海之外的水域）构成其内水或领海。即便仲裁庭的这一结论是正确的，但它仍然不能排除中国在南海断续线内主张主权性历史性权利的可能，包括在可以通过《联合国海洋法公约》主张的领海中主张主权性历史性权

---

① Award of 12 July 2016, paras. 215 – 216.
② Award of 12 July 2016, paras. 227 – 228.

利。更何况，根据仲裁庭的推理，根本不能排除中国在其他海域主张主权性历史性权利的可能。

中国在礼乐滩的"历史性所有权"主张证明，中国在南海断续线内存在主权性历史性权利主张，中国的历史性权利主张包含了"历史性所有权"主张，第298条应当适用。在尚未澄清中国主张的情况下，仲裁庭根据少量的中国政府声明及行为，无法区分在本案所涉海域中不同性质的历史性权利主张的范围及其与《联合国海洋法公约》项下权利的地理位置关系，也无法在现实中明确具体区分主权性历史性权利主张与《联合国海洋法公约》相互关系的争议、非主权性历史性权利主张与《联合国海洋法公约》相互关系的争议，更不能抽象地认定中菲之间存在非主权性历史性权利与《联合国海洋法公约》相互关系的争议，从而行使管辖权。况且，按照司法节制、程序正义和应有注意等要求，只要整体上中国的历史性权利主张涉及"历史性所有权"，仲裁庭就应该裁决其适用《联合国海洋法公约》第298条中的排除性事项。

三 有关历史性权利与《联合国海洋法公约》关系的裁决违背了一般国际法理论和实践

仲裁庭认为，《联合国海洋法公约》第311条关于其与之前缔结的协议之间的关系可以被适用于历史性权利与《联合国海洋法公约》之间的关系，即历史性权利只有在《联合国海洋法公约》明确允许的情况下才可以继续适用，或者在《联合国海洋法公约》没有明确允许的情况下，只能在不违背《联合国海洋法公约》的范围内得到保护。《联合国海洋法公约》专属经济区和大陆架制度规定沿海国在专属经济区和大陆架上享有排他的主权权利和管辖权，这本身就意味着排除了其他与之不符的权利继续存在的可能，有关制度也没有明确表示可以允许历史性权利继续行使。《联合国海洋法公约》相关条款的谈判过程表明，大多数国家认为不应在专属经济区和大陆架制度建立后继续保护历史性权利。一些相关的国际司法和仲裁实践也表明，不能在其他国家专属经济区和大陆架上继续保留和行使历史性权利。因此，历史性权利已经被《联合国海洋法公约》所替代和覆盖，中国在南海断续线内的历史性权利主张与《联合国海洋法公约》不符。仲裁庭的这一裁决从出发点到对实体规则和国际司法与仲裁实践的阐述，都偏离了一般国际法理论和实践。

（一）仲裁庭建立在《联合国海洋法公约》第311条解释和适用基础上的框架合法性缺失

仲裁庭对《联合国海洋法公约》第311条的解释和适用构成其回答历史性权利与《联合国海洋法公约》相互关系问题的起点。仲裁庭认为，"该条款在《联合国海洋法公约》与其他不以协议形式出现的国际法项下的概念的关系中同样适用，如历史性权利"。① 仲裁庭从四个维度考察了《联合国海洋法公约》与历史性权利的关系：①《联合国海洋法公约》明确允许或保留的权利，可以继续在《联合国海洋法公约》框架下行使，如历史性海湾或历史性所有权；②《联合国海洋法公约》没有明确规定的权利，如果不与《联合国海洋法公约》条文相冲突，或者《联合国海洋法公约》的宗旨和目的允许其可以继续行使，那么这种权利可以继续保留；③独立于《联合国海洋法公约》且不违背公约条文的权利，不可以继续保留；④与《联合国海洋法公约》不符且被其取代的权利。② 仲裁庭据此认为，它的主要任务就是考察中国所主张的历史性权利是否与《联合国海洋法公约》相符。显然，仲裁庭的有关解释值得商榷。

首先，在本案中，中国所主张的历史性权利并没有以任何形式体现在有关协议中，它显然属于协议之外的国际法渊源。仲裁庭认为，《联合国海洋法公约》第311条反映了缔约国以公约调整它与其他国际文件之间的关系的意图，也反映了国际法中关于不同法律渊源之间的关系的一般规则。③ 但仲裁庭似乎忽略了一个问题，即对于公约与其他协议之间的关系问题，习惯国际法和《维也纳条约法公约》第30条都有相应的规定，《联合国海洋法公约》第311条的相关规定也大致与这些规定相同。而对于一般国际法或习惯国际法与条约法的关系，包括不同国际法渊源之间的位阶关系，习惯国际法和条约法都没有形成明确而统一的规则，也没有统一的国际法理论和实践。因此，《联合国海洋法公约》第311条是否反映了所谓"一般规则"值得商榷。

其次，《联合国海洋法公约》第311条没有调整一般国际法与其的关系这个问题的意图。《联合国海洋法公约》第311条的初衷是为了解决1982年《联合国海洋法公约》与之前1958年《领海及毗连区公约》《公海公约》《公海捕鱼和

---

① Award of 12 July 2016, para. 235.
② Award of 12 July 2016, para. 238.
③ Award of 12 July 2016, para. 237.

生物资源养护公约》《大陆架公约》，以及其他双边、多边条约的关系。这些条约包括与《联合国海洋法公约》涵盖内容相同的公约及有关主题事项的双边条约。①《联合国海洋法公约》第311条并不以协调一般国际法与公约的关系为目的，其有关规则不能在本案中适用。但仲裁庭却以此为基础，认为由于《联合国海洋法公约》没有规定非主权性历史性权利与专属经济区和大陆架之间的关系，因此中国所主张的历史性权利可以简化为不符合《联合国海洋法公约》的历史性权利而不能继续保留和行使。仲裁庭的这种推理既不合逻辑，也不能成立。

关于历史性权利与《联合国海洋法公约》的相互关系，应首先判断《联合国海洋法公约》是否有明确的规定。关于主权性历史性权利与《联合国海洋法公约》的关系问题，《联合国海洋法公约》第15条和第10条都有明确的规定。而对于非主权性历史性权利与专属经济区和大陆架的关系问题，《联合国海洋法公约》既没有原则性的规定，也没有全面、具体的制度安排。有鉴于此，分析有关问题应根据《联合国海洋法公约》序言中"本公约未予规定的事项，应继续以一般国际法的规则和原则为准据"的规定，考察一般国际法的有关规则。这不仅体现了《联合国海洋法公约》将有关非主权性历史性权利与有关制度的关系继续留给一般国际法调整的意图，而且是对有关条款解释时须将条约解释过程视为整体的要求："当条约本身没有以明确的语言解决有关问题时，条约当事方将诉诸习惯国际法和一般法律原则。"② 因此，关于历史性权利与公约的关系问题，《联合国海洋法公约》有明确规定的，遵循其规定；没有明确规定的，则应当考察一般国际法规则，而不是适用《联合国海洋法公约》第311条。仲裁庭根据《联合国海洋法公约》第311条适用而归纳的四种情形及其建立的解决问题的逻辑由此归于无效。

（二）仲裁庭错误解释专属经济区和大陆架制度有关条文中对历史性权利的态度

仲裁庭认为，专属经济区和大陆架制度本身的措辞及谈判过程都排除了历史

---

① Myron H. Nordquist, *United Nations Convention on the Law of the Sea: A Commentary*, Vol. V, Martinus Nijhoff Publishers, 1989, pp. 231–235.

② ILC, "Conclusions of the Work of the Study Group on the Fragmentation of International Law: Difficulties arising from the Diversification and Expansion of International Law (2006)", para. 19, *Yearbook of the International Law Commission*, 2006, Vol. II, Part Two.

权利在《联合国海洋法公约》项下继续存在和保留的可能性。仲裁庭尤其强调，中国在专属经济区和大陆架制度的谈判过程中坚决反对保留历史性权利，而这也代表当时的主流观点。① 仲裁庭还认为，《联合国海洋法公约》第 309 条禁止保留的目的就在于建立一个广泛适用的文本。这种禁止保留也证明了《联合国海洋法公约》对历史性权利采用的方法。仲裁庭认为，《联合国海洋法公约》的起草者费尽心力打造了一个协商一致同意的文本，规定除了少数明示规定外禁止任何保留，而同时还希望广泛的历史性权利主张优于《联合国海洋法公约》，这让人难以置信。②

特别需要指出的是，仲裁庭所选取的中国政府代表的有关论点并没有反映出中国政府对历史性权利的反对，也不能证明中国政府认为专属经济区和大陆架制度的建立排除了其他国家的一切既得权利。中国代表反对的是只赋予沿海国对专属经济区内资源的"优先权"，强调沿海国完整地获得专属经济区内自然资源有关权利的重要性，即当可捕捞量未用完时，沿海国有权利决定是否允许其他国家的渔民进入其专属经济区捕鱼，而不是有义务允许其他国家的渔民进入其专属经济区捕鱼。③ 从内容上看，这显然是主张在一般情况下对沿海国专属经济区权利的尊重和保护，与历史性权利的尊重和保护无关。从目的上看，这反对的是一些超级大国，如苏联对其他发展中国家海洋资源的掠夺。

的确，呼吁赋予沿海国对其专属经济区和大陆架内的自然资源拥有"主权权利"是当时的主流观点，也被《联合国海洋法公约》所采纳，但《联合国海洋法公约》所建立的专属经济区和大陆架制度并不是无条件的。正因为《联合国海洋法公约》是一揽子协议，禁止缔约国通过保留的形式对已经达成的共识予以减损，所以《联合国海洋法公约》中的具体条文都是当事国的共识，而未能达成协议的部分不纳入《联合国海洋法公约》，继续留由一般国际法调整。《联合国海洋法公约》没有在专属经济区和大陆架制度中明确对历史性权利的保护制度和安排，并不意味着对此种权利的取代和否定。相反，根据谈判历史，早从第二次联合国海洋法会议开始，各谈判国就对国家管辖海域的扩大与其他国家既有权利的关系进行了讨论，由于历史性权利理论与实践、专属经济区和大陆架制度的有关实践尚不充分，关于在专属经济区和大陆架制度中如何继续

---

① Award of 12 July 2016, paras. 250 – 252.
② Award of 12 July 2016, para. 254.
③ Award of 12 July 2016, para. 251.

尊重和保护历史性权利的问题，各谈判国之间并未达成共识。① 显然，这属于应该由一般国际法继续调整的典型事项，既不能通过解释《联合国海洋法公约》条文强求扩权，更不应该通过曲解《联合国海洋法公约》条文枉法滥判。

（三）仲裁庭片面分析历史性权利与《联合国海洋法公约》关系的国际司法实践

仲裁庭在分析有关国际司法和仲裁实践时过于依赖孤案。仲裁庭认为，唯一一个与本案相似的案例是1984年"缅因湾案"。在该案中，国际法院特别分庭指出，美国历史性捕鱼活动已因美加两国专属渔区制度而被替代，历史性捕鱼活动不应作为海洋划界考虑的因素。而持有相反观点的"渔业管辖权案""厄立特里亚/也门案"都未被本案所援引，前者裁决时，第三次联合国海洋法会议建立专属经济区和大陆架制度的新趋势还没形成国际法规则，后者由于不是《联合国海洋法公约》附件七项下的仲裁，无须受到适用法律的约束而适用了与《联合国海洋法公约》不同的国际法规则。② 仲裁庭的有关理由难以成立。

首先，在"缅因湾案"中，国际法院特别分庭旨在讨论缅因湾湾口线外美国传统捕鱼活动是否足以对海洋边界产生影响。特别分庭指出，不论美国在此前是否取得了事实上的优势地位，其所主张的这种优势地位已经成为法律上的200海里渔区内的权利。而对等的，美国在加拿大渔区内的这种优势地位也将不复存在。不论美国在此前获得了什么样的优势地位，这本身并不能构成其对现在成为加拿大专属渔区一部分的海域进行主张的基础。③ 也就是说，美国不能仅基于双方都曾享有过的传统捕鱼权，将专属渔区的界限向加拿大一方调整，使事实上出现美国传统捕鱼权排除加拿大专属渔区而加拿大同样享有的传统捕鱼权没有得到考虑的情况。这与本案中中国在双方专属经济区和大陆架主张重叠区域内主张历史性权利的情形完全不同，仲裁庭的论述实际上违背了特别分庭的初衷。

其次，"厄立特里亚/也门案"虽然不是《联合国海洋法公约》附件七项下

---

① The Third United Nations Conference on the Law of the Sea, A/ CONF. 19/C. 1/SR. 2, pp. 40 – 41, paras. 12 – 22; The Third United Nations Conference on the Law of the Sea, A/ CONF. 19/C. 1/SR. 8, p. 70, para. 41; The Third United Nations Conference on the Law of the Sea, A/ CONF. 19/C. 1/SR. 15, p. 99, para. 29; The Third United Nations Conference on the Law of the Sea, A/ CONF. 19/C. 1/SR. 24, p. 113, para. 7.
② Award of 12 July 2016, paras. 256 – 259.
③ Delimitation of the Maritime Boundary in the Gulf of Maine Area (Canada v. United States), Judgment, para. 237.

的仲裁，但当事国明确要求仲裁庭"考虑有关领土主权的裁决、《联合国海洋法公约》及其他因素"。① 因此，该案仲裁庭所适用的法律不能与《联合国海洋法公约》相违背。"厄立特里亚/也门案"仲裁庭明确肯定传统捕鱼权应在各海域受到尊重和保护，这应当成为南海仲裁案可参考的国际仲裁实践。

最后，在论述历史性权利与大陆架制度的相互关系方面，仲裁庭并没有提及最为著名的"突尼斯/利比亚案"。在该案中，突尼斯提出两国之间的大陆架边界不能进入突尼斯历史性权利线的范围。国际法院否认了突尼斯的主张，认为大陆架权利与历史性权利的来源不同，不能将历史性权利的界限直接作为大陆架边界，但同时确认"历史性权利应当得到尊重和保护"。② 虽然仲裁庭不认可突尼斯试图建立的历史性捕鱼权与大陆架制度之间的对应关系，但在海洋划界中仍考虑了突尼斯的历史性捕鱼权。

上述案例表明，国际司法和仲裁实践虽然在说理和具体做法上略有区别，但反映的法理是一致的：历史性权利不能直接与大陆架或渔区权利进行等价转换，它必须以另一种形式得到保护。在如何保护历史性权利方面，国际司法和仲裁实践并没有形成统一的实践。历史性权利与专属经济区和大陆架制度的冲突往往通过海洋划界后设立特殊的制度安排加以解决，而国际法理并不倾向于抽象地考察针对某一类权利如何在当事国之间分配历史性权利与专属经济区和大陆架权利。"厄立特里亚/也门案"仲裁庭虽然没有考虑援引历史性权利对海洋边界线进行调整，但保留在划定界限之后对历史性权利做出特殊安排。③ 这也得到了印度与斯里兰卡马纳尔湾划界实践的支持，历史性权利主张没有对简单等距离线划定的边界线的位置产生任何影响，两国以换文方式解决了历史性捕鱼权问题。④

南海仲裁案仲裁庭过度依赖孤案，没有从整体上考虑国际司法和仲裁实践。这种做法使其裁决明显偏离了有关国际法实践。

---

① Award of 12 July 2016, para. 259.
② Continental Shelf (Tunisia v. Libyan Arab Jamahiriya), Judgment, ICJ Reports 1982, pp. 72-74, paras. 99-100.
③ Eritrea/Yemen, Award of the Arbitral Tribunal in the Second Stage of the Proceedings (Maritime Delimitation) of 17 December 1999, paras. 101-107, 109.
④ Jonathan I. Charney and Lewis M. Alexander (eds.), *International Maritime Boundaries*, Vol. 2, Martinus Nijhoff, 1993, pp. 1419-1431.

（四）仲裁庭的有关论述导致荒谬推论

仲裁庭上述对《联合国海洋法公约》的解释导致了所谓历史性捕鱼权在领海和专属经济区海域内的不同地位。菲律宾认为，它在黄岩岛领海范围内享有传统捕鱼权。仲裁庭指出传统捕鱼权在不同的海域中有不同的地位：在群岛水域内，《联合国海洋法公约》明确保护传统捕鱼权；在专属经济区内，《联合国海洋法公约》对这种权利不予保护；在领海内，《联合国海洋法公约》坚持原来的法律机制。《联合国海洋法公约》对领海制度的发展只是扩展了领海宽度，并没有改变其法律内涵，因此，在领海中，传统捕鱼权仍受国际法保护。[①] 按照仲裁庭的逻辑，《联合国海洋法公约》同样没有明文表示对非主权性历史性权利的安排，而领海和专属经济区海域内竟然出现了两种不同的结果：专属经济区和大陆架制度的主权权利排除了非主权性历史性权利存在的可能性，而沿海国在领海中享有的主权并不能排除非主权性历史性权利的存在。仲裁庭的结论显属荒谬且不合理。根据国际法，领海、群岛水域、专属经济区和大陆架的主权属性（某种意义上表现为"排他性"）依次递减。领海以及比领海地位稍弱的群岛水域都在一定程度上包容"历史性"性质的权利诉求，而比领海和群岛水域地位更弱的专属经济区和大陆架没有理由因为名称中的"专属性"就完全排除有关国家的历史性权利。

基于以上分析，仲裁庭对有关历史性权利与《联合国海洋法公约》相互关系的裁决及其对有关条款的解释，从表面上看遵循了《维也纳条约法公约》的规则，但实质上其解释有违有关条款的宗旨和目的，其结果不仅不合理，而且不符合国家实践和国际司法实践。

四 仲裁庭歪曲中国在南海享有的历史性权利

仲裁庭在得出中国的历史性权利主张已被《联合国海洋法公约》替代和覆盖的结论后，转而考虑中国在南海是否真正享有历史性权利的问题。它认为，中国所提供的证据并不是关于中国在南海海域享有历史性权利的，而是关于岛礁主权的历史性权利的。中国历史上在南海的航行与捕鱼活动是在当时还是公海的海域内行使的公海自由，而公海自由不能构成历史性权利。至于非生物资源的开采，仲裁庭认为，由于技术发展的原因，这只是近几十年来才可能享有的权利，

[①] Award of 12 July 2016, para. 804.

根本不可能建立所谓的"历史性权利"。① 它认为中国在南海从未享有或建立其所主张的历史性权利。

且不论仲裁庭对上述问题是否具有管辖权,仲裁庭的上述结论就存在严重问题。首先,仲裁庭对有关行为的定性明显采取了双重标准。在对"缅因湾案""渔业管辖权案"进行分析时,仲裁庭对有关国家的历史捕鱼活动从未定性为"行使公海自由"。在"渔业管辖权案"的分析中,仲裁庭指出,该案对本案没有参考价值的一个原因是英国和德国并没有主张其历史性捕鱼权覆盖了冰岛的专属渔区,而是只主张进入该海域捕鱼的权利。② 仲裁庭并不认为这种主张进入冰岛专属渔区捕鱼的权利是过去公海自由的继续,而认为是一种历史性捕鱼权。仲裁庭也没有指出美国在"缅因湾案"中主张在有关海域的捕鱼活动的主导地位构成在加拿大宣布专属渔区之前对公海自由的行使。而对于中国在南海的历史性捕鱼活动,仲裁庭在没有进行任何分析的情况下直接将其定性为对公海自由的行使,明显采取了双重标准。其次,中国历史上对南海的利用和开发是既针对岛礁也针对海域的,尤其是渔民,他们对岛礁的发现、命名、开发和利用活动都与开发和利用其周边海域密切相关。因此,这些证据不能仅被作为对岛礁历史性权利主张的证据进行考虑。仲裁庭对中国在南海是否享有历史性权利的裁决缺乏必要的分析和审慎性,也缺乏公正性和权威性。

五 结论

南海仲裁案仲裁庭做出所谓最终裁决后,中国政府发表了 2016 年 7 月 12 日《声明》,其中指出:"中国在南海的领土主权和海洋权益包括:(一)中国对南海诸岛,包括东沙群岛、西沙群岛、中沙群岛和南沙群岛拥有主权;(二)中国南海诸岛拥有内水、领海和毗连区;(三)中国南海诸岛拥有专属经济区和大陆架;(四)中国在南海拥有历史性权利。中国上述立场符合有关国际法和国际实践。"③ 该声明与中国政府在南海问题上的一贯立场保持一致,即中国在南海的权利主张是集主权、主权权利和管辖权以及历史性权利为一体的复合性权利主

---

① Award of 12 July 2016, paras. 264-271.
② Award of 12 July 2016, para. 258.
③ 《中华人民共和国政府关于在南海的领土主权和海洋权益的声明》,中华人民共和国外交部网站,2016 年 7 月 12 日,http://www.fmprc.gov.cn/web/ziliao_674904/1179_674909/t1380021.shtml。

张。中国主张并未区分主权性历史性权利和非主权性历史性权利，不应对此做狭义解读。

仲裁庭的有关裁决实质上是为菲律宾的有关主张背书，偷换概念，将中国在南海主张的权利等同于非主权性历史性权利，妄图通过否定非主权性历史性权利主张的合法性达到否定南海断续线效力的目的。为了达到此目的，仲裁庭随意扩权，滥用对国际法规则的解释权，错误解释历史性权利的国际法依据，错误否定中国在南海的历史性权利。仲裁庭的有关裁决在事实认定、逻辑推理和法律适用方面均存在重大瑕疵。在管辖权问题上，仲裁庭对中国历史性权利主张的定性并没有建立在客观公正的评价和分析中国有关主张的基础上，对中国历史性权利主张的性质缺乏准确的把握。由于仲裁庭不能明确中国是否在南海主张了所谓"历史性所有权"，不能排除《联合国海洋法公约》第 298 条的适用，因此仲裁庭对本案没有管辖权。在实体问题上，仲裁庭强行曲解适用《联合国海洋法公约》第 311 条，擅自确定分析《联合国海洋法公约》与历史性权利关系问题的逻辑架构，缺乏坚实的法律基础。事实上，仲裁庭对于《联合国海洋法公约》没有规定的问题，应当援引《联合国海洋法公约》序言的规定，考察一般国际法。此外，仲裁庭对有关国际司法和仲裁实践的分析与解释也明显偏离了国际法理论和实践。仲裁庭对《联合国海洋法公约》有关问题的解释导致了荒谬的推论。

因此，仲裁庭关于历史性权利的裁决不过是建立在预设立场上的牵强论证，缺乏事实和法律依据，它无视中国在南海的领土主权和海洋权益有着充分的历史和法理依据，严重侵犯了中国的领土主权，事实上成为菲律宾非法侵占中国南沙岛礁并企图将其非法侵占行为合法化的工具，缺乏国际司法和仲裁应有的公正性、有效性和权威性。

第八章
建设网络空间国际法强国[*]

网络空间对人类生活所产生的深远影响，无疑已经超过此前人类历史上的任何一项科技发明。网络空间治理现已成为各国普遍关注的一个重要问题，国际法在网络空间治理中的作用尤其受到重视。对于中国而言，2016年3月正式通过的《中华人民共和国国民经济和社会发展第十三个五年规划纲要》（以下简称《"十三五"规划纲要》）不仅明确提出要"实施网络强国战略"，还要求"积极参与网络、深海、极地、空天等领域国际规则制定"[①]，从而吹响了建设网络空间国际法强国的号角。为此，本章将在梳理网络空间国际规则博弈的现状和问题的基础上，对我国建设网络空间国际法强国的重要意义、面临的机遇和挑战以及需要着重解决的问题加以探讨。

一 国际规则博弈已成为网络空间的焦点问题

网络空间现已成为陆地、海洋、空气空间、外层空间之后的人类生活"第五空间"（fifth domain）。此前的历史表明，每一次人类的活动领域向新的空间拓展，都必然需要在该空间确立和形成相应的国际法律制度，用国际法律规则指引、规范各国的相互交往关系。海洋法、空气空间法、外层空间法等领域的国际法发展都验证了这一点。

不过，与20世纪国际法在空气空间和外层空间方面的迅速发展相比较，网络空间的国际法规则显得"姗姗来迟"。在20世纪后期互联网发展和网络空间形成的较长时间内，倡导网络空间自我规制和"自由放任"、反对国家主权适用于网络空间的"去主权化"观念十分盛行，这不仅使国家和政府管制发挥的作用十分有限，也在客观上导致了这一阶段网络空间的"去国际法化"。

---

[*] 本章作者：黄志雄。
[①] 《中华人民共和国国民经济和社会发展第十三个五年规划纲要》，新华网，2016年3月17日，http://news.xinhuanet.com/ziliao/2016-05/23/c_129006906.htm。

但是，20世纪90年代中后期以来各种不法行为和安全威胁增多，迫使国家不得不通过制定各种国内法规和政策"回归"到网络空间治理中，并导致现实世界的国际关系和国际秩序开始向网络空间延伸。国际法的产生和发展以主权国家彼此交往形成的国际关系和整个国际社会的存在为社会基础①，这就为国际法在网络空间的适用提供了必要的前提。另外，网络空间跨越国界、全球联通的特点，决定了各国必须通过国际法规则共同应对网络空间治理中的有关问题。这些问题涉及国际社会的整体利益和国家的权利义务，不可能由各国通过其国内法单独加以解决，而必须依照各国共同制定和遵循的国际法规则来解决。

正因如此，进入21世纪10年代以来，国际法在网络空间的"回归"态势趋于明朗化，国际法在网络空间治理中的作用日益受到各国的重视。尤其值得一提的是，由中国、俄罗斯、美国、英国等主要国家的代表组成的联合国信息安全政府专家组在2013年6月达成的一份共识性文件指出，国际法特别是《联合国宪章》的适用，对国际维持和平与稳定及促进创造开放、安全、和平和无障碍的信息和通信技术环境至关重要。② 这表明网络空间的秩序构建离不开国际法规则的适用，这已成为国际社会普遍接受的观念。

不过，与国际法的大多数领域相比，国际法在网络空间的适用问题仍处于起步阶段，各主要国家对网络空间国际规则的制定和适用还存在一系列分歧，主要体现在：①规则形式之争，即：网络空间的国际规则是应当首先立足于既有国际法规则（主要是习惯国际法）在网络空间的适用，还是应当强调为这一新的虚拟空间"量身定制"新的国际法规则（特别是达成新的国际条约）？②规则内容之争，即：应当主要通过哪些领域、何种内容的国际规则确立网络空间的国际秩序？③规则制定场所之争，即：是应当通过西方国家力推的"多利益攸关方"网络空间治理模式澄清和发展网络空间国际规则，还是以国家主导的联合国等政府间国际组织发展网络空间国际法的主渠道？④国家在网络空间治理中的地位和作用之争，包括如何界定网络空间的国家主权、如何平衡网络主权与网络空间人

---

① 梁西主编、曾令良修订主编《国际法》（第三版），武汉大学出版社，2011，第5页。
② United Nations General Assembly, "Report of the Group of Governmental Experts on Developments in the Field of Information and Telecommunications in the Context of International Security", 24 June 2013, Sixty-eighth session, A/68/98, paras. 11, 19-20. 联合国信息安全政府专家组的全称为国际安全背景下信息和通讯领域的发展政府专家组，它具有广泛的国际代表性，并且在网络空间国际法规则的制定中发挥着越来越重要的作用。

权保护的需要等。

国际社会之所以围绕国际法适用于网络空间问题存在分歧和博弈，一个深层次的原因是有关国家在意识形态、价值观以及现实国家利益等方面存在差异乃至对立，并由此形成了以美国为首的西方发达国家阵营和以中国、俄罗斯为代表的新兴国家阵营之间的对立。另外，人类对网络空间这一新领域的认识还相对有限，在现实世界形成的国际法规则能否适应网络空间秩序构建的需要还有待通过进一步的观察和国家实践来确认。

但应当看到，主张国际法适用于网络空间反映了网络空间国际秩序构建的客观需要，也推动了包括中国在内的国际社会对网络空间国际规则的重视。正因如此，在联合国框架内，联合国信息安全政府专家组继2013年通过的共识性文件后，又在2015年进一步就国际法如何适用于信息和通信技术的使用以及负责任国家行为规范的确立等问题达成了新的共识。① 在西方的主导下编写的《网络战塔林手册》在2013年出版并产生了较大影响，试图继续构建和平时期网络空间国际法体系的《塔林手册2.0》也已经在2017年2月出版。② 近两年来，网络空间国际规则问题在二十国集团安塔利亚峰会、七国集团伊势萨摩峰会、金砖国家果阿峰会以及其他各种多边和双边场合都备受关注。显然，网络空间的大国博弈正越来越"聚焦"于相关国际规则的制定和适用。

二 网络空间国际法强国是我国网络强国战略的重要基石

自中国在1994年获准加入互联网以来的二十多年中，互联网在中国得到了长足的发展。截至2016年12月底，中国的网民规模达7.31亿人。③ 目前，中国互联网是全球第一大网，网民人数最多，联网区域最广。中国已经成为网络空间

---

① United Nations General Assembly, "Report of the Group of Governmental Experts on Developments in the Field of Information and Telecommunications in the Context of International Security", 22 July 2015, Seventieth session, A/70/170, para. 13 and 28.

② Michael Schmitt, ed., *Tallinn Manual on the International Law Applicable to Cyber Warfare*, Cambridge University Press, 2013; Michael Schmitt, ed., *Tallinn Manual 2.0 on the International Law Applicable to Cyber Operations*, Cambridge University Press, 2017.

③ 中国互联网络信息中心：《中国互联网络发展状况统计报告》，2017年1月，http://www.cnnic.net.cn/hlwfzyj/hlwxzbg/hlwtjbg/201701/P020170123364672657408.pdf，第33页。

的核心利益攸关方之一，网络空间对中国的经济发展、社会稳定和国家安全都有着极大的重要性。

正是在这一背景下，中国政府提出了建设网络强国的宏伟战略。2014年2月27日，习近平总书记在中共中央网络安全和信息化领导小组第一次会议上指出："要从国际国内大势出发，总体布局，统筹各方，创新发展，努力把我国建设成为网络强国。"① 上述讲话初步勾勒出了中国建设网络强国的愿景目标。2016年3月16日，由十二届全国人大四次会议批准的《"十三五"规划纲要》，正式将"实施网络强国战略"纳入这一未来五年中国经济社会发展的纲领性文件中。②

《"十三五"规划纲要》并未对"网络强国"的内涵进行明确阐述。不过，该文件第一次明确提出要"积极参与网络、深海、极地、空天等领域国际规则制定"，凸显了参与网络空间国际规则制定、建设网络空间国际法强国对实施网络强国战略的重要意义。习近平总书记在主持2016年10月9日第三十六次中共中央政治局集体学习时，对网络强国建设提出了六个"加快"的要求：加快推进网络信息技术自主创新，加快数字经济对经济发展的推动，加快提高网络管理水平，加快增强网络空间安全防御能力，加快用网络信息技术推进社会治理，加快提升中国对网络空间的国际话语权和规则制定权，朝着建设网络强国的目标不懈努力。③ 这一重要讲话进一步阐明了"网络强国"的基本内涵，表明实施网络强国战略的核心要素和重要基石之一，就是通过网络空间国际话语权和规则制定权的提升成为网络空间国际法强国。

中国要实施网络强国战略，就必须成为网络空间国际法强国，这主要是因为：

第一，在"硬实力"层面，网络空间国际法对网络空间治理、网络资源分配和国家利益实现发挥着越来越关键的作用。正如何志鹏教授所说，国际法作为国际社会的行为规则和指南，表面上是对国家权利和义务的静态配置，但在深层却是一种力量的博弈和利益的划分："如果能够占据国际法的主动权，就能够在规则的制定、实施的过程中，更多地体现自己的利益、维护自己的利益、实现自

---

① 《习近平主持召开中央网络安全和信息化领导小组第一次会议　李克强刘云山出席》，人民网，2014年2月27日，http://politics.people.com.cn/n/2014/0227/c1001-24486430.html。
② 《中华人民共和国国民经济和社会发展第十三个五年规划纲要》，新华网，2016年3月17日，http://news.xinhuanet.com/ziliao/2016-05/23/c_129006906.htm。
③ 《中共中央政治局就实施网络强国战略进行第三十六次集体学习》，中国政府网，2016年10月9日，http://www.gov.cn/xinwen/2016-10/09/content_5116444.htm。

己的利益。"[1] 以当前备受关注的网络主权为例，这一概念涉及的焦点问题之一就是国家在多大程度上有权依法管理互联网，包括对相关网络信息、数据进行监管和内容审查。早在2010年"谷歌退出中国事件"后，中国政府就在《中国互联网状况》白皮书中提出："互联网是国家重要基础设施，中华人民共和国境内的互联网属于中国主权管辖范围，中国的互联网主权应受到尊重和维护。"[2] 中国与俄罗斯等6国共同向联合国大会提出的《信息安全国际行为准则》也重申与互联网有关的公共政策问题的决策权是各国的主权，强调各国有责任和权利依法保护本国信息空间及关键信息基础设施免受威胁、干扰和攻击破坏。[3]

第二，网络空间国际法与一国在网络空间事务中的"软实力"息息相关，它在很大程度上决定着该国在网络空间博弈中的话语权和主导权。尽管网络空间国际法还是一个方兴未艾的新领域，但它对各国在网络空间国际秩序中的话语权和主导权产生的影响已经得到充分体现。近年来，各国对网络空间国际规则高度重视，原因之一就是各国试图以此争夺网络事务中的话语权和主导权。2011年5月，在其《网络空间国际战略》中率先打出"网络空间法治"旗号的美国政府无疑更加深谙此道。未来中国也急需增强有效利用网络空间国际法这种通行话语的"软实力"，以在网络事务中占据道义制高点、赢得制度性话语权，使自己的利益和诉求得到国际社会的认同与支持。

第三，网络空间国际法是中国回应西方国家在网络领域对中国的抹黑和打压、扭转中国在网络博弈中的被动局面的重要工具。近年来，西方国家在网络领域对中国的种种施压和指责虽然不乏意识形态和价值观层面的抹黑，但网络空间国际规则在其中也发挥着越来越重要的作用。中美两国围绕"网络经济间谍"问题的规则攻防就是一个耐人寻味的例证。近年来，美国政府无视"棱镜门"事件后其大规模网络监控和窃密在国际社会受到的广泛谴责，极力对其网络情报活动和所谓中国政府支持的"网络经济间谍"加以区分，主张前者符合国际法而后者违反国际法，并在2014年5月以从事"网络经济间谍"为由起诉了5名

---

[1] 何志鹏：《走向国际法的强国》，《当代法学》2015年第1期，第149页。
[2] 中华人民共和国国务院新闻办公室：《中国互联网状况》，新华网，2010年6月8日，http://news.xinhuanet.com/politics/2010-06/08/c_12195221.htm。
[3] 中华人民共和国外交部：《信息安全国际行为准则》，2015年1月13日，http://www.fmprc.gov.cn/mfa_chn/ziliao_611306/tytj_611312/zcwj_611316/P020150316571763224632.pdf。

中国军人。① 此后这一事件的发展表明，美国政府的这一策略至少已经在政治层面得到主要大国的接受（尽管这在国际法上并没有任何依据）。② 这在一定程度上说明，中国在当前的网络空间国际规则制定中仍处于相对弱势的地位，中国如果不能有效参与和影响新规则的制定及确保现有规则得到正确适用，就不可能从根本上扭转中国的这种被动局面。

三　建设网络空间国际法强国面临的机遇与挑战

与其他国际法领域（如海洋法、空间法）相比，网络空间国际法强国建设在国际法理论、国际法实践、国际法人才和国际法教育等方面必然会存在若干共性的问题，但同时也面临着一些特殊的机遇与挑战。

（一）机遇

尽管网络空间国际法这一新领域主要是在2010年以来才开始受到较大关注，但从网络空间在国内外的发展现状来看，中国建设网络空间国际法强国至少面临着三大难得的机遇。

第一，中国在网络领域已经拥有较为可观的"硬实力"，这为相关"软实力"的提升创造了良好的条件。中国互联网在过去二十多年从无到有、从小到大、从弱到强，快速崛起和急起直追的态势非常明显。知名学者方兴东甚至认为，全球网络格局经历了"美国绝对主导""美国主导""中国开始崛起""中国崛起"等几个阶段后，现已进入"中美两强博弈"阶段。③ 中国互联网的快速发展和"硬实力"的增长，使中国积极参与网络空间国际治理、赢得更大的国际话语权和制度性权利成为可能。

---

① 关于2014年美国起诉5名中国军人事件相关国际法问题的分析，可参见黄志雄《论间谍活动的国际法规制——兼评2014年美国起诉中国军人事件》，《当代法学》2015年第1期，第138~147页。
② 例如，2015年9月，中美两国首脑在美国华盛顿会晤期间达成了以下共识："中美双方同意，各自国家政府均不得从事或者在知情情况下支持网络窃取知识产权，包括贸易秘密，以及其他机密商业信息，以使其企业或商业行业在竞争中处于有利地位。"（参见《习近平访美中方成果清单发布》，人民网，2015年9月26日，http://politics.people.com.cn/n/2015/0926/c1001-27637282.html。）此后，包括2015年10月中英首脑会晤等双边场合以及二十国集团安塔利亚峰会、七国集团伊势摩萨峰会等多边场合都以公报的形式做出了类似表述。
③ 方兴东:《中国互联网激荡20年》，《互联网经济》2016年第12期，第70页。

第二,中国政府和社会各方面对网络空间治理问题高度重视,这为中国建设网络空间国际法强国营造了良好的外部环境。特别是自 2014 年 2 月由习近平总书记任组长的中共中央网络安全和信息化领导小组成立以及 2016 年《"十三五"规划纲要》正式提出"实施网络强国战略"以来,从各级政府到普通民众,其对网络空间治理和发展的关注达到了前所未有的程度,这足以成为中国建设网络空间国际法强国的巨大动力。具体就网络空间国际法而言,中国的重视程度也在不断加大。以前述《"十三五"规划纲要》的相关阐述和习近平总书记在 2016 年 10 月 9 日中共中央政治局集体学习时的重要讲话为代表,从官方文件到最高领导人讲话,在较短时间内如此频繁地强调对网络空间国际规则制定的重视,在国际法的其他领域似乎尚无先例。显然,这也是中国建设网络空间国际法强国的宝贵"东风"。

第三,网络空间国际规则正处于发展的起步阶段,这为中国深度参与和积极影响网络空间国际法提供了前所未有的契机。由于种种历史原因,中国在国际法的大多数领域长期扮演着国际规则的"被动接受者"角色,很少能够在规则形成阶段参与相关国际规则的制定、反映自身的利益和诉求。而在网络空间国际法领域,相关国际规则和制度尚未成型,各国在这一领域基本处于同一起跑线上。因此,中国完全有可能在网络空间国际规则的形成阶段充分发挥影响力,真正成为规则的制定者和主导者。

(二)挑战

必须看到,在建设网络空间国际法强国的征程上,中国也面临着诸多问题和挑战。

第一,中国国际法底蕴还存在很大的欠缺,在理论、实践、人才培养等方面都不足以满足建设网络空间国际法强国的需求。简言之,"我们从来没有形成过具有引领地位的国际法理论,也没有丰富的国际法实践,而且还没有形成国际法的理论能力和实践能力,同时也远远没有形成一个良好的国际法人才队伍和国际法人才培养机制"[①],这势必导致中国在建设网络空间国际法强国时,不得不在理论和实践积淀、人才培养等方面面临"捉襟见肘"的困境。

第二,国际法在网络空间这一新领域的适用还存在很多新问题和不确定性,这对中国运用和塑造国际法的能力是一个很大的挑战。网络空间是人类利用现代

---

① 何志鹏:《走向国际法的强国》,《当代法学》2015 年第 1 期,第 155 页。

科学技术"缔造"的一个新的非物理空间,但网络空间的物质基础、活动者乃至虚拟信息都与现实世界有着复杂的重合和互动关系。网络空间的这些独特属性,必然会对国际法的适用提出很多新问题。[①] 对这类问题的回答,"传统智慧"未必能够胜任,往往需要各国运用创新性思维,共同探讨最佳方案。无疑,这会对中国运用和塑造国际法的能力提出更大的挑战。

四 建设网络空间国际法强国的中国对策

随着国际关系和国际秩序向网络空间的延伸,网络空间的国际法治成为人类的共同目标。这也更为迫切地要求中国加快发展为一个网络空间国际法强国,以为网络空间秩序构建做出更大的贡献。当前,中国尤其应当注意以下几个方面。

(一)进一步树立中国作为负责任网络大国的国际形象

中国是网络黑客攻击的主要受害国之一。但是,一些西方国家政府和媒体出于树立"假想敌"的需要,在互联网监管、网络黑客攻击等方面对中国妄加指责,不断炒作所谓的"中国网络威胁论"。[②] 这些对中国国际形象的大肆抹黑,对中国参与网络空间国际对话和规则制定产生了较为严重的消极、负面影响。因此,中国政府应当利用各种多边、区域和双边渠道,更加积极有为地对外开展网络外交,从法理和事实层面驳斥西方国家对中国的无端指责,化解"中国网络威胁论"。与此同时,中国也应当在国内继续大力奉行"依法治网",加快改革和完善互联网管理体制;加大力度打击各种网络犯罪和黑客攻击,加强网络犯罪国际合作。这些举措将有助于中国在国际法治博弈中占据道义制高点,进一步树立中国作为负责任网络大国的国际形象,从而增强中国的话语权和影响力,使中国有关网络空间国际法治的主张得到最大限度的宣扬和接受。

---

① See Julie Cohen, "Cyberspace as/and Space", *Columbia Law Review* 212, pp. 213-215.
② 例如,美国国务院法律顾问布莱恩·伊根(Brian J. Egan)2016 年 11 月 10 日在伯克利大学发表关于国际法与网络空间的稳定的演讲时,不点名地批评"一些国家往往是以反恐或'打击暴力极端主义'为名,援引国家主权概念作为对网络信息内容进行过度管制的依据,包括进行审查和限制获取。有时,一些国家也试图凭借国家主权的概念来免受外部的批评"。他强调,各国对本国境内使用互联网的限制必须符合该国的国际人权法义务,保护"言论自由"、信息自由流动以及互联网的自由与开放。See Brian J. Egan, "International Law and Stability in Cyberspace", 10 Nov. 2016, http://www.justsecurity.org/wp-content/uploads/2016/11/Brian-J.-Egan-International-Law-and-Stability-in-Cyberspace-Berkeley-Nov-2016.pdf.

（二）大力加强网络空间国际法领域的理论研究

中国深度参与网络空间国际规则制定，必须在准确定位中国国家利益的基础上，善于运用法律的逻辑、法律的话语表达、反映中国的利益和诉求，用法治的思维传播中国话语，提出中国主张，形成中国方案。所有这些，都必然要求中国政府和学界共同加强网络空间国际法领域的理论研究。笔者认为，网络空间国际法领域的理论研究固然要重视网络空间使用武力、打击网络犯罪国际合作法律框架构建、数据跨境流动与隐私保护标准等前沿热点问题，但更需要把握"一个中心，两个基本点"。"一个中心"就是网络主权问题。尽管中国政府倡导的"网络主权"已经在国际上引发较大关注，但国家主权适用于网络空间的理论依据是什么？"网络主权"包含哪些具体内涵？其确立和适用的标准是什么？如何认识和处理网络主权和网络人权的关系？这些问题都有待于通过深入、扎实的理论研究进行回答，以加强其说服力和影响力，从而为中国参与网络空间国际规则制定提供坚实的理论支撑。[①]"两个基本点"就是网络空间国际法与现实世界国际法的联系和区别，以及中国与其他国家（特别是主要网络大国）在网络空间国际法领域主要问题的联系和区别。前一问题的实质在于如何看待网络空间的特殊性和现有国际法在网络空间的适用性，后一问题的实质在于如何看待中国与其他国家（特别是主要网络大国）在网络空间利益与诉求上的一致性和歧异性。

（三）加强网络空间国际法领域的实践引领

中国作为网络空间的核心利益攸关方之一，不应满足于一般性地参与网络空间国际规则制定，而应当立足于通过实质性地引领国际议题、主导规则内容、影响相关国际规则的制定和形成，使有关规则真正反映和维护本国利益。例如在中国政府的倡议下，亚非法律协商组织在2014年第53届年会上第一次将网络空间国际法问题列为正式议题，并在2015年第54届年会上决定设立网络空间国际法工作组，由中国政府推荐的中国籍专家成功当选为该工作组报告员。但与西方国家相比，中国在网络空间国际法的实践能力方面仍存在较大差距，这制约着中国有效参与网络空间国际规则制定。未来中国在议题设定上应当"有攻有防"，即

[①] 目前，中国国际法学界对这一问题公开发表和有分量的研究成果尚不多见，国际关系学界的相关尝试可参见郝叶力《网络世界的原则性与灵活性——三视角下网络主权的对立统一》，《汕头大学学报》（人文社会科学版）2016年第6期，第9~14页。

着眼于推动制定网络反恐、打击网络犯罪等方面的规则，防范西方国家将有关使用武力、人权保护等方面的既有国际法规则加以扩大解释并适用于网络空间；在谈判场所上应当"区分主次"，充分发挥本国在世界互联网大会·乌镇锋会、上海合作组织、亚非法律协商组织等机制内的话语权和影响力，以此引领谈判议题、引导规则内容；在规则形式上应当"软硬兼施"，既重视国际条约、国际习惯等硬法规则，也要高度关注国际组织决议、非约束性行为准则等软法的重要影响。①

（四）完善与网络空间国际法强国相关的机制体制建设

网络空间国际规则制定中的话语权和影响力提升与网络空间国际法强国的建设，既受制于一国经济、军事等方面的"硬实力"，同时也有赖于一国制度、观念等"软实力"的增强。这种软实力必须通过持续的能力和制度建设方能形成。其中，特别应当注重的是通过政府、学界、企业等方面的资源整合和力量配置，形成优势互补、供需对接、高效协作、有序运转的机制体制。目前，中国政府部门的相关机制体制尚不健全，多头管理、职能交叉、权责不一、效率不高等问题仍然存在。为此，中国需要优先考虑加强跨部门间的整合，推动相关机制体制的完善。

（五）采取得力措施加强网络空间国际法领域高端专业化人才的培养

当代的国际竞争归根结底是人才的竞争。如果中国在网络空间国际法领域没有一支高端专业化人才队伍，建设网络空间国际法强国就只能是空中楼阁。因此，中国一方面要通过脱岗学习、定期和不定期培训等多种形式，进一步提高相关实务部门业务主管人员的业务素质；另一方面要未雨绸缪，依托 2012 年启动的涉外卓越法律人才培养计划、2015 年国务院学位委员会批准设立的"网络空间安全"一级学科以及国家建设高水平大学公派研究生项目等平台，加快培养一批通法律、擅外交、会外语、懂（网络）技术、能够代表中国参与相关国际规则制定的高端复合型人才。

---

① 美国等西方国家大力推动的网络空间负责任国家行为规范，本质上就是一种非约束性的软法规范。See e.g. Christopher Painter, Cybersecurity, "Setting the Rules for Responsible Global Behavior" (testimony before Senate Foreign Relations Committee Subcommittee on East Asia, the Pacific, and International Cybersecurity, Washington, DC, May 14, 2015), http://www.state.gov/s/cyberissues/releasesandremarks/243801.htm.

五　结论

当前，国际格局和国际秩序进入了一个发展、变革和调整的新时期，各国日益重视利用国际法争夺国际秩序的主导权和国际关系的道义制高点。在网络空间，主要大国围绕新秩序、新规则的博弈表现得尤为明显。网络强国战略的提出要求中国加快建设网络空间国际法强国，在网络空间国际规则的博弈中抢占有利地位。为此，中国应当把握好在网络领域"硬实力"增强、政府和社会高度重视、网络空间国际法尚处于起步阶段等难得的机遇，同时直面自身国际法底蕴不足、在新领域和新问题上运用及塑造国际法的能力有所欠缺等挑战，敢于担当，迎难而上。事实上，建设网络空间国际法强国不仅是中国的重大国家利益所在，也是中国促进网络空间良好国际秩序的国际责任和使命所在。

第九章
中国市场经济地位问题
——入世议定书第 15（a）（ii）段的到期问题研究*

中国的市场经济地位问题可能是中国加入世界贸易组织（WTO）谈判过程中最具争议的问题之一，因为有些 WTO 成员认为中国经济还处在转型过程中，中国不是完全的市场经济国家。因此，在反倾销调查中需要使用替代国方法确定中国出口产品的正常价值。这一方法计算出的正常价值通常与中国出口商或生产商在中国国内市场上生产和销售同类产品的价格和成本没有关系，并导致脱离中国企业和国内市场实际状况很高的反倾销税，因此在很大程度上可以封杀中国产品的进口。

显然，中国也充分认识到了替代国方法对中国产业的影响。虽然中国入世议定书（以下简称"议定书"）第 15 条中加入了一些特殊条款，但是也同时规定相关条款应当于中国入世 15 年后到期，即 2016 年 12 月 11 日，以终止替代国方法的使用。由于条约谈判妥协的结果，议定书第 15 条在逻辑、结构甚至用语方面似乎都有些不太精准的地方，从而给 WTO 成员的不同解读留下了一些可能的操作空间。比如，欧美国家有观点认为议定书第 15（a）（ii）段的到期并不自动给予中国市场经济地位，也不终止替代国方法的使用，甚至中国企业在 2016 年 12 月 11 日后仍然负有举证责任证明其具备市场经济条件或具有市场经济地位。

虽然议定书第 15（a）（ii）段的根源在于意识形态上的歧视以及经济利益上的冲突，但是从法律角度来说，议定书第 15（a）（ii）段到期的本质是条约解释的问题。虽然双边或多边的谈判或磋商可能会给该问题的解决带来一定的帮助，但是在议定书第 15（a）（ii）段到期的法律效力得到澄清以前，绝大多数 WTO 成员都还处于观望状态。本文的研究方法也是以条约解释和法律分析为主。本文共分三部分。第一部分对中国市场经济地位问题的起源和现状进行介绍。第

---

* 本章作者：余敏友；管健，武汉大学法学院国际公法 2014 级博士研究生。

二部分对议定书第 15（a）（ii）段到期后的法律效力进行分析。笔者认为，市场经济地位和替代国方法是两个层面的法律问题，议定书第 15（a）（ii）段到期将无条件终止替代国方法的使用以及中国出口商或生产商在议定书第 15 条下的举证责任。第三部分对中国政府应对议定书第 15（a）（ii）段到期后的相关问题的总体策略提出建议。

一 中国市场经济地位问题的起源和现状

中国与其他 WTO 成员虽然在中国市场经济地位问题上有某种共识，但对 2016 年 12 月 11 日后 WTO 成员是否可以依据议定书第 15 条中的其他存续条款继续使用替代国方法有分歧。本节简要叙述了中国市场经济地位问题的起源和争议，梳理了中国政府的历次立场声明和欧盟与美国等其他 WTO 成员的表态以及现行做法。

（一）问题的起源

市场经济地位问题是中国恢复关税及贸易总协定缔约国地位和随后加入世界贸易组织的 15 年谈判中比较艰难的问题之一，因为有些 WTO 成员认为：

> 中国正处在继续向完全市场经济转型过程之中……在这种情况下，WTO 成员对于进口的中国产品，在反倾销调查和反补贴税调查确定成本和价格可比性时，可能存在特殊困难……在此种情况下，WTO 进口成员可能认为有必要考虑与中国国内成本和价格严格比较不一定适当的可能性。

为了解决这些 WTO 成员的关切，作为中国加入 WTO 的妥协条件，中国同意在入世议定书第 15 条中针对中国的反倾销、反补贴调查使用特殊的做法。特别是议定书第 15（a）（ii）段允许 WTO 进口成员在反倾销调查中使用非市场经济方法，即替代国方法，计算中国企业出口产品的正常价值，即：

> 如受调查的生产商不能明确证明生产该同类产品的产业在制造、生产和销售该产品方面具备市场经济条件，则该 WTO 进口成员可使用不依据与中国国内价格或成本进行严格比较的方法。

根据《反倾销协定》的规定，在反倾销调查中认定是否存在倾销时，通常是将出口商或生产商的涉案产品的出口价格与正常价值进行比较，而正常价值通常基于出口商或生产商在国内市场上同类产品的销售价格或生产成本进行计算。但是，由于议定书第15（a）（ii）段的授权，WTO成员可以不使用中国出口商或生产商的价格或成本，而是使用其他WTO成员（如印度、中国台湾甚至欧盟、美国）的价格或成本与中国出口商或生产商的涉案产品的出口价格进行比较，即替代国方法。以这一方法计算出来的倾销幅度通常很高，有时甚至高达200%～300%，从而实际上禁止了中国产品的进口。

在入世谈判时，中国也充分意识到了议定书第15（a）（ii）段替代国方法的使用可能会损害中国产业的出口利益，因此议定书第15（d）段第二句规定，"无论如何，第15（a）（ii）段应于中国入世十五年后到期"，即2016年12月11日。另外，议定书第15（d）段第一句和第三句还分别规定，如果中国依据WTO进口成员的国内法证明其是市场经济国家或证明其特定产业或部门具备市场经济条件，那么议定书第15（a）段应终止或不再适用。值得注意的是，议定书第15（d）段第一句和第三句并没有为中国证明其是市场经济国家或证明其特定产业或部门具备市场经济条件设定特定的时间。

在中国入世后，WTO成员对议定书第15条的理解似乎没有争议，或者说议定书第15条不会成为一个存在争议的问题。不论是中国或其他WTO成员几乎都普遍认为，入世15年后，中国将自动获得市场经济地位，替代国方法也将终止。但是，欧洲律师伯纳德·奥康纳（Bernard O'Connor）2011年11月名为《中国不能自动获得市场经济地位》的博客文章掀起了国内外律师和学者对议定书第15条的热烈讨论。随着世界经济的日益低迷、复苏缓慢，各国的产业利益集团寻求贸易保护的呼声越来越高，承认中国的市场经济地位或者在反倾销调查中放弃替代国方法面临的阻力也越来越大。

（二）争议的问题

各方争议的焦点问题有两个，一是中国在2016年12月11日后是否可以自动获得市场经济地位；二是其他WTO成员是否应该在2016年12月11日后放弃替代国方法。

中国在2016年12月11日后可以自动获得市场经济地位者认为，由于议定书第15（a）段只提供了两种计算中国产品正常价值的方法——市场经济方法或非市场经济方法，因此，既然非市场经济方法在中国入世15年后终止，中国当然应该在反倾销调查中被视为市场经济国家。

中国在2016年12月11日后不能自动获得市场经济地位者认为,议定书第15(d)段第二句并没有明确说中国将获得市场经济地位,它只是说第15(a)(ii)段将停止适用,但是第15条的其他段落和条文将继续适用。如果将第15(a)(ii)段的终止适用解释为给予中国市场经济地位的最后期限,那么不仅会将本不存在的文字加入该条文,而且也将否定其他条文的效力。

其他WTO成员应该在2016年12月11日后放弃替代国方法者认为,议定书第15(d)段第二句明确终止了第15(a)(ii)段关于替代国方法的使用。即使其他WTO成员想继续使用替代国方法,其法律依据也不是议定书第15条,而只能是《1994年关税与贸易总协定》第6条的附注。但是,由于该附注规定的可以使用替代国方法的门槛非常高(即进口产品来自贸易被完全或实质上完全垄断的国家,且所有国内价格均由国家确定),因此将从事实上禁止对中国继续使用替代国方法。

认为其他WTO成员在2016年12月11日后可以继续使用替代国方法的观点主要有两种:一种是以乔治·米兰达(Jorge Miranda)为代表的举证责任转移说,另一种是以伯纳德·奥康纳为代表的存续条款授权说。

举证责任转移说认为,议定书第15(a)(ii)段到期并不终止替代国方法的使用,它只终止一个可反驳的假设,即中国和中国的行业或产业处于非市场经济条件下。也就是说,在2016年12月11日前,议定书第15(a)(ii)段推定中国是非市场经济国家,中国的行业或产业有义务在反倾销调查中举证证明其具备市场经济条件,否则将使用替代国方法;在2016年12月11日后,这一假设不再成立,举证责任将转移给WTO进口成员的国内产业,由它们证明中国的企业或产业不具备市场经济条件,如果中国的企业或产业不能成功反驳,那么WTO进口成员可以继续使用替代国方法。

存续条款授权说认为,首先,议定书第15(a)段的起首条款包含一个基于(i)目和(ii)目两者选一的测试,即使(ii)目到期了,第15(a)段的起首条款仍然存在,并且该条强制要求使用一种非基于严格比较的方法。其次,第15(a)段的起首条款只是"基于"(ii)目适用,并不要求"严格依据"(ii)目适用。再次,该学说还认为,议定书第15(a)段的起首条款是对WTO进口成员使用替代国方法的授权,(ii)目规定的只是使用替代国方法的一种情形,因此(ii)目到期只是终止这一种情形,并不排除在其他情况下继续使用替代国方法。最后,该学说还指出,中国出口商或生产商在2016年12月11日后存续的(i)目下仍然负有举证证明其具备市场经济条件的义务,如果在中国出口商或生产商未能完成举证责任的情况下仍不允许使用替代国方法,那么(i)目将失去意义。

(三)中国政府和其他 WTO 成员的立场

1. 中国的立场

自 2015 年 11 月起,针对市场经济地位问题,中国政府已经开始陆续通过各种渠道表达自己的立场和关切,包括李克强总理、商务部和外交部的部长及新闻发言人。

2015 年 11 月 17 日,中国商务部新闻发言人沈丹阳在新闻发布会上申明,反倾销"替代国"做法 2016 年 12 月 11 日必须如期终止。2015 年 12 月 31 日,外交部新闻发言人陆慷就中国市场经济地位问题回答记者的提问时指出,根据议定书第 15 条的规定,WTO 成员在对中国出口产品的反倾销调查中使用"替代国"数据的做法应当于 2016 年 12 月 11 日终止。

2016 年 5 月 16 日,外交部部长王毅在北京与来访的法国外交部部长艾罗举行会谈后共同见记者时,应询就欧洲议会通过决议不支持给予中国市场经济地位阐明了中方立场。王毅表示:"中方认为欧洲通过这项决议不具有任何建设性。首先,是否给予中国市场经济地位与履行《中国加入世贸组织议定书》第 15 条是没有关联的两码事,不能人为地将两者混为一谈,甚至彼此挂钩。当年《议定书》第 15 条明确规定,世贸组织成员应于 2016 年 12 月 11 日终止在对华反倾销调查中使用'替代国'做法。这是世贸组织所有成员都应遵守的国际条约义务,不取决于任何成员的国内标准。因此,无论是否给予中国市场经济地位,欧盟作为世贸组织成员,都有履行《议定书》第 15 条的法律义务,无法回避和推卸。"

2016 年 6 月 3 日,商务部部长高虎城针对国际贸易领域的一些热点问题做出回应,他表示:"中国 2001 年加入世贸组织议定书第 15 条规定,如世贸组织成员不承认中国企业处在市场经济条件下,可用替代国方式计算企业价格、成本及倾销幅度。该条款规定了十五年过渡期,即到 2016 年 12 月 11 日,无论承认与否,这一做法必须终止,针对中国出口产品的反倾销必须按中国产品价格和成本计算倾销幅度。"

2016 年 6 月 7 日,国务院总理李克强表示,中国愿同美国加强双边磋商,希望美国落实议定书第 15 条的承诺。李克强总理在 6 月 13 日中午与德国总理默克尔共同会见记者时十分明确地表示:"'市场经济地位'与履行《加入议定书》

第15条承诺义务是两个层面的问题。""中国'入世'后,在开放市场方面已经做出了很大努力,履行了对世贸组织的承诺,现在欧盟等相关各方也应履行承诺。""用法律专业术语讲,这个条款叫作'落日条款'。也就是说,根据协议,无论发生什么情况,到2016年12月11日,这个条款都要自动终止。""如果我们现在对这个条款还需要重新谈判,那我们是不是还要重新谈判关于中国加入WTO的问题?"会谈结束后,两位总理共同会见记者时,李克强在回答的记者提问中重申,中国是不是市场经济国家由中国的国情决定。中国推进市场化改革所取得的成就也已为世界公认。但履行《加入议定书》第15条承诺义务,包括中欧贸易摩擦,都是不同层面的问题,应该分开讨论。

从中国政府的历次表态来看,中国政府针对两个争议的焦点问题的基本立场是,第一,是否承认中国的市场经济地位与是否放弃替代国的做法是两个层面的问题,不能混为一谈或相互挂钩;第二,中国政府并不要求或并不关注在2016年12月11日后,其他WTO成员自动承认中国的市场经济地位;第三,其他WTO成员必须在2016年12月11日后放弃替代国的做法,这才是中国政府真正关注的核心问题。

2016年12月11日,中国就欧盟和美国在反倾销调查中继续使用替代国方法向WTO争端解决机构提起诉讼,目前两案都还在磋商过程中。

2. 欧盟的立场

2016年5月12日,欧洲议会针对中国的市场经济地位问题做出非立法性决议〔2016/2667(RSP)〕,该决议主要传达了以下信息:第一,中国仍然是非市场经济国家,欧盟不会单方面承认中国的市场经济地位;第二,应该给予中国入世议定书第15条中在2016年后仍然存续的条款完整的法律含义和效果;第三,在中国符合欧盟市场经济地位的五条标准以前,应该在针对中国的反倾销和反补贴调查中使用"非标准的计算方法";第四,欧盟委员会应该依据以上原则提出立法建议,以确保欧盟法律符合WTO规则。

欧洲议会上述决议与其法律部门2015年6月25日做出的有关法律意见的结论是一致的。该法律意见认为,2016年12月11日后,WTO成员继续基于议定书第15(a)(ii)段使用替代国方法的法律依据将不再有效,但是,如果中国行业或产业在2016年12月11日后不能证明其具备市场经济条件,并且《1994年关税与贸易总协定》以及《反倾销协定》的相关规定在确定价格可比性时并不能充分解决这一问题,那么将不排除WTO成员基于议定书第15(a)段的起首条款继续使用替代国方法的可能性。

2016年6月13日，德国总理默克尔在与李克强总理共同回答两国记者提问时明确表态："我代表德方重申，我们很清楚记得当年做出的承诺，不会动摇。如果议定书第15条相关内容不能按时终止，对谁都没有好处。"默克尔表示，欧盟委员会已经认清自己的义务，正在努力提出解决方案。双方将在专业层面开展进一步的会谈，找到符合WTO规则的解决方案。她说："德国愿推动欧盟委员会同中方加紧磋商，于年内取得结果。"①

2016年7月20日，欧盟委员会就在反倾销调查中如何对待中国举行了一次方向性辩论。根据辩论后的新闻发布会的介绍，欧盟计划对现行的反倾销和反补贴立法进行修改。第一，现行的非市场经济国家名单将被删除，并且在反倾销调查中引入一个国别中立的"非标准方法"，以应对政府干预所造成的市场扭曲。第二，在反补贴调查过程中发现的新补贴项目将计算在最终的反补贴幅度中。第三，将设定一个过渡期，在过渡期内，现行的反倾销和反补贴措施将保持不变，对于正在进行的调查将适用"祖父条款"规则。第四，欧盟委员会呼吁欧洲议会和欧盟理事会尽快批准其提出的关于贸易防御工具的现代化改革建议案。

2016年11月9日，欧盟委员会在广泛征询意见和影响评价的基础上，正式向欧盟理事会提交了关于反倾销和反补贴立法修改提案，建议在市场存在严重扭曲或政府对经济有普遍影响的情况下使用一个新的倾销计算方法。该提案的目的是在全面遵守欧盟在WTO协定中的法律义务的前提下，确保欧盟的贸易防御工具能够应对现实的情况，比如产能过剩。欧盟委员会指出，欧盟需要确保它的贸易防御工具仍然可以有效应对特定国家导致工业产能过剩的严重市场扭曲所引发的倾销。此类倾销行为正如近期欧盟钢铁行业所遭遇的情况一样，损害了欧盟的产业，并最终导致了失业和工厂倒闭。

3. 美国的立场

根据相关的新闻报道，美国一直对欧盟施压，要求其不要单方面给予中国市场经济地位。2016年7月14日，美国在WTO货物贸易理事会会议上第一次官方表态，称议定书第15（a）（ii）段到期并不自动授予中国市场经济地位。事实上，中国入世议定书明确表示市场经济地位只能依据WTO进口成员的国内法，基于相关事实进行评估。另外，中国的市场经济改革仍然未能达到WTO成员的预期，特别是钢铁和铝产业存在产能过剩问题。

---

① 《默克尔：我们很清楚地记得当年的承诺，不会动摇》，中国新闻网，2016年6月21日，http://www.chinanews.com/gj/2016/06-21/7911417.shtml。

4. 其他 WTO 成员的立场

其他还没有承认中国市场经济地位的 WTO 成员大多处于观望或沉默状态。但是，正如中国商务部部长高虎城所指出的，截至目前，WTO162 个成员没有任何一方明确表示将不履行议定书第 15 条的义务。

（四）议定书第15(a)(ii)段到期后各成员的做法

欧盟、美国、澳大利亚和加拿大是 4 个在处理非市场经济条款方面各具特色的 WTO 成员。这 4 个 WTO 成员基本上代表了其他 WTO 成员对待非市场经济条款于 2016 年 12 月 11 日到期后的典型立场或做法。

就欧盟而言，它是目前最积极应对议定书第 15（a）（ii）段到期的 WTO 成员。虽然欧洲议会通过非立法性决议拒绝承认中国的市场经济地位，但是欧盟委员会的立案修改提案取消了非市场经济国家的名单，体现了欧盟履行议定书第 15 条义务的善意，值得肯定。遗憾的是，欧盟委员会所建议的以在 2016 年后应对政府干预所带来的严重扭曲影响的所谓国别中立的非标准方法，本质上是延续原来的替代国方法，以达到与原来替代国方法相似的贸易保护效果。根据现行的《反倾销协定》的相关规定，结合上诉机构在欧盟－阿根廷生物柴油案中否定欧盟现行反倾销调查中的成本调整做法，欧盟委员会建议的非标准方法提案可能违反《反倾销协定》第 2.2 条和第 2.2.1.1 条等；立法修改提案中所建议的祖父条款并不符合法不溯及既往的一般原则，过渡期条款也有违新法优于旧法适用的一般原则。另外，欧盟并未能够在 2016 年 12 月 11 日前通过目前的立法修改提案，该提案下一步将如何发展已经成迷。实际上，欧盟的动向和做法值得中国政府特别关注，因为绝大多数还没有承认中国市场经济地位的 WTO 成员参照的都是欧盟的反倾销法律和实践，如对中国发起反倾销调查较多的印度、土耳其以及一些南美洲国家。事实上，在 2016 年 12 月 11 日后，像印度、土耳其、巴西、墨西哥等国家对中国发起的反倾销调查中均没有承认中国的市场经济地位或放弃使用替代国方法。

就美国而言，它除了在一次 WTO 货物贸易理事会会议上明确表态不会在 2016 年 12 月 11 日前承认中国的市场经济地位以外，对于是否会修改或放弃现行的替代国方法一直保持沉默。截至目前，美国仍没有任何放弃或改变替代国方法的意愿和可能。美国现行替代国方法是可以被"as such"（法律措施本身）挑战的，该做法是由美国法律法规、裁定或反倾销手册等所构成的系统的替代国方法。这一做法由三个要素构成：一是将中国认定为非市场经济国家；二是将非市场经济国家与使用替代国方法相关联;三是在涉案产业未能通过"市场导向行业"测试时,必须使用替代国方法。结合美国政府的官方表态、法律法规和反倾销手册的规定以及一直以来系统适用的替代国方法,我们可以得出结论,美国现行的替代国方法具有普遍和预期的适用性。在2016年12月11日后,美国将中国认定为非市场经济国家并继续在针对中国的反倾销调查中强行使用替代国方法可能会违反最惠国待遇原则,而美国现行的替代国方法也将与议定书第15(a)(ii)段到期后的法律效力相冲突,并可能"as such"(法律措施本身)违反议定书第15(d)段第二句以及《反倾销协定》第2.1条和2.2条。

就澳大利亚而言,它是最早承认中国市场经济地位的发达国家之一,但是承认中国的市场经济地位所引发的直接后果就是在针对中国的反倾销调查中很难计算出较高的倾销幅度,也难以达到澳大利亚国内产业所期待的贸易保护效果。因此,澳大利亚于2009年修改了其《反倾销反补贴手册》中关于特殊市场状况的相关规定,修改为:通过扩大对特殊市场状况的解释和认定达到推定正常价值的目的,并进一步通过成本调整的做法,推定出较高的正常价值,从而计算出较高的倾销幅度。澳大利亚关于特殊市场状况的规定和成本调整的做法在很大程度上构成一种变相的替代国方法,这些规定和做法均存在违反WTO协定的可能性。

就加拿大而言,虽然加拿大还没有承认中国的市场经济地位,但是它最独特之处在于通过修订反倾销法律法规,将证明存在第20节情势的举证责任分配给国内产业申请人。第20节情势也称行业市场经济地位,它是指由于政府实质性决定价格导致国内价格与竞争市场价格不一致的情形。只有在国内产业申请人充分证明某涉案行业或产业存在第20节情势后,调查机关才会发起第20节调查,并由中国涉案行业或产业企业进行反证。如果最终认定存在第20节情势,那么正常价值将使用替代国方法进行计算。加拿大的这种做法在2016年12月11日以前与议定书第15条相比,实际上给予了中国出口商或生产商更宽松的待遇,但是在2016年12月11日以后,由于议定书第15(a)(ii)段到期,继续进行第20节调查和使用替代国方法则存在违反WTO协定的可能性。

二 议定书第15条到期后的法律效力问题

议定书第15条允许WTO进口成员在反倾销调查中使用非市场经济方法,即替代国方法,计算中国企业出口产品的正常价值。根据议定书第15(d)段第二句的规定,第15(a)(ii)段将于中国入世15年后到期,即2016年12月11

日。本节首先澄清了为什么市场经济地位和替代国方法是两个层面的法律问题；然后分别探究了议定书第15条中将于2016年底到期的条款以及存续条款的含义和法律效力，并分析了为什么替代国方法应该于2016年12月11日后终止。

（一）市场经济地位和替代国方法是两个层面的法律问题

有观点认为，议定书第15条的相关条款包含中国是非市场经济国家的假设，中国在2016年后仍会是一个非市场经济国家，中国的行业或产业在2016年后仍将在非市场经济条件下运作，因此在对来自中国的产品进行反倾销调查时就必须使用替代国方法来确定正常价值。这一观点未能厘清市场经济地位和替代国方法之间的关系。

1. 议定书第15条是为了解决反倾销中的价格可比性问题，不是为了解决中国的市场经济地位问题

在认定是否存在倾销时，需要将出口价格与正常价值进行比较。正常价值是指用于出口国国内消费的同类产品在正常贸易过程中的可比价格。国内交易价格是否可比是确定正常价值的重要因素之一。

《反倾销协定》第2.2条规定了出口国同类产品的国内价格的可比性可能有问题的三种情况，包括出口国市场没有同类产品的销售或销售量较低，或存在特殊市场状况。在《1994年关税与贸易总协定》第6.1条的注释和补充规定第2段中，对于进口产品来自贸易被完全或实质上完全垄断的国家，且所有国内价格均由国家确定的情况，出口国同类产品的国内价格可能也不适于进行比较。另外，《中国加入世贸工作组报告书》第150段也提到了某些WTO成员的关注，即中国的国内成本和价格可能并不总是可比，因为中国经济仍然在向完全市场经济转型，在反倾销和反补贴调查中确定成本和价格的可比性可能存在特殊困难。

为了解决这一困难，议定书第15条以"确定补贴和倾销中的价格可比性"为标题规定了一些确定正常价值的特殊规则。特别是，第15（a）（i）段规定被调查的生产商可以证明被调查的行业具备市场经济条件；第15（d）段的第一句和第三句规定中国可以依据WTO进口成员的国内法证明国别或行业或产业的市场经济地位。如果成功了，那么关于中国价格可比性的困难就不存在，正常价值应当使用市场经济方法进行确定；如果失败了，那么替代国方法就可以被使用。

因此，议定书第15条的根本目的是解决成本和价格的可比性问题，虽然解决这一问题可以通过证明具有市场经济地位来实现，但是议定书第15条的根本目的不是解决中国、特定行业或产业，或者单个出口商或生产商的市场经济地位问题。也就是说，证明具有市场经济地位只是一种手段，它是以解决价格可比性困难为目的的。

2. 中国同类产品的价格可比性的困难可能已经不存在

正如美国商务部所指出的，几乎没有不受任何扭曲的市场经济价格。因此，基于欧美的市场经济标准，即使中国的经济并不是在所有方面都很完美，也并不意味着中国的成本和价格在反倾销调查中不可比。

事实上，与中国入世时相比，市场在中国的价格确定过程中已经发挥了非常重要的作用，价格可比性的困难可能已经不存在。比如，在2007年，为了改变不对中国适用反补贴法的政策，美国考虑了中国经济的重大变化因素，特别是美国商务部承认90%在中国交易的商品的价格都已经由市场力量决定。

中国国家发展和改革委员会于2015年10月26日发布并于2016年1月1日生效的《中央定价目录》也从另一个角度证明了中国政府对价格的干预已成例外。在这一目录中，只有七类产品和服务的价格是由中央政府制定的，包括天然气、水利工程供水、电力、特殊药品及血液、重要交通运输业务、重要邮政业务、重要专业服务。这些产品和服务主要限于公用设施和公共福利，并且在许多市场经济国家也十分常见。即使中国在2016年后仍不是一个完全市场经济国家，也不意味着替代国方法必须继续适用，因为价格可比性的困难可能已经不存在。

3. 议定书第15条既没有认定中国是非市场经济国家，也没有推定中国是非市场经济国家

WTO协定中并没有关于非市场经济国家和市场经济国家的定义。根据《1994年关税与贸易总协定》、议定书和《中国加入世贸工作组报告书》以及《反倾销协定》的相关规定，在反倾销领域可能存在三种经济形态，即市场经济、非市场经济和转型经济，但是WTO协定并没有对这些术语进行定义。通常，WTO成员在反倾销调查中被默认为市场经济，除非WTO协定中另有规定或说明。比如，《1994年关税与贸易总协定》第5.1条的注释和补充规定第2段所描述的就一种非市场经济的形态。

没有任何WTO协定的条文认定中国是非市场经济国家，中国在议定书第15条中也没有承认其是非市场经济国家。事实上，在加入WTO之时，中国可能被一些WTO成员视为一个转型经济国家。比如，《中国加入世贸工作组报告书》第150段提到"中国仍在继续向完全市场经济转型"。

值得注意的是，议定书第15（d）段的第一句和第三句仅规定了在何种条件下

WTO进口成员可以依据其国内法认定中国是一个市场经济国家，该条文并没有授权WTO进口成员认定中国是一个非市场经济国家。换句话说，中国在议定书第15(d)段下有权利被认定为市场经济国家，而WTO进口成员为了反倾销的目的通过立法或其他方式将中国认定为非市场经济国家则没有WTO法律依据。

因此，WTO进口成员依据其国内法将中国认定为非市场经济国家，或者认为议定书的相关条款，如第15(a)(i)和(ii)段以及第15(d)段第一句和第三句包含一个关于中国是非市场经济国家的假设，是没有WTO法律依据的。

4. 证明市场经济地位是获得使用市场经济方法的充分条件，不是必要条件

从逻辑上说，认为中国必须证明其是市场经济国家或者中国的行业或产业、中国的出口商或生产商必须证明其具备市场经济条件，以便在反倾销调查中获得使用市场经济方法的观点是错误的。

议定书第15(a)(i)段规定，如果中国的单个出口商或生产商证明了它的市场经济地位（条件），那么市场经济方法必须被使用（结论）。这是一种典型的充分条件的表达方式，它意味着只要条件成立，结论必然成立，这与必要条件的表达方式是不同的。在必要条件中，为了让结论成立，条件必须存在。如果议定书的起草者有意为中国的出口商或生产商设定一个必要条件以获得使用市场经济方法，那么他们应该使用不同的表达方式。比如，只有单个出口商或生产商证明了它的市场经济地位（条件），市场经济方法才能被使用（结论）。同理，议定书第15(d)段第一句和第三句也是充分条件的表达方式，即第15(a)段的整体终止并不以市场经济地位为必要条件。

这种逻辑结构也得到了议定书第15(a)(ii)段的支持。该段规定，如果中国单个出口商或生产商未能证明它的市场经济地位（条件），那么替代国方法可以被使用（结论）。这说明议定书并不强制要求调查当局在所有中国单个出口商或生产商未能证明其具备市场经济条件的情况下使用替代国方法。因此，由议定书第15条的这种逻辑结构可以推论，放弃替代国方法并不必然以具备市场经济条件为前提。

5. 美国欧盟法律关于市场经济的标准和实践已经远远超出解决价格可比性困难的必要程度，造成了替代国方法的滥用

欧盟法律没有关于非市场经济国家的定义，但是欧盟委员会的一个工作文件设定了有关被调查国市场经济的五条标准。美国1930年关税法第771(18)(A)节将非市场经济国家定义为"行政当局认定的成本或价格不依市场原则运行的任何国家，该国市场上的商品销售不反映商品的公平价值"。第771(18)

(B)节要求美国商务部在认定一个非市场经济国家时考虑六个因素。除此以外，欧盟理事会第1225/2009条例第2.7（c）条给单个出口商或生产商设定了关于市场经济地位的另外五条标准。美国商务部在实践中也确立了行业市场经济地位的标准，即市场导向行业测试。

从美国关于非市场经济国家的定义本身来看，是否市场经济国家的核心问题是商品的价格或成本和价格的可比性。但是，如果对欧盟和美国的市场经济标准进行详细分析，可以发现很多标准可能已经偏离了价格可比性这一核心要求。比如，即使是WTO协定也没有一个完整的投资协定，美国的第三条标准却要求一个市场经济国家开放外国投资。另外，《反倾销协定》第2.2.1.1条只要求出口商或生产商的会计记录与出口国普遍公认的会计准则一致，欧盟的第三条市场经济地位标准却要求使用国际会计准则。不论这些标准是否与WTO规定一致，也不论这些标准是否真的与市场经济地位相关，至少从标准本身很难看出它们与反倾销中的价格可比性有直接的联系。

欧盟最后一次对中国的市场经济地位进行评估是在2008年9月，欧盟在此次评估中认为中国只满足第二条标准。另外，自2012年以来，没有单个中国的出口商或生产商在欧盟的反倾销调查中获得市场经济地位。就美国而言，最近一次为了美国的反倾销目的认定中国仍然是非市场经济国家的决定是美国商务部于2006年5月15日在对来自中国的横格纸进行的反倾销调查备忘录中做出的。另外，目前还没有任何中国产业通过美国商务部的市场导向行业测试。

如果分别对欧盟和美国基于各自的市场经济标准所做出的关于中国市场经济地位的报告进行详细分析，可以得出这样的结论：报告里讨论的几乎所有问题都可以被《反倾销协定》或其他协定所涵盖，或者与价格可比性没有关系。比如，在对来自中国的横格纸进行的反倾销调查中，美国商务部在关于中国是非市场经济国家的备忘录中考虑了中国的法治因素，包括司法的独立性和腐败等。这些因素根本不是一个非市场经济国家所独有的问题，而且与价格可比性没有任何联系。这一情况同样适用于美国商务部在备忘录中对中国货币兑换、外国投资、公司治理、知识产权等问题的审查。

再比如，在欧盟针对第一条市场经济标准关于资源分配和企业决策的审查中，欧盟认为，由于出口税和出口管制或增值税退税政策，以及其他各种补贴，中国的出口商或生产商可以降低其生产成本。不论这些政府措施是否符合WTO规定，它们肯定不属于倾销的范畴，而是单个出口商或生产商的价格歧视行为。正如专家组在欧盟－阿根廷生物柴油案中所强调的，倾销的概念并不包含政府行为所导致的任何扭曲或生产投入的价格受政府措施影响的情形。

因此，欧美法律中的市场经济标准和实践做法已经与解决反倾销中的价格可比性困难严重脱节，并进一步导致了替代国方法的滥用。

（二）议定书第15(a)(ii)段的到期将绝对和无条件地终止替代国方法的使用

议定书第15条可以分为两类条款：一是将到期的条款，即第15（a）（ii）段和第15（d）段第二句；二是2016年12月11日后将存续的条款，特别是第15（a）段的起首条款、第15（a）（i）段，以及第15（d）段第一句和第三句。在判断2016年12月11日后将发生什么时，议定书第15条的这两类条款都应该被赋予法律含义和效力，任何一部分都不得被解释成多余或无效。

一些主张非市场经济方法可以在2016年后继续使用的观点，选择性地忽略了第一类条款的含义和影响，只专注于分析存续条款。有些观点甚至直接将第一类条款从议定书中删除，好像这些条款从来没有存在过一样。这种条约解释方法违背了条约解释的基本原则，特别是既不对条约的所有内容作为一个整体进行解释，又不使条约的所有用语有法律含义和效力。

1. 议定书第15(a)(ii)段是唯一一条授予WTO进口成员使用替代国方法权利的条款

虽然从议定书第15条的相关条款用语来分析，可能构成授权使用替代国方法的条款有两个，一是第15（a）（ii）段，二是第15（a）段的起首条款，但是第15（a）（ii）段是议定书第15条中唯一一条授权使用替代国方法的条款。

就第15（a）段的起首条款而言，伯纳德·奥康纳认为第15（a）段的起首条款部分包含了一个基于（i）目和（ii）目"二者择一"的测试。即使第15（a）（ii）段到期了，起首条款部分仍然存在并且要求使用一种非基于严格比较的方法。另外，"第15（a）段的起首条款部分只是'基于'（i）或（ii）目的内容来适用，由于'基于'与严格按照（i）或（ii）目的内容来适用是不同的，所以WTO进口成员可以与（i）或（ii）目规定不同的方法来适用"。有些人支持这一观点。

首先，第15（a）段的起首条款本身的结构揭示了该起首条款并未授予WTO进口成员一项独立的权利，因为该起首条款并不能独立适用。该起首条款规定，WTO进口成员可以基于条件X或Y选择使用方法A或B。这种结构与那些自成体系不用诉诸其他附属条文的条款不同。以《反倾销协定》第2.2.2条为例，该条的起首条款本身非常明确地规定了行政、管理和一般费用和利润应当如何确定。只有在《反倾销协定》第2.2.2条起首条款中规定的方法不可用时，WTO成员才可以选择《反倾销协定》第2.2.2条的第（i）、（ii）或（iii）段中的方法。因此，该起首条款与第2.2.2条的每一个子段都是可以独立适用的，特别是该起首条款部分可以在没有三个子段的情况下独立适用。另一个例子是《1994年关税与贸易总协定》第20条，WTO上诉机构提出了双重测试：一个测试是第（a）—（j）目，另一个测试是起首条款的要求。每一个测试都必须单独进行，并且起首条款包含了成员为了捍卫自己的立场所必须满足的单独的法律要求。因此，第15（a）段的结构和逻辑证明第15（a）段的起首条款必须与（i）目和（ii）目一起适用，起首条款本身并未给WTO进口成员设立单独的权利和义务。

其次，替代国方法在2016年后不可能"基于"已经到期的第15（a）（ii）段继续适用。上诉机构在秘鲁诉欧共体沙丁鱼案中指出，如果要说一事物是另一事物的基础，那么两者之间必须存在一种非常强而紧密的联系。另外，上诉机构注意到，"至少……一事物不可能被认为是基于其他事物，如果两者是相互矛盾的"。这里很难理解2016年后继续使用替代国方法可能与已经到期的第15（a）（ii）段之间存在一个非常强而紧密的联系。此外，第15（a）（ii）段的到期明确禁止使用替代国方法，而在2016年后依据第15（a）段的起首条款继续使用替代国方法将与第15（a）（ii）段到期后的法律效力相矛盾。因此，在2016年后依据第15（a）段的起首条款继续使用替代国方法将违背该起首条款中关于"基于"的要求。

再次，如果第15（a）段的起首条款可以独立适用并且授予WTO进口成员使用替代国方法的权利，那么它一开始就具有这样的法律效力，而不是在第15（a）（ii）段于2016年12月11日到期后突然变得可以独立适用。如果该观点成立的话，那么它就意味着第15（a）段的起首条款和第15（a）（ii）段都自中国加入WTO之日起授予了WTO进口成员使用替代国方法的权利。这将导致整个第15（a）（ii）段在一开始就变得多余，这一结果不符合解释国际公法的习惯规则。

最后，第15（a）（ii）段的上下文也支持第15（a）（ii）段是唯一一条授权使用替代国方法的条款的结论。正如福尔克特·罗夫斯姆（Folkert Graafsma）和埃琳娜·库玛舒娃（Elena Kumashova）所论证的那样，作为第15（a）（ii）段的上下文，《中国加入世贸工作组报告书》第151段对WTO进口成员适用议定书第 15（a）（ii）段，即使用替代国方法提出了明确的程序性要求。如果第 15（a）（ii）段不是唯一一条授予 WTO 进口成员使用背离市场经济方法的权利的条款，而是其他条款，比如第 15（a）段的起首条款，那么在 2016 年后 WTO 进口成员在使用替代国方法时甚至都不需要再遵守《中国加入世贸工作组报告书》第 151 段的规定。也就是说，第 15（a）（ii）段的到期将使中国的出口商或生产商处于更困难的境地。另外，中国商务部工作人员李政浩指出，虽然《中国加入世贸工作组报告书》第 151 段不是 WTO 协定的一部分，也不构成对 WTO 成员的约束，但是依据《维也纳条约法公约》第 31.2 条（b）段的规定，它可以构成解释议定书第 15（a）（ii）段的上下文，因为《中国加入世贸工作组报告书》是诸多 WTO 成员为了达成议定书所产生的并且为各方接受的文件。

2. 第15(a)(ii)段的到期绝对和无条件地终止替代国方法的使用和中国生产商的举证责任

为了确定第 15（a）（ii）段到期后的法律的含义和效果，必须首先基于条文用语的通常含义、上下文以及目的和宗旨解释清楚第 15（a）（ii）段本身的含义，对条文所涉及的特定用语的解释是这种解释方法的第一步。

议定书第 15（a）（ii）段规定：

> （ii）如受调查的生产商不能明确证明生产该同类产品的产业在制造、生产和销售该产品方面具备市场经济条件，则该 WTO 进口成员可使用不依据与中国国内价格或成本进行严格比较的方法。

这一规则包含两个方面的内容：一是中国的生产商需要承担举证责任，二是授予 WTO 进口成员使用替代国方法的权利，即如果中国的生产商未能清楚地证明其具备市场经济条件，那么 WTO 进口成员可以使用替代国方法。

议定书第 15（d）段第二句规定，"无论如何，第（a）（ii）段应当自加入之日十五年后到期"。特别值得注意的是第 15（d）段第二句开头所使用的"无论如何"这个用语。牛津英语词典将"无论如何"等同于"for anything that might happen"。因此，这一用语是指明特定行为的最强烈的用语之一，并且没有例外。

虽然不可能完全列出 2016 年 12 月 11 日后会发生什么，但是以下三种情况应该是议定书第 15（a）段和第（d）段所能够预设的。

- 中国没有能够证明它是市场经济国家；

第九章 中国市场经济地位问题

- 中国没有能够证明某一特定行业或产业具备市场经济条件；
- 中国的出口商或生产商不能清楚地证明其具备市场经济条件。

因此，无论 2016 年 12 月 11 日后发生什么，议定书第 15（d）段均绝对和无条件地终止授予 WTO 进口成员使用替代国方法的权利。"无论如何"这一用语没有给 WTO 进口成员留下任何空间和可能性来操纵对第 15（a）（ii）段到期后法律效力的解释。换句话说，终止替代国的做法不取决于任何 WTO 成员国内法中的市场经济地位标准。

这一结论与上诉机构在中国诉欧盟紧固件案中的法律解释一致。上诉机构认为，"第 15（a）段包含了涉及中国的反倾销调查中确定正常价值的特殊规则。第 15（d）段反过来又规定这些特殊规则将于 2016 年到期，并且设定了这些特殊规则在 2016 年之前提前终止的特定条件"。在上诉机构看来，中国入世 15 年是整个特殊规则的截止期，并且该规则在满足特定条件的情况下可能会早于 2016 年 12 月 11 日终止。也就是说，如果中国能够证明它是市场经济国家或具备市场经济条件，那么这些特殊规则应于 2016 年 12 月 11 日之前终止。即使中国没有能够满足这些条件，这些特殊规则也应当无论如何在 2016 年 12 月 11 日后终止。

有观点认为上诉机构在中国诉欧盟紧固件案中的说法是一个附带意见，因此没有必要遵从该意见。虽然上诉机构在中国诉欧盟紧固件案中所解决的争议问题确实不是议定书第 15（a）（ii）段的法律含义和效力，并且上诉机构所陈述的内容也不可能构成一个裁决理由，但是上诉机构在该案中所陈述的内容足以构成议定书第 15（a）段和第（d）段之间关系的"法律解释"。在缺乏"令人信服的理由"的情况下，WTO 争端解决机构已经通过的上诉机构报告中的"法律解释"不应该被忽视。

值得注意的是，如前文所述，议定书第 15（a）（ii）段包含两个方面的内容：一是中国生产商的举证责任，二是 WTO 进口成员使用替代国方法的权利。因此，从赋予条约的所有用语法律含义和效力的角度来说，第 15（a）（ii）段的到期也将绝对和无条件地终止中国生产商的举证责任。如果第 15（a）（ii）段的到期只终止 WTO 进口成员使用替代国方法的权利，而不终止中国生产商的举证责任，那么这种解释的结果只是赋予了第 15（a）（ii）段的到期部分效力。虽然乔治·米兰达的举证责任转移说没有任何法律依据，但是乔治·米兰达的观点也从另一个角度间接证明了 2016 年后中国生产商的举证责任将终止，否则举证责任为什么要转移呢！

3. 替代国方法在2016年后不可能基于第15(a)(i)段继续适用

有观点认为，2016年后中国的出口商或生产商在第15（a）（i）段下仍然负有举证责任，如果第15（a）（ii）段到期后要求在任何情况下都使用中国的价格或成本，那么第15（a）（i）段将变得没有意义。

一个条款是否有意义，关键要看该条款本身的通常含义是什么。与第15（a）（ii）段相似，第15（a）（i）段也包含两个方面的内容：一是中国生产商需要承担举证责任，二是WTO进口成员必须使用市场经济方法。显然，第15（a）（i）段下的举证责任与第15（a）（ii）段下的举证责任是同一举证责任，两个条款的唯一不同在于举证成功和失败的法律后果不一样。既然如前所述，第15（a）（ii）段的到期将绝对和无条件地终止中国生产商的举证责任，那么2016年后中国出口商或生产商在第15（a）（i）段下的举证责任也将一并终止。因此，2016年后，第15（a）（i）段只剩下了WTO进口成员使用市场经济方法的义务。也就是说，2016年后，第15（a）（i）段的法律含义在于要求WTO进口成员在反倾销调查中使用市场经济方法。从这个角度来说，2016年后存续的第15（a）（i）段的法律效力与第15（a）（ii）段到期后的法律效力是一致的，不会变得没有意义或无效。这一解释也符合上诉机构关于条约必须进行整体解释的要求，解释的结果也是"协调一致，并且与条约整体相融洽"。

无论如何，在2016年12月11日后，WTO进口成员不可能因为中国出口商或生产商在第15（a）（i）段下仍然负有举证责任，就基于第15（a）（i）段继续使用替代国方法。第15（a）（i）段的目的是规定何时WTO进口成员应当使用市场经济方法，第15（a）（ii）段的目的是规定何时WTO进口成员可以使用替代国方法。后者于2016年12月11日到期并不能将前者转变为一个使用替代国方法的隐含权利。解释国际公法的习惯规则不允许将WTO进口成员使用替代国方法的权利解释并转嫁入第15（a）（i）段。否则，与前文关于第15（a）段的起首条款的论述相似，第15（a）（ii）段将变得自始至终多余。

4. 通过补充解释方法可以确认替代国方法应当于2016年后终止

通过补充解释方法，特别是条约缔结时的情况，可以确认替代国方法应当于2016年12月11日后终止。特别是《中美世界贸易组织双边协议文本（摘要）》中的一个声明值得关注。该声明指出："已经同意的议定书条款确保了美国公司和工人在面对包括倾销和补贴在内的不公平贸易行为时将拥有很强的保护……这个条款在中国入世后十五年内有效……"另外，美国贸易代表查伦·巴尔舍夫斯基（Charlene Barshefsky）在美国众议院的听证会上进行解释时提到了双边协定，"允许我们的非市场经济倾销计算方法持续使用15年"。就欧盟而言，欧盟委员会关于中国入世的提案中也提到了欧盟的特殊程序和方法将在中国入世后继续使用15年。

另外一个与条约缔结时的情况相关的例子是，中国入世后，加拿大于2002年修订了其针对中国的非市场经济条款，同时规定该条款将于2016年12月11日到期。显然，加拿大在2002年修订其法律时认为，替代国方法应该于中国入世15年后终止。虽然加拿大2013年再次对法规进行了修改并删除了针对中国的非市场经济条款将于2016年12月11日到期的规定，但是这一做法并不能推翻议定书生效后加拿大在2002年认为替代国方法应该于中国入世15年后终止的真实意图。实际上，加拿大2013年修改法规的做法有违禁止反言原则。

条约解释的目的是查明缔约方的共同意图。虽然上述美国、欧盟和加拿大的单方声明或修改法律的做法不构成《维也纳条约法公约》第31.2条（b）段的上下文，但是它们肯定可以作为《维也纳条约法公约》第32条所提及的条约缔结时的情况，以便查明缔约方的共同意图。这些声明都是很明确地针对议定书第15条关于替代国方法的使用。另外，这些声明是正式公布并已经公开以便利害关系方获得的相关信息。因此，WTO成员的共同意图就是在中国入世15年后终止替代国方法。

三　关于中国政府应对策略的建议

（一）坚定替代国方法必须无条件和绝对终止的立场

议定书第15条是谈判妥协的结果，中国在议定书中认可的是，在反倾销调查中为来自中国的进口产品确定正常价值时，可能存在确定价格与成本可比性的困难，为了解决这一困难，第15（a）（ii）段授权WTO进口成员诉诸替代国方法。中国从来没有承认自己是一个非市场经济国家，WTO协定也没有任何条文将中国归入非市场经济国家。获得市场经济地位只是解决价格可比性困难的手段之一，它不是使用市场经济方法的必要条件。市场经济地位与替代国方法是两个层面的法律问题。

在恰当地运用解释国际公法的习惯规则对议定书第15条进行解释后，可以看出议定书第15（a）（ii）段是唯一一个授权使用替代国方法的条款，它到期后的法律效力是非常清楚的，即不仅替代国方法将绝对和无条件终止，中国生产商的举证责任也将终止。另外,仍将存续的条款,如第 15(a)段的起首条款和第 15(a)(i)段都不能作为在 2016 年后使用替代国方法的法律依据。因此,是时候终结扭曲了对华国际贸易长达 15 年之久的替代国方法了。

(二)提起 WTO 争端解决项下的诉讼是必由之路

议定书第 15 条中非市场经济条款的到期是个条约解释的问题,即不同 WTO 成员的不同解读所引发的争议。特别是有些 WTO 成员认为议定书第 15(a)(ii)段的到期并不终止替代国方法的使用,这一认识将从根本上否定中国在 WTO 协定特别是《反倾销协定》和议定书第 15 条项下应得的利益。因此,中国政府需要在条约解释层面有理有据地明确自己的立场,并以此为基础加强与其他 WTO 成员双边和多边的沟通、谈判和磋商,争取更多的理解和支持。对于那些明显不准备履行议定书第 15 条项下义务的 WTO 成员,中国政府应积极准备诉诸 WTO 争端解决机构。

就欧盟而言,对于欧盟委员会即将提出的"非标准方法"议案,虽然非市场经济国家的名单将从其现行的反倾销法规中删除,但是其引入的"非标准方法"是为了解决政府干预对市场的扭曲。虽然欧盟委员会声称它是国别中立的,但是显然这个"非标准方法"针对的就是中国和越南这样的 WTO 成员。实际上,这个所谓的"非标准方法"只是替代国方法的延续,中国政府应该通过双边或多边途径与欧盟进行交涉、磋商甚至起诉,以维护中国在 WTO 协定项下应得的利益。另外,目前,绝大多数还没有承认中国市场经济地位的其他 WTO 成员的反倾销立法与实践,如印度、土耳其,以及一些南美国家,都是参照欧盟的做法。因此,妥善解决欧盟的问题,对于其他尚未承认中国市场经济地位的 WTO 成员来说具有积极的示范作用。

就美国而言,寄希望于美国政府主动放弃替代国方法是不切实际的。中国政府需要做好充分的法律准备,向 WTO 争端解决机构提起诉讼,以改变美国的做法。

就澳大利亚而言,虽然其已经承认中国的市场经济地位,但是澳大利亚现行的特殊市场状况认定和成本调整做法,在一定程度上是市场经济地位问题和替代国方法的变相延续,存在违反 WTO 协定的可能。因此,中国政府应加强与澳大利亚的交涉,必要时提起 WTO 争端解决项下的诉讼。

就加拿大而言,其现行反倾销法律所规定的"第 20 节调查"并强制使用替代国方法的规定存在违反 WTO 协定的可能。特别是加拿大于 2013 年修改其反倾销法律时删除了"第20节"条款的有效期,这实际已经表明它在2016年12月11日后不可能放弃替代国方法。因此,中国政府应加强与加拿大的交涉,必要时提起WTO争端解决项下的诉讼。

(三)其他WTO成员不得用反倾销手段救济非倾销行为所导致的损害

如果某一政府的干预因素确实导致了国内销售价格被扭曲,比如国内销售价格由政府统一管制或规定,并且这种扭曲影响了其与出口价格的可比性,那么在现行的《反倾销协定》法律框架下进行适当的调整和救济也是合情合理的。但是,不论这种被指控的扭曲是否影响了价格可比性,一律使用非正常方法确定正常价值,比如成本调整、替代国方法或使用国际价格构造,从而提升倾销幅度,本质上是使用反倾销手段救济非倾销行为所导致的损害。因为这些被指控的扭曲可能同时导致国内销售价格和出口价格降低,从而并不产生额外的倾销幅度,但是降低的出口价格可能导致更高的损害幅度。这一做法也将导致损害的其他因素归因于倾销,存在违反《反倾销协定》第3.5条的可能。

(四)中国政府应该抓住价格可比性这一核心反击各种变相的替代国方法

从上文对几个主要WTO成员,特别是欧盟、澳大利亚和加拿大建议或正在实施的做法的分析不难看出,欧盟委员会建议的在严重扭曲时使用非标准方法、澳大利亚在特殊市场状况下的成本调整、加拿大的在存在第20节情势时使用替代国方法针对的假想敌都是中国现行的经济管理制度和体系可能对经济产生的扭曲影响,比如中国的五年计划和产业政策、国有企业在涉案行业中的普遍存在、出口退税和其他出口管理措施以及中国政府的补贴等。这些因素既是欧盟将来认定是否存在严重扭曲所要考虑的因素,也是澳大利亚认定是否存在特殊市场状况的因素,更是加拿大认定是否存在第20节情势的因素。

众所周知,是否存在倾销是由正常价值和出口价格两个因素决定的,国内销售价格是否可以用于确定正常价值不仅取决于该国内销售价格是否存在所谓的市场扭曲或价格扭曲的因素,更重要的是取决于这些被指控的市场扭曲和价格扭曲是否导致了其与出口价格不可比。从目前欧盟、澳大利亚和加拿大的立法和实践来看,它们都只考虑了可能存在的扭曲对国内销售价格的单边影响,而没有分析该扭曲是否导致了国内销售价格与出口价格不可比。这可能也是主要 WTO 成员现行针对中国的各种不同变相替代国方法的最大的法律瑕疵。

因此，中国政府未来在反击各种变相或延续的替代国方法时，应紧扣价格可比性这一核心法律概念，反击各种市场扭曲或价格扭曲的论调或做法。如果一味地顺着西方国家提出的市场扭曲或价格扭曲的思路进行抗辩或反驳，中国将会陷入与证明市场经济地位一样的不可能完成的任务的圈套中。

第十章
反腐败与海外追逃追赃法律合作*

腐败破坏民主法治，危害社会稳定，对国际安全构成挑战。反腐败已经成为一个全球性议题。为了强化反腐败的国际协作，追缉腐败逃犯，追索非法资产，要求各国开展密切的通力合作，采取多种方式和手段，共同与腐败行为做斗争。跨国反腐败追逃追赃的国际法制正是在此背景下发展而来的，到目前为止，与此相关的国际法主要包括国际公约、双边条约以及政府的相关反腐败追逃追赃合作实践。

世界范围内与反腐败斗争相关联的全球性公约有 2003 年生效的《联合国打击跨国有组织犯罪公约》及 2005 年生效的《联合国反腐败公约》。区域性的国际公约有：美洲国家组织于 1996 年通过的《美洲反腐败公约》，欧洲联盟理事会于 1997 年通过的《打击涉及欧洲共同体官员或欧洲联盟成员国官员的腐败行为公约》，经济合作与发展组织于 1997 年通过的《禁止在国际商业交易中贿赂外国公职人员公约》，非洲联盟国家和政府首脑于 2003 年通过的《非洲联盟预防和打击腐败公约》。其中，中国已批准加入《联合国反腐败公约》与《联合国打击跨国有组织犯罪公约》这两个一般性公约。

在双边条约上，中国与 22 个国家签订了双边引渡条约，与 4 个国家签订了双边移管被判刑人条约，与 19 个国家签订了双边刑事司法协助条约。中国也制定了《中华人民共和国刑法》《中华人民共和国刑事诉讼法》《中华人民共和国引渡法》《中华人民共和国反洗钱法》等相关立法。

最近几年，中国政府积极在亚洲太平洋经济合作组织（APEC，以下简称"亚太经合组织"）和二十国集团（G20）框架下开展跨国反腐追逃追赃行动。中共中央纪律检查委员会和监察部同 80 多个国家和地区的反腐败机构开展了友好交往，与俄罗斯等 8 个国家的相关机构签署了合作协议；最高人民检察院先后与 80 多个国家和地区的相关机构签署了检察合作协议；公安部与 44

---

* 本章作者：甘勇，国家高端智库武汉大学国际法研究所副教授，研究方向为国际私法。

个国家和地区的相关机构建立了65条24小时联络热线，与59个国家和地区的内政警察部门签署了213份合作文件。这些国家实践也是中国跨国反腐败追逃追赃的国际法制的重要组成部分。

一 中国参与多边国际公约实践

（一）《联合国反腐败公约》

2006年2月12日，第五十八届联合国大会通过的《联合国反腐败公约》（以下简称《公约》）在中国生效。《公约》是第一份全球性的指导反腐败斗争的法律文件，为各国开展反腐败斗争提供了原则性与框架性的指导和方向。它鼓励缔约国在《公约》的基础上缔结双边或多边协议，采取更加具体的措施。《公约》的宗旨是预防和打击腐败，强化反腐合作，并且追逃腐败资产。

《公约》首先对与反腐败相关的术语的内涵进行了明确界定，如公职人员、外国公职人员、财产等；设定了公约的适用范围，即对腐败的预防、侦查和起诉，以及根据《公约》确立的犯罪所得的冻结、扣押、没收和返还；而且要求缔约国遵守条约规定的义务，但不得违反国家主权平等、领土完整和不干涉他国内政原则。

《公约》从五个不同的方面规制腐败行为。

一是建立预防腐败机制。缔约国应当在《公约》的引导下，依据本国的法律制度的基本原则，建立完善相应的制度。包括制定和执行预防性反腐败政策，设立独立履行反腐职能的机构，完善公职人员的聘用制度、举报制度、纪律措施，建立透明竞争的采购制度，促进公共财政制度的透明和问责；加强审判机关的廉洁和独立，强化私营部门的审计与处罚；推动公众参与反腐，建立反洗钱的监管制度，畅通情报交流和加强执法合作。

二是完善定罪执法机制。要求缔约国通过必要的立法和其他措施，与《公约》的规定相协调。首先，缔约国应将贿赂公职人员，公职人员贪污、挪用或以其他方式侵犯财产，利用影响力交易，滥用职权，资产非法增加，私营部门内贿赂和侵吞财产，就犯罪所得进行洗钱行为，窝赃，妨害司法等行为规定为犯罪；将法人与自然人一道列为犯罪主体，接受制裁和承担责任；设定较长的追诉时效，以制裁《公约》规定的上述犯罪行为。其次，缔约国应采取措施以冻结、扣押、没收犯罪所得和犯罪工具，对证人、鉴定人、被害人、举报人等人员提供有效保护，但不损害被告人的权利，确保受害方有权获得赔偿。再次,缔约国应设立专职机构和安排专职人员打击腐败犯罪,鼓励犯罪人主动提供信息和证据,为其相应减轻刑罚;鼓励公职人员与侦查检察机关、私营部门之间的合作。最后,要求缔约国克服银行保密法的障碍,在适当的时候交换犯罪记录。

三是建立完善刑事司法合作机制。要求各缔约国在刑事案件中加强引渡、移管、司法协助等方面的合作,以打击腐败活动。鼓励缔约国缔结引渡条约、移管被判刑人条约,并为《公约》规定的犯罪提供最广泛的司法协助,涵盖侦查起诉和审判程序的内容,必要时也可以移交诉讼,便于集中起诉。缔约国应深化打击腐败犯罪的执法合作,建立联系渠道以交换信息,建立联合侦查机构,且尽快订立双边或多边的执法机构间合作协定;允许各国主管机关使用特殊侦查手段,如控制下交付等方式,必要时缔结关联的双边或多边协定。

四是资产追回机制。缔约国应依本国法,采取必要的措施预防和监测犯罪所得的转移,且实施直接追回财产的措施;通过没收事宜的国际合作追回资产,还可采取特别合作披露相关的犯罪资料;设定资产返还和处分的条件、程序及原则,设立金融情报机构,负责接收、分析和向主管机关转递可疑金融交易的报告,且鼓励缔结双边或多边协定,开展国际合作。

五是技术援助和信息交流机制。各缔约国应在必要的情况下,为本国负责预防和打击腐败的人员进行培训,缔约国之间提供技术援助;收集、交流和分析有关腐败的资料,通过国际或区域组织发展和共享专门知识与资料;缔约国可通过经济发展和技术援助实施《公约》。

《公约》虽然对各缔约国没有直接的约束力,却为跨国反腐败追逃追赃国际合作奠定了坚实的基础,提供了多方面的保障。

(二)《联合国打击跨国有组织犯罪公约》

该公约的适用范围是跨国的且涉及有组织犯罪集团的预防、侦查和起诉,包括与反腐败追逃追赃相关的洗钱行为的刑事定罪、打击洗钱活动的措施、腐败行为的刑事定罪、反腐败措施,为反腐败追逃追赃提供了法律依据。该公约还规定了一系列与反腐败追逃追赃相关联的管辖权、引渡、司法协助、联合调查、制裁措施、执法合作、犯罪所得的没收、没收事宜的国际合作等条款。通过这一整套有关管辖权、刑事侦查、司法协作、信息交换等机制,该公约着重打击包括腐败犯罪行为在内的有组织犯罪活动,同时预防有组织犯罪的滋生和蔓延。

二 中国缔结双边条约实践

（一）双边引渡条约

截至目前，中国先后与22个国家签订了双边引渡条约，大部分为发展中国家，几乎没有美国、英国、加拿大、澳大利亚、法国等发达国家，而发达国家大多为腐败分子的逃生之地。中国与发达国家之间缺乏双边引渡条约，加剧了引渡腐败分子和追责追赃于腐败分子的困难程度。尽管如此，中国也在加紧与发达国家谈判协商，力图签订双边引渡条约，为追责追赃于腐败分子提供法律保障。

双边引渡条约主要包括十项内容。

一是可引渡的犯罪必须满足的条件。一方面是双重犯罪原则，依请求国和被请求国的法律，均构成犯罪，且至少应当判处一年以上有期徒刑或更重刑罚，不论刑罚的种类和罪名。另一方面，如果请求执行刑事判决，只有当剩余刑期不少于六个月时，才可准许引渡。引渡请求牵涉几项犯罪，只要一项犯罪是可引渡的，则应予以引渡。

二是应当拒绝和可以拒绝引渡的情形。前者一般包括被请求方的国民，有庇护权的人，因种族、宗教、民族、国籍、政治信仰而受追责或诉讼地位受损害之人，军事犯，依被请求方法律起诉或处罚时效已过，被请求方对同一犯罪行为已做判决或终止诉讼程序；后者一般包括依被请求方法律对罪犯具有管辖权、引渡不符合人道主义原则、被请求方对同一犯罪行为正在进行刑事诉讼。

三是拒绝引渡被请求国国民的后果。被请求方应当在本国审理其国民的犯罪行为，请求方应当转交关联的文件和证据。

四是引渡应提供的文件。书面形式的请求书包括的内容有：请求机关的名称、被请求引渡人的信息、犯罪行为和后果、请求方认定犯罪的法律规定、刑事起诉的时效和执行判决的时限的法律规定。如果追究刑事责任，必须附有羁押令或逮捕证的副本；如果执行刑事判决，应附有生效判决书副本和已服刑期的证明。被请求方认为材料不具充分性时，可要求对方在一定期限内补充材料，一定情形下可延长期限，如果请求方未能在规定期限内提供材料，应当释放被请求引渡人，但不妨碍请求方嗣后再次提出请求。此外，上述文书必须经过签署和盖章。

五是关于羁押的情形。被请求方收到请求后，有义务立即采取措施进行羁押。紧急情形下可于收到请求之前进行羁押，必须符合双方约定的途径和请求书内容。被请求方应及时通报情况,如果被请求方未在一定期限内收到引渡请求和文件,应当对被请求人予以释放,但不妨碍嗣后再次进行引渡。

六是移交被引渡人。被请求方应立即通告是否引渡的决定,如果同意引渡,则按照商定方式进行,请求方在 15 天内不接收被引渡人视为放弃,且被请求方可拒绝请求方的二次请求。因无法控制的因素无法接收,请求方可通知对方,并商定新的日期。如果拒绝引渡,被请求方应当说明理由。被引渡人因另一犯罪在被请求国受诉或服刑,可暂缓移交此人,如果暂缓移交可能导致请求方追诉时效的过期或妨碍调查,请求方可提出请求移交此人,临时引渡之人在诉讼终结后应立即归还被请求方。此外,被请求方可自行决定将被引渡人交由数个国家中的一个。

七是关于引渡的特定规则。一般情形下,未经被请求方同意,不得对被引渡人其他的犯罪行为进行追责,也不得转引渡于第三国。特殊情形下,不必经被请求方同意,被引渡人在一定程序进行经释放的 30 天内有机会离境未离,或者离开后又自愿返回,则可以追责。

八是移交犯罪相关物品。被请求方应依照请求,向对方提交相关的犯罪工具、物品和赃物,不受被引渡人死亡逃脱等不能引渡的影响。如果被请求方存在未决诉讼,可暂缓移交上述物品,上述行为不妨碍对物品有合法权益的人的权利。

九是过境和执行情况说明。请求方的引渡需要过境对方的领土,应提出过境请求,在不违反本国法律的情形下,对方应予同意,如果以航空运输且无须在他方境内降落,则无须征得同意。引渡之后,请求方应向对方及时通报追责状况,并依被请求方的要求提供终审判决书副本。

十是语言和联系机关。各方执行条约应以本国文字为主,并附有对方官方文字或英文译本。而且,实施本条约应通过指定机关联系,与解决争议相关的解释或执行事项应通过协商谈判处理。

(二)双边移管被判刑人条约

中国与俄罗斯、白俄罗斯、乌克兰和西班牙签订了移管被判刑人条约。缔约方可以互相请求移管在对方国内已经判刑的本国国民,在满足条约规定的情形下,缔约方应当互相移管被判刑的腐败分子。

双边移管被判刑人条约主要包括五项内容。

一是对术语的定义。例如判刑国、执行国、判决和被判刑人。

二是移管的条件。移管必须同时符合六项条件:被判刑人是执行国国民;判决已经生效（在判刑国无其他刑事责任）；自请求之日起，未服刑期不少于一年；被判刑人书面同意移管，必要时经其代理人书面同意；双重犯罪；两国均同意移管。在特殊情形下，经两国同意，被判刑人未服刑期可少于一年。这同样可以适用于被判刑的未成年人的移管。

三是信息的通知和请求的文书。判刑国应将条约内容通知被判刑人，如果其向判刑国或执行国表达移管的意愿，判刑国（执行国）应通告执行国（判刑国）若干项内容，包括被判刑人的个人信息、犯罪事实、刑罚的性质期限和开始执行日期。上述活动和决定应以书面形式通知被判刑人，移管请求和答复应通过中央机关递交。此外，判刑国和执行国都可提出移管请求，经判刑国请求，执行国应提供被判刑人系执行国国民的证明文件、执行国有关法律条文；判刑国应向执行国提供判决书副本及其依据的法律条文、有关刑期的说明、被判刑人同意移管的证明、一定情形下被判刑人的医疗报告等建议。判刑国应确保被判刑人知悉移管的后果和自愿同意，经执行国请求，判刑国应允许执行国核实被判刑人的真实意思。如果双方均同意移管，应通过中央机关协商移交事宜。

四是刑罚的转换和减轻。对被移管的被判刑人，执行国不再重新审判，且应依本国法继续执行刑罚，判刑国的刑罚种类或期限不符合执行国的法律，执行国可进行转换，但必须满足六项条件：执行国受判刑国对事实认定的约束；不得将自由刑转换为财产刑；转换后的刑罚与原有刑罚尽量一致；不得加重原有刑罚，也不得超过执行国同类刑罚的最高刑期；不受执行国法律对同类犯罪的最低刑期的约束；应扣除在判刑国的被羁押的时间。执行国实施转换刑罚，应及时将相关法律文书副本送交判刑国。判刑国通知执行国取消刑罚的决定，执行国应一律终止实施。执行国有权对被判刑人适用减刑、假释等措施，且两国可对被判刑人实行赦免。判刑国保留复查判决的司法权限。

五是执行情况的通告。执行国应及时提供执行刑罚的信息给判刑国，如刑罚执行完毕、被判刑人在刑罚执行完毕前逃脱或死亡、判刑国要求的其他信息。如果移交被判刑人需要从另一方过境，应提出请求，且原则上应予同意。

（三）双边刑事司法协助条约

双边刑事司法协助条约一般只适用于刑事诉讼程序，而不及于引渡、刑事裁决的执行和被判刑人的移交等事项，这主要是便于一国对犯罪人员的追诉追责。

双边刑事司法协助条约主要包括十项内容。

一是条约的适用范围。包括诉讼文书的送达；取证和提供文件；获取和提供鉴定结论；查找和辨认人员；司法勘验或检查场所与物品；安排人员作证或协助调查；移送在押人员作证或协助调查；执行搜查和扣押请求；没收犯罪所得和工具等与形式诉讼相关的内容。条约不适用于引渡、执行刑事裁决和移交被判刑人。

二是拒绝或者推迟协助。被请求方可在下列情形下拒绝提供协助：依被请求方法律，行为不构成犯罪；政治犯罪，但排除恐怖主义犯罪和国际公约规定的犯罪；纯属军事犯罪；请求目的是基于种族、性别、宗教、国籍或政治偏见；被请求方正在对同一犯罪进行或已终止刑事诉讼，或者已做出终审判决；请求内容与案件缺乏实质联系；请求方不能遵守保密或限制使用的要求；执行请求将有损于被请求方的主权安全和公共秩序。如果提供协助将妨碍被请求方的侦查、起诉和其他诉讼程序，可以推迟提供协助。

三是请求的形式和内容。请求应以书面形式提出，并经中央机关签署。请求应包括的内容有：主管机关的名称、案件的性质和适用的法律规定的说明、请求目的的说明，在必要的情况下，还应包括被取证人员和受送达人员的信息、需查找人员的身份和材料、需勘验或检查的场所或物品的说明等相关协助内容。一定情形下，还可以要求提供补充材料。

四是执行请求。被请求方应依本国法执行，在不违背本国法律的范围内，可依请求方提出的方式执行。在一方请求保密和限制使用的情形下，对方应当予以执行。就送达而言，被请求方应依本国法送达文书，并出具送达证明。就调取证据而言，被请求方应依本国法进行取证，如果涉及移交文件或记录，被请求方可移交相关证明副本，并依请求方要求的形式予以证明，在特别情形下，可同意请求中指定的人员通过被请求方人员向被调取证据人员提问。

五是拒绝作证与协助调查。依据被请求方法律可不作证，被要求作证的人员可予以拒绝，如果依据请求方法律，其有拒绝作证的权利，被请求方应要求请求方提供权利证明。被请求方应依据请求方的要求，邀请有关人员前往请求方出庭作证或协助调查，其请求文书应在必要时间内送达。适当情况下还可以通过视频的方式获取证词。此外，经请求方请求，在满足书面协议和在押人员同意的条件下，被请求方可以将其境内的在押人员临时送至请求方，以便出庭作证或协助调查。调查完毕后，请求方应尽快将在押人员移送回被请求方。

六是证人和鉴定人的保护。请求方对于在其境内的证人和鉴定人，不得因该人在入境前的行为使其人身自由受到限制，也不得要求该人协助其他事项。如果上述人员在被正式通知可离境后15天内未离开或离开后自愿返回，则不适用前款规定。不得对拒绝协助调查和作证的人员进行追诉和采取强制措施。

七是执行措施。被请求方应执行查询冻结、搜查、扣押相关的证据材料，并向请求方提供执行的情况和转交相关的证据材料。在被请求方的要求下，请求方应尽快归还其所接受的证据材料。被请求方依据请求，调查犯罪所得和犯罪工具，依法采取措施，在双方商定的条件下移交相关的物品。被请求方和善意第三人对这些财物的合法权益应当受被请求方法律的保护。

八是刑事诉讼。缔约一方可未经事先请求，向另一方提供信息和证据，以便另一方起诉，接收一方应告知另一方其所采取的措施和送达决定副本。而且，经被请求方要求，请求方应通报刑事诉讼的结果，如果请求方境内受到刑事侦查和起诉的人在被请求方境内受过刑事追诉，被请求方应依请求向对方提供该人的犯罪记录和判刑情况。

九是费用的承担。被请求方负担执行请求所产生的费用，请求方负担调查取证所产生的费用、作证的费用、移送在押人员的费用、鉴定人的费用、笔译和口译的费用，且请求方应依请求，预付由其承担的上述津贴费用和报酬，双方也可对超常性质的费用进行协商。

十是外交或领事送达和取证。一方可以通过其派驻在另一方的外交或领事官员向在该方境内的本国国民送达文书和调取证据，但不得违反另一方的法律和不得采取强制措施。

三　中国政府实践

（一）亚太经合组织（APEC）

2004年，亚太经合组织第十二次领导人非正式会议发表了《圣地亚哥宣言》，其目标之一是推动良政，建立知识社会。宣言表示腐败严重威胁良政和阻碍投资，因此，反腐败对发展经济和造福人民至关重要。领导人批准了了《亚太经合组织圣地亚哥反腐败与提高透明度行动计划》以及《圣地亚哥反腐败和确保透明度承诺》。

2012年，在俄罗斯符拉迪沃斯托克举行的亚太经合组织第二十次领导人非正式会议通过了涉及包括反腐败内容在内的五份附属文件。

2014年11月，亚太经合组织第26届部长级会议审议通过了《北京反腐败宣言》，这是第一个由中国主导起草的国际性反腐败宣言，是中国第一次以国际文件的形式明确提出加强反腐败追逃追赃等务实合作的中国主张，同时也是成员国认识到腐败破坏社会的正义、阻碍经济的发展，必须对腐败予以治理，且寄希望于成员国在亚太经合组织框架下加强国际合作以打击跨国腐败，要求各成员国通过多样化的方式进一步打击腐败行为。一是通过引渡、司法协助和追回腐败所得等手段，消除腐败的避风港。二是信息共享，加强与腐败官员及其非法所得跨境活动相关的信息交换，打击腐败、贿赂和非法资金的流动。三是在国际法律文书的框架下，鼓励成员国签订双边引渡和司法协助条约。四是建立亚太经合组织反腐败执法合作网络，设立秘书处，负责网络的日常运行；强化国际反腐败合作，推广各地区反腐败操作手册等新型反腐败倡议；鼓励各成员经济体倡议，制定和执行打击贿赂的法律法规，以及共同制定打击贿赂的新准则和工具；成员国为打击腐败提供必要的行政安排等便利；采取必要的措施落实和提高透明度，包括强化预防腐败机构、鼓励社会参与等措施。总体而言，该宣言主要是原则性的规定，还未形成一整套具体有效的有约束力的体制，仍然需要各成员国之间签订双边或多边条约以具体落实宣言的倡议。该宣言也提到要建立反腐败执法合作网络，并设立常设性的秘书处，以供各成员国分享和交流与腐败相关的信息和情报，这一举措为成员国的反腐败斗争提供了实质性的帮助。

（二）二十国集团（G20）

2016年9月5日，二十国集团领导人在杭州一致通过了《二十国集团反腐败追逃追赃高级原则》和《二十国集团2017~2018年反腐败行动计划》，且在中国设立了G20反腐败追逃追赃研究中心，希望加强集团内的协调合作，共同打击和预防腐败，沿袭《G20拒绝避风港原则》、《G20刑事司法协助高级原则》、G20资产返还相关原则，从而要求G20成员率先垂范，协调一致。

《二十国集团反腐败追逃追赃高级原则》旨在强化追逃追赃的共识合作，为追逃追赃国际合作制定规则，创造有利条件。该原则共包括十项内容，提出了"零容忍、零漏洞、零障碍"的新理念，即对外逃腐败人员和外流腐败资产零容忍、国际反腐败追逃追赃体系和机制零漏洞、各国开展反腐败追逃追赃合作时零障碍。具体而言，第1~2条强调态度上的"零容忍"，要求各成员国认识到跨境腐败的危害，承诺加强合作。第3~5条强调制度建设上的"零漏洞"，着眼于从预防腐败分子入境、建立国内协调机制和完善合作法律框架三个角度打造全面系统的追逃追赃国际合作体系。第6~10条落脚于执行层面，要求各成员国为追逃追赃工作创造有利条件，开展追逃追赃信息和情报交流、个案合作、劝返、资产返还等合作。该原则所提出的合作目标、措施和路径更明确、更具体，进一步阐释了中国关于反腐败追逃追赃的主张。与此同时，G20是全球首屈一指的大国协商共治机制，层次更高，影响更广，而且成员国多为西方发达国家，是中国外逃腐败分子的主要隐藏地。

《二十国集团2017～2018年反腐败行动计划》将减少腐败作为首要任务。自G20领导人于2010年在多伦多峰会上宣布成立反腐败工作组以来，工作组每两年制订一次反腐败行动计划，作为G20成员开展反腐败合作的指导性文件。该行动计划将务实合作、私营领域的廉洁性与透明度、公用领域的廉洁性与透明度、腐败易发领域、国际组织反腐败、能力建设、贿赂、实际受益人透明度总共八项内容作为工作组未来两年工作的重点。相较于之前的行动计划，该行动计划中务实合作的比重有了显著上升。G20将继续探索创新途径和新兴科技，分享最佳做法，相互学习，与国际组织合作，并在适当的情况下提供技术援助。

G20设立了反腐败追逃追赃研究中心，研究中心位于北京师范大学。研究中心的设立不仅为G20成员国开展相关的合作搭建了有力的平台，将来还会为反腐败国际合作规则的制定提供智力支持。利用G20平台开展国际反腐败追逃追赃研究，不仅能突出重点研究G20国家，又能有效地利用G20国家的专家资源。在中国设立这样一个机构，表明中国在国际反腐败领域的地位很高和影响力很大，也表明各国愿意为共同合作提供支持和技术援助。研究中心将围绕反腐败追逃追赃开展以下领域的研究：一是G20国家中主要外逃目的国的追逃追赃相关法律法规，通过与国内的法律法规进行比较，寻找合作突破口；二是国内相关法律法规，尤其是如何完善追逃追赃的相关内容，如"违法所得特别没收程序"；三是与G20追逃追赃合作密切相关的内容，如引渡、司法协助、资产返还立法和实践等；四是相关重点研究领域，如跨国商业贿赂、投资移民政策等。

G20作为全球主要经济体的国际合作体制，其成员国既有发达国家，也有发展中国家，各国国情不同，对反腐败国际合作的需求也不同，但是，G20反腐败工作组自2010年成立以来，引领了反腐败国际合作的潮流，在主要问题上达成了广泛的共识，为建立反腐败国际合作新秩序提供了良好的平台。反腐败的全球治理已成当前全球的主要议题之一，构建全球性的协商合作体制迫在眉睫，以为经济的增长和发展及提升政府的公信力和法治营造清廉和良好的政治经济环境。

在中国的极力推动下，G20在反腐败领域取得了一系列成果，间接地反映了成员国的共同利益诉求，为打击和预防跨国腐败犯罪提供了条件。G20 反腐败工作组加强了追逃追赃的多项务实合作：一是强化了国际反腐败执法合作的政治承诺，推动 G20 峰会就加强反腐败追逃追赃务实合作达成重要共识，敦促各国切实履行承诺，取得务实合作成果；二是通过了《G20 拒绝避风港原则》《G20 刑事司法协助高级原则》《资产返还国际合作国别指南》，举办司法协助研讨会，鼓励通过司法协助等手段，通过民事和行政等程序，追回腐败人员和犯罪所得，消除腐败避风港；三是建立了"拒绝腐败分子入境"执法合作网络，确定并不断更新各国"拒绝腐败人员入境"的联络人员，鼓励各成员国建立双边信息沟通机制，以便对腐败分子出逃及时通报信息，迅速做出反应，阻止腐败分子入境。

四　结论

跨国反腐败追逃追赃已经成为国际法的重要议题。通过加入相关的国际公约，与他国签订双边引渡、移管和刑事司法协助条约，尤其是通过最近几年在国际会议和组织的政治实践，中国已经逐渐编织起一张跨国反腐败追逃追赃的大网。可以预见，未来腐败分子的藏身之地会越来越少，腐败的成本会越来越高。

图书在版编目(CIP)数据

中国促进国际法治报告. 2016年 / 肖永平, 冯洁菡 主编. -- 北京：社会科学文献出版社，2017.11
 ISBN 978-7-5201-1590-2

Ⅰ.①中… Ⅱ.①肖… ②冯… Ⅲ.①国际法 - 国家责任 - 研究报告 - 中国 - 2016 Ⅳ.①D992

中国版本图书馆CIP数据核字（2017）第250258号

中国促进国际法治报告（2016年）

主　　编 / 肖永平　冯洁菡

出 版 人 / 谢寿光
项目统筹 / 高明秀
责任编辑 / 王晓卿　李秀梅　李　博

出　　版 / 社会科学文献出版社·当代世界出版分社（010）59367004
　　　　　　 地址：北京市北三环中路甲29号院华龙大厦　邮编：100029
　　　　　　 网址：www.ssap.com.cn

发　　行 / 市场营销中心（010）59367081　59367018
印　　装 / 北京季蜂印刷有限公司

规　　格 / 开　本：787mm×1092mm　1/16
　　　　　　 印　张：12.25　字　数：225千字
版　　次 / 2017年11月第1版　2017年11月第1次印刷
书　　号 / ISBN 978-7-5201-1590-2
定　　价 / 89.00元

本书如有印装质量问题，请与读者服务中心（010-59367028）联系

▲ 版权所有　翻印必究